乡争

Competition of Chinese Villages

杨华 著

目 录

序：经验研究需要想象力 ·················· 郭　亮　I

研究缘起 ·· VII

农村婚姻 ·· 001

　　谁是婚姻挤压的对象 ····························· 003
　　"天价彩礼"的机制与逻辑 ························ 013
　　市场机会、婚姻成本与代际支持 ················· 023
　　东部何以产生"剩女" ····························· 029
　　农村婚姻稳定的条件是什么 ····················· 036
　　农村婚姻稳定的三种类型 ······················· 044
　　何以姻亲偏重 ····································· 052

家庭关系 ·· 059

　　成都平原农村家庭关系的性质及其影响 ········· 061
　　抚养、教育与婚配：农村父代的责任 ············ 068
　　目标、劳动力配置与财产制度 ··················· 078
　　家庭演进的三个阶段：政治、经济与情感 ······· 088

老年劳动力的市场机会 ········· 096
什么人才算是老人 ········· 106
老年人的精神负担 ········· 112
女儿养老的伦理构建 ········· 118

南北社会 ········· 127

政治、人情与强人 ········· 129
农村人情竞争的区域差异 ········· 137
南方村落中的懒汉 ········· 149
孝昌农村"分裂的宗族" ········· 157
农村公事中家族代表的虚与实 ········· 172
"乡贤"归根的难处 ········· 177
基层找谁做工作 ········· 183

村庄竞争 ········· 193

新乡贤的资源由谁来承接 ········· 195
面向年轻人的村庄竞争 ········· 202
信仰的分化 ········· 210
农民打麻将的三重境界 ········· 219
修路改变观念 ········· 225
时空压缩的农民分化 ········· 233
村庄竞争、资源调动与压力的承受者 ········· 238

收入结构 ········· 249

地租经济与农民工的社会融入 ········· 251

求解餐桌上的大量浪费现象…………………………… 262
经济作物与农村中等收入水平…………………………… 273
代际分工与农民家庭收入………………………………… 279
农村的"收入断裂带"……………………………………… 285
农村的"中等收入线"……………………………………… 292
农民收入的"天花板效应"………………………………… 304
东中西差异………………………………………………… 311

序：经验研究需要想象力

郭 亮

一

摆在读者面前的是杨华的又一新作。杨华一贯细腻的文笔、精彩的叙事和丰富的想象力，在这本书中体现得淋漓尽致。在内容上，该书涉及农村婚姻、人情、养老、信仰、收入、区域差异等主题，给我们呈现了一个丰富多彩的当下农村社会图景。然而，这本书的价值绝不止呈现经验，更在于展示一种对经验的娴熟处理方式。

对于书中的许多内容，关心农村的读者可能并不陌生，但相信大家在读完此书后仍会有恍然大悟之感——原来自己熟知的现象还具有深刻的学术意涵。正是得益于书中对经验的恰当处理，读者将获得一种远比经验现象更丰富的关于中国农村乃至社会的认识。

那么，这本书是如何处理农村经验的，这种处理又体现了一种什么样的思维能力呢？

二

中国城镇化的快速推进是近四十来年的事情，即便是一直生活在城里的人，往上数三代与农村也有干系。于是，很多人自信了解农村，然而仅仅有农村生活体验和感性经验，并不意味着真正懂得了中国农村。能否获得对农村社会的深刻认识，还取决于是否具备超越个体经验认知来把握社会结构的认知能力。如此，微观的经验才具有宏观的意义，才能真正搞清楚个体经验在社会结构中的位置。

书中谈及的婆媳矛盾，曾经是农村显著的家庭矛盾。从个体经验出发，无论婆婆还是媳妇，都会把她们的不和归结于对方性格、为人处世上的缺陷。而家庭的差异，又使这种矛盾被认定为"家家有本难念的经"。但在一个更高层面看待这些鸡毛蒜皮的家庭琐事，就会发现，曾经尖锐化普遍化的婆媳矛盾，正是农村家庭结构核心化的微观缩影。当前农村婆媳关系缓和、趋好，其实是打工背景下代际关系离散化的结果。由于不再"同居共财"，婆媳互动锐减，矛盾纠纷数量大幅下降。亲密关系孕育矛盾，婆媳矛盾减少透视着农村家庭形态的又一次重大变迁。

在我们生活的社会中，除了个体力量外，还有一种历史的和社会的宏观力量在支配着我们的喜怒哀乐。因此，对农村社会的认知不能囿于个体微观经验和直观感受，研究者还要具备一种见微知著的能力和一叶知秋的敏感，将个体经验上升到对社会结构的认识。这一认识的获得不只是依靠经验的量的累积，还必须依托社会学想象力进行的思维飞跃。

社会学想象力是一种心智的能力和品质，可以帮助人们增进理性，使他们能看清世事，厘清发生在他们之间的事情全貌，发现更广阔的历史舞台。农村社会研究者应该充分发挥社会学想象力，在获取丰富农村经验的基础上，尝试找出支配不同地区人们行动的结构性力量。只有找到了个人背后的社会结构,我们才能更好地理解农村、理解本以为熟悉的农村经验。

三

那么,这种社会结构到底是什么?社会结构是一个在社会学中被广泛应用的术语,但却一直缺少明确定义。经验研究者必须对社会结构给予适当界定,才能为经验研究展开奠定基础、为想象力翱翔设定边界。一般而言,对社会结构的处理遵循两个原则:其一,社会结构是相对于个体并对个体有制约作用的外部力量;其二,社会结构不能过于抽象宏大、远离个体经验,否则对社会结构的提炼就会失去意义。能否把握火候,找到一个"中层"的结构,无疑体现了研究者的功底和水准。

为了找到中层的社会结构,本书使用了华中村治学派总结的区域比较法。这种研究方法根据不同区域村庄社会的经验提炼出不同区域人们的行为模式,再依据行为模式的差异将全国农村划分为若干区域。不同区域人们的行为模式有差异因而可以进行比较。

人总是习惯于由己推人,把自己以及自己所在地区人们的所作所为、所思所想等同于一般人的行为模式。同样,一个在某地区长期观察的研究者也常常把该地人们的行为模式当成普遍的行动模式。然而,一旦有了不同地区的农村经验,研究者就会对每个区域人的行为模式、行动逻辑、文化特征产生差异化的感受,这种差异会成为激发思索欲望、探究其中奥秘的推动力。正是由于这种差异的存在,研究者才不会动辄将个体经验上升到宏观抽象的社会结构层面。

基于对区域社会结构差异的认识，华中村治学派将中国农村划分为若干社会文化区域。这种区域固然与地理空间的划分有一定关系，但并不完全重合。比如，东北农村、四川农村的划分就容易引发歧义和争论，因为这两地不在地理上的中部，但在社会形态上却与中部两湖地区类似，它们也就一并构成了社会文化区域上的"中部农村"。

在所有区域中，南方、中部、北方是农村社会具有鲜明地域特征的三处区域社会。本书多次比较了三个地区人们的行为模式差异，并从村庄社会结构中寻找差异的根源。这种比较无疑能引起人们的阅读兴趣，因为我们凭借个人的生活经验就可以感受到中国鲜明的地区差异，从而对书中的概括产生共鸣；而相比于个人零碎的经验，书中的概括又是结构性的，能让人有一种"原来如此"的感觉。在这个意义上，学术研究的魅力就是要寻找这种符合我们常识但又超越常识的概括。

除了社会文化意义上的区域差异外，中国还存在经济意义上的东部、中部、西部农村的差异。在东部沿海发达地区，农民收入包含了资产性收入如地租收入和务工收入，而在广大中西部地区，农民收入则主要来自务工和务农。收入结构和经济类型的不同也会影响农民的行为方式，塑造不同类型的农民和农村。因此，在南、中、北的区域划分方式之外，还可依据经济和社会发展水平的差异，将农村划分为东、中、西三个区域。这种区域划分同样与地理空间的划分有关，但也不完全重合。本书亦不乏对不同区域经济社会状况的分析。

区域比较的视角既是研究的总结和提炼，又能为新的、更加深入的研究提供理论基础。基于经验现象的比较，研究者可以赋予经验以意义，能够敏锐地捕捉到个体经验背后社会结构的差异。与此同时，由于有区域比较的意识，经验的想象力就不会漫无边际，而始终服务于一种社会科学式的中观结构探寻。在这个意义上,对"中层"社会结构的探寻使得一种真正的社会学想象力成为可能。

四

通过想象力的发挥找到了某一地区的中层社会结构,也不意味着研究的终结。因为,这一结构完全可能在人与人的互动中发生变化,或者,即使这一结构存在,其功能和意义也已发生变化。那么,对农村社会的研究就是一个无法终结的过程,一个好的农村研究必然要反映农村社会的这种变迁。

姑且不论晚清以来中国社会遭遇过的千年未有之变局,即使新世纪以来,农村社会的若干结构也在不断变化。比如,在 2000 年左右,伴随着外出务工潮的出现,农村家庭结构发生了调整,传统父慈子孝式的代际关系松动。最近十年来,农民收入有较大提升,但没有促进农村代际关系的改善,反而加剧了代际剥削。在北方农村,由于彩礼和县城房价攀升,在父母要为儿女成家的责任下,主要婚姻成本由父母承担。数十万的婚姻支出,对于半工半耕的农民家庭来说是一项巨大的经济负担。不少农民背负沉重债务、不惜在本应颐养天年之时外出打工。还如,随着微信等新媒介和支付手段的普及,不会使用这一新工具的中老年人与社会脱节的无力感进一步加强,部分地区还出现"老人摆摊卖菜,儿女在家收钱"的新现象。一种日常互动频次下降,但代际失衡程度加深的农村代际关系正在形成。

农村的变迁不限于农村的家庭领域,农村公共生活、农民意义世界中都发生了深刻变化。几年不下乡调查,农村就"面目全非"的说法，一点都不为过。离开了对农村经验变化的持续关注，就无法把握农村新的社会结构。如果说区域的视角是一种横向比较的话，那么，变迁的视角则是一种纵向比较。在比较中才能感受到差异、感受到变化，研究者才能超越具体的经验，产生具有时空感的社会学想象力。

五

杨华的研究展示了一个很好的经验研究样本。读完此书，可以明显地感觉到，经验研究不是搜集资料、整理资料的简单劳动，而是在大量调研基础上，依靠想象力实现对具体经验的超越。经验研究的想象力是主观与客观的时空开展对话的一种能力和品质，也就是所谓的经验质感。

作为扎根在中国大地上的学者，对当下农村资料的搜集已不再是一个问题。在科技手段、人工智能日益发达的时代，研究者甚至不需要进入现场就能获取所需资料。但是，堆积如山的资料除了展演，是不能自行产生学术意义的。对经验材料的处理离不开有经验质感的学者，学者的想象力永远是激活经验的不二法门。

可以期待，这本书不仅能给读者带来阅读上的喜悦，也能带来思想上的启迪。

是为序！

2021 年 6 月 24 日
于武汉喻家山

研 究 缘 起

2007年我跟随贺雪峰教授读博士，开始从事农村调研。华中村治研究团队的调研主要是集体调研。每个地方每次组织20个人左右，分别在同一个乡镇的四到五个村开展驻村调研。调研采取白天两个单位时间访谈、晚上讨论的方式展开。白天访谈由有经验的老师或博士生主访，其他人辅助。访谈的话题综合开放，根据受访对象的经历和熟悉的问题进行追问，每个访谈时间约两到三个小时。晚上再对白天及前一阶段的调研进行总结、提炼和讨论，以提出问题、凝练问题。每隔三五天，四五个小组会合起来开一天的大组讨论会，相互交流信息和提升问题。现场讨论是集体调研的法宝。十五到二十天是基本的社会学调查单位时间。也有三五人自由组合就感兴趣的专题开展的集体调研，这种专题调研主要是博士论文调研。

集体调研没有知识产权问题，不会产生版权纠纷，每个人提出的点子都会在集体讨论中完善，都可以写入各自的调研报告、随笔及论文。2007年至2016年我撰写了不少农村调研随笔，其中的一些集成《陌生的熟人》出版。2018年之后我的研究兴趣集中在了县乡研究和县域教育上，驻村调研只有每年七月份的集体调研。这本书主要选取的是2017年至2019年三年间的农村调研随笔。

随笔是记录和培育点子非常好的方式，一篇随笔就一个问题进行逻辑构建,不拘泥于形式,思维到哪就写到哪。因为没有论文那样的晦涩概念和形式包装,未经社会学专业训练的人读起来也很顺畅。但这种随笔也存在一些问题,那就是它不像论文那样方方面面都照顾到,缺少对一些基本概念、理论的系统介绍和阐释,特别是华中村治研究里共识性比较强的一些分析框架,都被当作了不言而喻的前提了,从而可能影响读者的理解。为此,出版社让我写一个"缘起",简单解释、说明、澄清一下书中一些容易引起误会的问题。我觉得也有这个必要,遂主要做如下几点说明。

第一,关于南中北和东中西两个区域划分交叉的问题。区域比较是华中村治研究重要的方法论。南方、中部、北方农村的划分依据的是这些地区社会文化结构差异。南方农村主要包括江西、福建、广东、广西、海南、鄂南、湘南等地农村,这些地方以宗族血缘为基本社会文化结构,村民之间具有较强的认同和行动能力,村庄属于团结型村庄。在中部农村,血缘不再是社会关系的天然连接纽带,村民之间的关系呈现出高度原子化的状态,村庄呈分散状态。该类农村主要以成都平原、江汉平原、洞庭湖平原、皖苏沿江平原农村为典型,东北农村的社会性质与中部农村类似。北方农村的村庄是分裂型的,一般多姓杂居,具有血缘认同的小亲族之间相互竞争、合纵连横,主要包括河南、河北、山东、陕西、山西、甘肃等地农村。

东中西的区域分类主要依据的是经济发展状况。经济发展的差异会影响农民市场化程度、村庄社会分层、婚姻家庭结构、村级治理形态等。全国农村跑多了,在论述一个地方的经验时,会习惯性地拿其他地方的经验进行比较,在比较中提出新问题、拓展和深入已有问题。甚至觉得,只有在区域差异中才能认清具体的一致性的中国。

第二,作为社会学研究,本书为何没有采用统计和数据分析的方法? 社会学研究有两大方法流派,一是质性研究方法,主要通过参与式观察和调查访谈,在调研者与观察、访谈对象主体间的互动过程中获得对社会现象的质的感受;另一种是量化研究方法,运用数学方法研究和考察事物之间相互联系、相互作用,求得对事物及其运动的量的属性。两种方法无优劣之别,针对不同的研究对象,既可独立使用,亦可结合使用。本书各篇章主要是对调查访谈、讨论过程中产生的经验、感受的刻画,多描述、提问题和逻辑链条搭建,而少案例、数据的论证。这是调查随笔常见的写法,便于阅读和扩散。

第三,关于书中谈及的调研覆盖地区是否有典型性的问题。一方面,本书的调查覆盖了主要工业地区的农村和农业主产区的农村,所论及的现象、问题和经验带有一定的普遍意义。另一方面,本书并不刻意追求典型性和代表性,主要是呈现当前农村社会的某些切面及其内在机制,供希望了解情况的朋友参考,也希望给读者朋友提供看问题的多元角度及启发。

第四,关于本书五大板块之间的逻辑关联问题。本书共分农村婚姻、家庭关系、南北社会、村庄竞争、收入结构五大板块,基本脉络是农村年轻人从恋爱结婚到处理家庭关系、社会关系,再到参与村庄竞争和全国劳动力市场竞争的整个过程。农村婚姻这一主题讲述了婚姻挤压类型、高价彩礼机制、婚姻稳定条件、姻亲关系变化等社会问题,农村婚姻问题是全国婚姻市场、高适婚性别比、区域社会文化结构等综合因素作用的结果。家庭关系主题主要从夫妻关系、代际关系两个方面,论述了农村家庭中的政治关系、经济关系、情感关系,讨论了这三类关系的演变逻辑。南北社会板块基于南中北区域差异的框架,叙述了不同区域社会文化条件下人们的交往逻辑、行为逻辑、思维逻辑及治理逻辑。村庄竞争是农民分化和社会流动的产物,它对农村经济社会产生了深刻影响,加速了传统血缘地缘关系的瓦解和劳动力的流出。收入结构板块在东中西区域差异框架下,讨论了东部地区和中西部地区劳动力市场化程度与收入差异问题,尝试构建由农村的"收入断裂带""中等收入线"和"收入天花板"的因素构成的农民结构收入分层结构。

农村婚姻

谁是婚姻挤压的对象

一

当前中国农村婚姻中出现了许多问题,包括社会关注度较高的"天价彩礼"和数千万"光棍"问题,以及早婚早孕、"闪婚闪离"等社会现象,有的地方还出现了婚姻伦理失序问题。这些问题的背后都涉及农村"婚姻挤压"这样一个根本问题。婚姻挤压是指适婚男女性别人口出现较大落差而导致一种性别的人口找不到配偶,成为婚姻家庭的被碾压者和被排挤者。在中国农村,若社会性别比中男性超常规多于女性,会造成一段时间以后大批男性难以成婚的现象,进而可能带来一些问题。

调查发现,婚姻挤压有三个层级的作用机制,分别是性别挤压、梯度挤压和竞争挤压。性别挤压机制所挤压的主要是农村中的适婚男性,而农村适婚女性较少被挤压;梯度挤压机制所挤压的则主要是自然和经济条件落后地区的适婚男性,自然和经济条件相对较好地区的适婚男性农民受挤压得较少;竞争挤压机制所挤压的主要是自然和经济条件落后地区相对贫困家庭的适婚男性农民,家庭条件相对较好的适婚男性农民受挤压的程度相对较低。

二

性别挤压是农村婚姻挤压的第一个层级,要回答的问题是在性别比失衡的情况下所挤压的是哪个性别的适婚农民。在农村,由于男女性别比超常规失衡而带来的对农村适婚男性的挤压,使一部分农村男性在适婚阶段无法实现婚配。与超常规性别比失衡相对的是常规性别比失衡。性别比以100位女性所对应的男性数目为计算标准。常规性别比也就是性别比的正常值,一般是在102—107之间,也就是出生100个女性对应102—107个男性,高于107或低于102都属于超常规性别比。由于女婴较男婴的存活率略高,所以在常规出生性别比失衡的情况下,并不会导致过多的适婚男性无法婚配。即是说在正常情况下,虽存在男性光棍现象,但这只是个别现象,不会造成社会问题。

我国农村的超常规性别比是指高于107的正常值。根据2000年进行的第五次人口普查数据,全国的出生人口性别比是117,高于正常值。而根据国家统计局最新的调查显示,我国男女出生性别比城市是112.8、集镇为116.5、农村为118,农村和集镇的出生性别比高于城市。有专家预测到2020年中国将会有3000万—4000万找不到配偶的光棍存在,他们主要集中在农村。

农村出生性别比升高的社会后果并不是一开始就显现出来的,而是要在"80后"进入适婚状态后才逐渐暴露出来。"80后"也成为最主要的挤压对象。"80后"适婚男性在高性别比下出生,他们当中必然会有一部分被"剩下来"。同时,"80后"适婚女性又有一部分被"70后"适婚男性娶走,给"80后"留下的机会就更少。当"80后"向下一个年龄段寻找"90后"适婚女性时,发现"90后"不仅出生性别比更失衡,而且出生人口本身就较"80后"大量减少,其婚姻市场的竞争更为激烈。

如果将农村婚配视作一个市场的话,男性和女性都是婚姻市场中的资源。在超常规性别比状态下,适婚男性远多于适婚女性,女性就会成为婚姻市场中的稀缺资源,男性则是富余资源。性别比越失衡,适婚女性的稀缺性就越强。这样,在全国农村婚姻市场中,适婚女性是卖方市场,适婚男性则是买方市场。由于适婚女性在婚姻市场上是稀缺资源,就会成为男性和男方家庭竞争的对象。市场上对稀缺资源的争夺往往秉持的是"先下手为强"的原则,因此适婚男性或男方家庭对适婚女性就会尽快尽早地"下手",唯恐被他人占了先机。而适婚女性对适婚男性的态度则是"边挑边选"以找到最合适、最满意的。结果,农村女性在成长过程中就会被人追求或说媒,适婚女性的婚育年龄不断提前,男子则因不断被选择而使其婚龄不断推迟。

适婚男性在本年龄段找不到对象的情况下,就会到下一个年龄段里找,使得男女婚配的时间拉长,甚至出现"隔代婚"的情况。适婚女性在市场上的绝对稀缺性,使得男性为了婚配成功,不仅要在下一个年龄段里找,而且还会到上一个年龄段里找二婚女性。由于性别挤压,在农村离婚女性在二婚市场上的竞争力一点也不逊色于头婚女性。找不到结婚对象的男子会成为"光棍汉",这是性别挤压最常见的社会后果。

农村超常规性别比还极大地抬高了婚姻成本,给农村适婚男性和男方家庭带来了巨大的压力和焦虑。伴随着在超常规性别比下出生的人口成为适婚人口,适婚男女在婚姻市场中严重不成比例,适婚女性从之前平等的市场主体转变成优势主体，那么女方就可以在婚姻市场上待价而沽。男方迫于性别比的形势，为了尽快找到对象，就会加高自己的条件，包括建更好的房子、在城里买房、买高档的大件消费品、给更多的彩礼等。彩礼就逐渐地从之前弥补女方损失的物质赠予变成了婚姻市场中女性资源的"具体标价"。谁能够支付高额彩礼，谁在婚姻市场上的竞争力就强，谁就更可能娶到媳妇。适婚女性资源越奇缺，女方家庭的要价就越高。

三

婚姻的梯度挤压是指在同龄适婚女性短缺的情况下，当适婚男性从低龄女性中择偶也无法满足婚配问题时，就会到别的地区吸引适婚女性，从而会挤压该地区适婚男性的求偶空间。

农村实行外婚制，女性外嫁，男性外娶。从女性的角度来看，女性本身是婚姻市场中流动的资源。"向上走"是女性流动方向，也有一些适婚女性因为个体原因不得不"向下走"。在适婚性别比相当的情况下，女性流出村庄的数量与从外边流入村庄的数量是相当的，这种双向流动使得男女基本上都能成婚，村庄中只有个别身患残疾的适婚男性较难成婚。这说明婚姻中没有性别挤压就不存在梯度挤压。

当农村出现性别挤压之后，女性成为稀缺的市场资源，农村适婚女性在婚配对象上就有了更多的选择。那么，女性在婚姻流动中就会选择那些自然条件好的地区和经济条件好的家庭，这样会更有利于她们的生活和家庭发展。于是那些自然条件好的地区的女孩就会留在本地找对象，或者流向更好的地区和家庭，而那些自然条件不好的地区或经济条件不好的家庭的适婚女性就会流向那些自然条件好和经济较为发达的地区。这样，农村适婚女性就从双向流动向单向流动发展，自然条件和经济条件较好的地区的适婚女性不再（或较少）向自然条件和经济条件落后地区流动，结果就造成了自然和经济条件相对较好的地区对相对落后地区的婚姻梯度挤压。

可以将自然条件和经济条件较好的地区称之为婚姻市场的优势地带，而自然条件和经济条件相对较差的地区称之为婚姻的低洼地带。梯度挤压就是婚姻的优势地带对低洼地带的挤压，使得低洼地带的适婚男性婚配困难。农村婚姻的梯度挤压包含两个方面的内容，分别是传统通婚圈内的梯度挤压和全国婚姻市场中的梯度挤压。

传统通婚圈内的梯度挤压就是同一地区内部不同自然和经济条件地区的挤压，"山上的姑娘嫁山下，山下的姑娘嫁城郊，城郊的姑娘嫁城里"说的就是这个道理。婚姻低洼地带的适婚女性向优势地带流动，弥补了优势地带因超常规性别比带来的适婚女性之不足，而低洼地带的适婚女性资源则显得更为紧缺。在优势地带，外来适婚女性的流入使得其女性资源相对充裕，适婚性别比相对均衡，其适婚男性就较容易成婚，成为光棍的可能性就较低，甚至一些身患残疾或长相丑陋的男性亦能成婚。优势地带的男性因地域优势而弥补了其个体和家庭条件的不足。优势地带的适婚男性可以在较少的婚姻成本下完成婚配，他们若在本地找适婚女性成本较高的话，还可以到低洼地带找要价较低的适婚女性，这样就会使得本地适婚女性无法索要高价，从而整体压低了当地的婚姻成本。

在婚姻的低洼地带，由于本地大量适婚女性流失而外地适婚女性又较少流入，造成了适婚性别比严重失衡。那么，当地适婚男性要想结婚，留住本地适婚女孩乃至吸引优势地带的女孩，就得加筑自己的婚配条件，比如在城镇买房、购置更高档的耐用消费品及给得起更高的彩礼等，以个体及家庭的优势条件来弥补低洼地带的劣势。这样势必推高当地的婚姻成本，使得低洼地带的男性及其家庭要承受更大的压力和焦虑，他们要付出较优势地带更大的努力和成本才结得了婚，但是仍有一批适婚男性结不了婚。从光棍的分布来看，低洼地带的光棍数量要较优势地带多，低洼地带光棍成批次出现，而优势地带光棍少或者是零星分布。

从全国婚姻市场来看，东部地区是优势地带，中西部地区次之，西部地区是低洼地带，因此梯度挤压就表现为东部农村挤压中西部农村和中部农村挤压西部农村。由于东部农村的女性很少远嫁中西部地区男性，而东部地区的男性却可以迎娶中西部地区的女性，因此东部农村是女性资源净流入地区，中西部地区的女性流入极大地充实了东部农村的适婚女性数量，甚至造成了适婚女性多于本地适婚男性的局面。这样的结果就是当地农村适婚男性结婚较为容易，他们若找不到本地适婚女性结婚，还可以找外地女性结婚。根据我们在浙东、苏南等地农村的调查，找外来打工女性结婚，在当地农村虽然不是首选，但是总归比打光棍好，这使得东部农村较少有光棍现象。

相对于东部农村和中部农村，西部农村（西南、西北）是全国农村婚姻的低洼地带，是适婚女性的净流出地，全国其他农村地区的适婚女性较少流入西部农村。异地婚较本地婚存在较大的不稳定性，"跑婚"、离婚的现象较为严重。

四

竞争挤压就是指在婚姻市场中处于低洼地带的适婚男性因为无法支付高额的婚姻成本而成为婚姻竞争的失败者，它挤压的是那些无法提供高额婚姻成本的适婚男性。

竞争挤压包括两个方面的挤压，分别是全国婚姻市场竞争中的挤压和本地婚姻市场竞争中的挤压。在全国婚姻市场竞争中，一方面由于婚姻的全国市场对本地市场的挤压，中西部地区低洼地带适婚女性净流出，本地市场竞争的激烈程度本已很高，另一方面农民偏好本地婚，希望子女在本地婚姻市场上成婚，于是进一步推高了适婚女性在本地婚姻市场上的稀缺度，使本地适婚女性可以"待价而沽"，导致本地婚姻市场竞争愈发激烈。

就竞争的激烈程度来看，本地婚姻市场要高于全国婚姻市场，在本地婚姻市场上找对象结婚要比在全国婚姻市场更难。要想在本地婚姻市场竞争中取胜，就得支付较全国婚姻市场更高的婚姻成本。

在婚姻成本负担和参与婚姻市场竞争上，中西部农村存在两种基本模式，一种是个体模式，一种是合力模式。区别在于父代是否担负子代婚配责任。前一种模式中，父代对子代婚姻责任较弱，子代的婚姻成本主要由子代个人承担，子代更多的是依靠个人的条件去赢得适婚女性欢心。个人条件既包括个人的自然条件，如个人形象，也包括个人的能力，还包括个人创造出的婚姻所需的房子、车子、大件物品等物质条件。由于本地婚姻市场竞争激烈，婚姻要价高，而适婚男子又势单力薄,因而难以支持其在本地婚姻市场竞争中胜出,他们转而到竞争相对不那么激烈、婚姻要价相对较低的全国婚姻市场中去找婚配对象。全国婚姻市场的空间相对较大,竞争胜出的可能性也就较大。

代际合力是指父代跟子代共同承担子代的婚姻成本。在婚姻市场中,竞争的是高额婚姻成本的支付能力。在上述两种模式中,显然代际合力模式更具竞争力,而个人模式更容易导致农村适婚男性成为婚配困难者。所以,在中西部农村"低洼"地带,父代责任较大的地方光棍数量相对较少,而在婚姻责任主要由个体来承担的南方地区则光棍数量相对较多。

由于低洼地带的市场竞争非常激烈,男方要想获得女方青睐就得将自己的比较优势展现出来,使自己被女方选中。这样男方就得在婚姻支付上下功夫,包括给更高的彩礼、建(买)更好的房子、购置更高档的大件消费品等。

在本地婚姻市场内部,由于信息相对透明通畅,不仅男方之间竞争激烈,女方也会相互比较和竞争。在儿女双全的家庭中,一方面女方通过向男方要高额彩礼,以提高为其兄弟成婚的支付能力,或者偿付儿子结婚留下来的巨额外债。婚姻要价越高,其家庭支付能力就越强,其儿子成婚的概率就越高。说明女方家庭要高额彩礼的逻辑同时也可能是男方家庭竞争适婚女性稀缺资源的逻辑。

另一方面女方家庭相互攀比谁索要的彩礼高,谁在当地就越有荣光和面子,那么其女儿也被认为是"值钱"、被人看得起。而那些索要彩礼相对低的家庭不仅会被当地认为"很窝囊",在亲戚朋友面前没面子,以后女儿会在男方家没地位、容易被欺负。女方家庭通过索要高额彩礼来抬高女儿的身价。这样，亲朋邻里中只要有一家提出索要高额彩礼及其他条件，其他家庭就不得不纷纷索要更高的彩礼。男方兄弟越多，家庭条件越差，女方提出婚配的条件就越高。

无论是男方之间的竞争，还是女方之间的攀比，都会不断抬高低洼地带的婚姻成本。其结果是那些因为个体条件或家庭条件较差而无法支付不断攀升的婚姻成本的适婚男性就存在婚配困难。低洼地带的婚姻竞争越激烈，对个体条件或家庭条件较差的适婚男性就越不利，他们就越有成为光棍的风险。

五

从全国适婚男性光棍的分布来看，东部发达地区农村较少有光棍现象，倒是因为大量适婚女性流入，当地女性资源出现"过剩"的情况。农村光棍主要分布在中西部农村，其中西南和西北农村的光棍最集中，这些地区不仅是全国农村婚姻市场的低洼地带，而且也是中西部农村婚姻市场的低洼地带。中部农村的光棍现象主要散落在贫困落后的山区，平原丘陵地带的光棍相对较少。所以，从西部到东部农村光棍分布呈阶梯状递减。

在中西部农村内部，婚姻的支付能力也有地区差异。北方农村父代支持子代的婚姻竞争，使得当地适婚男性的婚姻支付能力较强，在婚姻市场上较有竞争力，既能一定程度上留住本地适婚女性，又能在全国农村婚姻市场上吸引女孩，因而光棍相对较少。南方农村尤其是西南农村主要是由子代支付婚姻成本，父代不参与子代的婚姻竞争，因而当地适婚男性在婚姻市场上的竞争力不强、婚配难度较大。西南农村是全国农村婚姻市场的低洼地带,其适婚女性资源大量外流,同时当地适婚男性又得不到父代的强劲财力支持因而婚姻竞争力较弱。那么,在性别、梯度和竞争三重挤压下,当地适婚男性就很可能成为全国农村婚配最困难的人群。

"天价彩礼"的机制与逻辑

一

在全国各地农村调研了解到农村男女双方家庭谈婚论嫁,除了谈怎么走既定的程序之外,主要是敲定"彩礼"。有的农村地区彩礼已由几千元钱迅速涨到了十几万乃至几十万元,如果算上其他的花销,包括宴席、请媒、房子、车子等,结一个婚下来,男方父母要花费四五十万元。"天价彩礼"制造了诸多社会问题。

据观察,天价彩礼与这几个现象往往联系在一起。一是光棍。出人意料的是彩礼比较高的地方,光棍相对比较少,反之彩礼较低的地方,光棍就比较多。二是通婚圈。彩礼较高的地方一般还保留着传统的通婚圈。适龄男女多在本地找对象。而彩礼较低的地方,传统通婚圈被打破,外地婚成为主要的婚姻形式。三是代际责任。父代对子代婚配责任较重的地方,一般彩礼也较重,而责任较轻的地方,彩礼也轻。四是外地婚。彩礼低的地方外地婚占主导,外地婚的特点是弥散性的,全国各地的都有。彩礼高的地方外地婚少,且有集群性特征,一般是在本地结不了婚的男子娶其他省甚至越南、缅甸等外籍女子。高彩礼与父代责任重、保留传统通婚圈及光棍少等联系在一起,而低彩礼则与父代责任轻、通婚圈被打破及光棍较多挂钩。

三

父代对子代的婚配责任有高中低三个层次。父代的婚配责任最低的是南方地区,该地区普遍属于宗族结构和观念较强的地方。父代责任呈中度状态的是中部地区,主要以长江中上游流域为主,其人际关系明显呈原子化状态,这里的父代有较强的为子代成婚考虑的意识,包括为儿子在县市买房子、还房贷和带孙子,但若实在无能为力,也不会有太大的愧疚感,因为自己尽力了。父代的婚配责任最高的是北方地区。

在父代责任较低的南方农村,生儿子、传宗接代的观念很强,这些地区计划生育三十几年,纯女户一直比较稀罕,突然一个乡镇出现一两户纯女户,便成了乡镇干部自豪的政绩。照说,在该地区,父代对子代的婚姻问题应该很上心才是。但事实是,在南方农村,父代将子代养大成人之后,对子代的责任就变弱,特别是在子代成婚之后,就从对子代的付出转为向子代要求回馈,子代对父代的责任增大。

子代成婚可以视作是父代的人生任务,父代会在力所能及的范围内为子代做好这个事情,但不会将自己毕生精力和身体健康都耗在子代成婚上。婚配主要是子代个人的事情。父代要做的,仅仅是举办一场婚宴,让子代在仪式上完成婚姻,至于建(买)房子、说媒、彩礼等,父代有能力做就做,没能力就不做。父代不做这些,也不会觉得亏欠了子代。所以在南方农村,父母没有强烈催婚、逼婚和强迫相亲的现象。如果子代多年都没有带女朋友回来,舆论上的压力主要不是针对父母,不是说父母没有本事为子女成婚,而是针对子代本身,说子代这么大了还不懂事,也不考虑自己的父母都五六十岁的人了,还不赶紧找媳妇结婚给父母抱孙子。父母的年龄越大,子代承受的压力就越大。

在南方农村父母看来,儿子娶媳妇,是要儿子自己去完成的。儿子自己找到了对象,意味着完成了对父母的责任,为父母完成了人生任务。父母的人生任务完成了,说明儿子是为父母着想的,对父母是孝顺的。若儿子三十老几都带不回对象,就说明他是吊儿郎当的,不为父母着想。这样的人就是不孝顺的。父代对子代婚姻的责任不那么强,就可能造成子代因各方面条件太差而无法找到对象,就会给父代传宗接代的期待蒙上阴影。这个问题在南方农村有解决的办法,如果一个家庭有两三个儿子,家庭经济条件太差的话,宗族家门会合力为最大的儿子成婚,包括出钱、出力和动用各种关系,这是宗族成员的义务感使然。只要有一个儿子结婚生子,就可以完成父代的血脉传递。当大儿子成婚之后,其他儿子结婚的义务就不再落在宗族成员身上,而是他们个人自己的事情了。

质言之,在南方农村,男子的婚配问题,主要是其个人的事情,而不是父母的责任。

在人口流动大背景下,男子个人要解决婚配问题,就得到打工流入地去解决。在打工地有时间和机会接触更多的女孩。在家乡本地,时间上只有过年前后的一个月,比较仓促,而且本地女孩也都流出去了。结果是,南方农村在务工潮来临之后,外地婚就越来越多,娶外地媳妇也越来越具有合理性和正当性,歧视外地媳妇的观念逐渐退却,进而使得本地传统的通婚圈被打破,本地婚越来越少。

传统通婚圈被打破意味着本地婚姻市场被纳入到全国婚姻市场

中。南方农村的男子是在全国婚姻市场上进行"婚姻交易",女方父母嫁女儿也是在全国市场上"要价"。男子的婚姻成本等于全国的平均水平,女方的要价也是全国的平均价格。即便依然是本地通婚,但女方已属在全国市场上要价,如果女方对男方的要价高于全国的平均价格,男方就会感觉负担不起,或者划不来,他们就很可能放弃本地婚,到打工地去找外地媳妇。外地媳妇所能要的也是全国平均价格。全国市场的婚姻是要不起高价的,所以彩礼在当地就不会因为某些女方家庭的要价高而水涨船高。婚姻的其他成本也是这个道理。

比如下边这个典型案例。湘南某地一对男女初中毕业后自由恋爱,女方家境不好,嫁女儿时要男方给三万元钱彩礼,这不仅远远高于本地一般的彩礼价格,且与自由恋爱的预期相反,于是男孩不同意,而女孩则要求男方必须出这个价格。男孩一气之下就没有结婚,给女孩及其家庭丢下一句"爱结不结"的"豪言壮语"。后来此人在打工地找了个福建的女孩。

既然婚姻是男子个人的事情,能不能成婚就主要与个人的条件相关,而与家庭关系不那么紧密。在打工地结交女孩,首先考虑的是爱情。个人的情况包括,一是外出打工的能力,这个是必要条件,留在家里的男孩很难找到女朋友。二是男孩的长相吸引人、能够哄女孩子开心。如果长得不帅气,不能"靠颜值吃饭",还老实巴交不敢跟女孩子搭腔,也难以找到对象。三是经济上出手阔绰,小气的男子不讨女孩欢心。如果不能满足这些条件,就难以在打工地收获爱情。还有的情况是,个人各方面条件都还可以,但就因为婚姻是个人的事情,年轻的男子在十几二十岁的时候想好好地享受一下青春时光,没有把婚姻当回事,当蹉跎了岁月,一转眼就过了结婚的最佳年龄,把自己给耽搁了。同样，因为婚姻是个人的事情，就得个人去追求满足婚姻的各项条件，努力挣钱、买房子、买车子等，等到这些都有的时候，自己年龄也大了，也就难以再找到合适的对象了，于是也给单着了。

南方农村婚配上的个体条件可能会被放大，家庭又不"给力"，一切需要个体努力，就使得那些个体条件有问题（残疾、丑陋、不会交际、不大方、经济条件差等）的男子，很可能找不到对象而成为光棍。这样的情况很多，光棍也就很多。即便最终结得起婚，也因为他们挥霍青春，或者在为结婚积蓄能力上花了很多时间，导致结婚年龄也普遍较大。二十六七岁比较普遍，过了三十岁才结婚的也不在少数。南方农村婚姻的缔结多因男女双方的自由恋爱而起，他们在打工地从谈恋爱到结婚要经历一年到两年的时间，因此婚姻连接相对比较牢固，闪婚的现象不是很多。有稳固的爱情纽带，这里的外地婚较少出现"闪离"或女方"跑婚"的现象。

三

在北方小亲族地区，村庄内部由多个小亲族组成，小亲族之间在各方面进行着激烈的竞争，包括村庄政治、人情面子等。竞争胜负的基础在于成婚男丁，这样的人越多，人多势众，发生矛盾时赢的机会就大。每个小亲族、每个家庭都希望多生男孩，并为男孩成婚，以便于再生更多男丁。在这里，生男孩不仅仅是传宗接代的逻辑，而且是再生更多男丁的逻辑，那么，为每个儿子结婚就变得很重要，父代对子代的婚姻责任就非常强。小亲族竞争的逻辑强化了父代对子代的婚配责任。

在豫东、皖北、皖西南等北方农村地区，父代为子代成婚就是他们的人生任务，完成人生任务是他们毕生的追求。如果没有给每个儿子结上婚，就意味着人生任务没有完成，在他人面前抬不起头来。如果生了儿子却不能帮他成婚，就是自己的最大过错和失职。只有给儿子成婚了，才觉得对得住儿子；为儿子该做的都做了，在儿子面前才能挺直腰杆子。男孩自己却不怎么操心结婚的事情，一切听从父母安排便是，从相亲到结婚，都由父母一手操办。年轻人自己打工挣的钱也交给父母支配，积累起来以备婚姻的各项花销。

父代在子代婚姻过程中要做的主要有三件事情，一是准备子代结婚的相关条件，这需要花费半辈子时光；二是在儿子婚后偿还婚姻所致的一切债务，这是父代的责任，与子代小家庭无关；三是给子代物色合适的婚配对象。

就第三件而言，父代会在哪里为子代物色对象？自然是在本地物色，因为他们人就在本地，本地婚也一直受到追捧。他们通过本地的亲朋好友、专业媒人、中介机构等，在本地给子代寻找合适的对象，这会强化本地既有的婚配方式和对本地婚认可的观念。其结果是，传统通婚圈并没有因年轻人外出务工而被打破，反而被加固了。本地婚优于外地婚的观念也被强化了。

传统通婚圈的维系，使得北方农村的婚姻被置入两个市场之中，相对稳定和封闭的本地市场，与之相对的是开放的全国市场。当前全国市场的基本特点是，由于男女性别比的失衡，全国婚姻市场上的竞争较为激烈，女方家庭占优势，男方家庭处在婚姻焦虑当中。在此背景下，北方农村的本地市场也受到全国市场的冲击和挤压，一个是本地市场上女孩流向全国市场，本地市场内部适婚男女比重失调愈发严重。另一个是男女双方父母会感受到全国市场的高度竞争,全国婚姻市场上竞争越激烈,对本地婚姻市场主体的心理冲击也就越大,本地男方家长就越发体会到儿子成婚的难度,而女方家长则越发感受自己的优势地位。

于是,男方家长为了加大儿子的成婚可能性,或者更快、更早地配对成功,就会努力提高自己的吸引力和竞争力,包括建更宽敞更漂亮的带院落的房子、给更高的彩礼。男方家长之间在各自条件上的竞争,抬高了彩礼的价格,提高了婚姻的成本。

同时,女方家庭处于卖方市场,势必"待价而沽""伺机出价"。她们的市场越景气,她们就越掌握谈判的主动权,可以要更高的价格。她们不仅自己要更高的价格,还相互竞争、攀比彩礼。如果谁家彩礼较低,就会觉得这家的女儿不好,是"便宜"嫁女儿,全家人都没面子。有的女方家庭甚至会在结婚当日突然要更高的彩礼,否则就不放人。更有甚者,有的女孩在家长的挑唆下,在洞房之夜也要额外的彩礼及相关婚姻物件。索要彩礼高的家庭,在当地会树立新的"标杆",成为其他待嫁女家庭竞相超越的对象。这样,女方家庭之间在彩礼的竞争,也极大地抬高了彩礼价格和婚姻的成本。

全国婚姻市场竞争越激烈,北方农村本地婚姻市场上的竞争也就越激烈,彩礼的要价就会不断攀升。基于本地婚天然的正确性,男方家庭不会轻易到全国婚姻市场上去寻找女子,也就加剧了本地市场要高价的情况。

由于父代的责任强大,父代就会集全家之力,调动家庭所有的资源为子代成婚。家庭经济状况成为北方农村婚配最重要的条件,而个人的禀赋和条件则退为其次。这就是为什么有些男子相亲无数而无果,一旦家里建了个带院落的房子,就立马会获得主动的缘故。因为集全家之力、因为个体条件不重要,那么那些个体条件差的男性也可以结婚。只有家庭真正非常贫穷的男子结不了婚,故而当地的光棍发生率反而不会像南方农村那么高。

为了在剧烈的竞争中胜出,也就是找到女孩结婚,北方农村的男方家长除了在彩礼、房子等硬性条件上下功夫外,还在结婚的年龄上下功夫。他们会在男孩十六七岁的时候就开始谋划相亲,如果被相中,就在十八九岁结婚。如果不成功,则有时间多相亲几年,直到二十四五岁的时候相中为止,而过了这个年龄就很难再相到了。人们相信媳妇难找、彩礼会越来越高,越早出手对自己越有利。所以,由于本地市场的高度竞争,北方农村相亲、结婚的年龄普遍偏低,早婚现象严重。

父代组织的相亲,不是出于爱情而结婚,于是北方农村的婚姻还伴随几个显著现象,一个是"闪婚",每年过年期间密集相亲,许多人相中之后在十数天之内就走完结婚的全过程。另一个是"闪离",闪婚使得男女婚姻没有强有力的维系纽带,没有感情基础,在相处一段时间后觉得不合适,或者觉得有更合适的就快速离婚。还有一个是"跑婚",外地婚的女子到本地生活一段时间之后容易跑掉,这些女子一般是从大西南被介绍(有的是被骗)过来的,过来之后觉得与想象的相差太远,便寻机跑掉了。也有的是自由恋爱后女方到男方家庭生活,觉得本地太穷、太苦而出走。

由于北方农村本地市场的存在和内部的激烈竞争,便衍生出了以农村婚姻为生的行业,包括传统的非职业媒婆转变为职业媒婆,婚姻中介机构在北方农村兴起;还有些带有非法性质的如拐卖妇女、骗婚团伙等皆出现;北方农村新近还出现了专门从越南、缅甸等地介绍婚姻的组织,他们不仅从这些国家介绍女子过来,还对她们进行专门的语言、生活方面的培训等。这些次生市场,是北方本地婚姻市场的重要组成部分。

那些父代无论怎么努力,都无法为其成婚的男子,最终也就成了光棍儿。但因为北方农村父代为子代婚姻负起了巨大的责任,在全国婚姻市场上竞争力相对较强,因而子代成婚的可能性大,光棍的发生率较南方农村低很多。

北方农村彩礼和婚姻成本的不断攀升,给男方家庭带来了巨大的婚姻压力和焦虑,中年一代的家长承受了主要的压力,他们不仅为此耗尽了他们最好的年华,而且还为此负债累累,到五六十岁还要为还债而远赴他乡打工。等到他们终于还上了所有的债务,也到了暮年,如果身体垮了,没有劳动能力了,不再可能为余生创造生活所需,那么一切都还得依靠儿子媳妇。但是那时,他们的儿子媳妇正处在负担最重的中年阶段,对年老的他们也可能无暇顾及了。

四

综上所述,"天价彩礼"的基本逻辑线索如下:

1. 在南方农村,父代对子代的婚姻责任较弱,婚姻成为子代个人的事情,他们就得自己解决婚姻问题。打工潮的出现使得他们更多的是在打工地寻找合适的对象，从而使得传统通婚圈被打破，而成为全国婚姻市场的一部分。即便是本地人相互通婚，只要被置于全国市场，就要不起高价，因而南方农村的彩礼和婚姻成本普遍不高。

2. 在北方农村，父代对子代的婚姻责任很强，为子女缔结婚姻成为父代重要的人生任务，他们要为子代的婚姻负责。父代在本地为子代寻找合适的对象，维系了本地传统的通婚圈。全国市场上的失衡性别比使得本地通婚圈内的婚姻竞争愈发激烈。男方家庭为了在竞争中胜出，就会加筑自己的条件，给出更多的彩礼。女方家庭在本地市场中的地位更有利，谈判话语权更强，就会向男方家庭提出更高的条件如要更多的彩礼，而且女方家庭会在婚姻条件、彩礼上相互攀比，从而不断推高彩礼价格。

3. 在婚姻市场中，全国市场是要不起高价的，只能要平均价格，只有本地婚主导的市场才能要高价。因而，"天价彩礼"只存在于本地婚市场中。哪里有本地婚市场，哪里就会有"天价彩礼"。

4. 在南方农村，由于父代责任相对弱化，婚姻成为年轻人个人的事情，单薄的个体难以在婚姻市场上形成竞争力，因而晚婚、光棍现象比较多。在北方农村，由于父代对子代婚姻责任更强，婚姻成为整个家庭的事情，举全家之力为子代成婚，子代在婚姻市场上的竞争力就较强，因而成婚的概率就比较高，光棍相对较少。由于父代责任的差异，全国婚姻市场上的失衡性别比造成的三千多万剩男，以南方农村男子为多，而这些南方男子又以"老少边穷"地区为最。(2017.2.14)

市场机会、婚姻成本与代际支持

一

在父代对子代婚姻责任较弱的地方,婚姻是子代自己的事情,即便子代有打光棍的可能,父代也只是提供力所能及的帮助。相反,若父代对子代婚姻责任较强,则父代会把子代的婚姻当作自己的事情,为子代成婚不遗余力。北方农村是典型的父代责任较强的地方,子代成婚的代际支持力度很大。代际支持越大,越可能导致当地婚姻成本攀升,出现"天价彩礼"。

笔者在山东潍坊农村调查发现,该地区跟河南、甘肃等地一样有着较强的父代责任,但是该地区的彩礼却不高,还停留在"万里挑一"(11000 或 10001 元)的较低水平。同属山东的德州,农村彩礼却已高达十几万元。同样是父代责任较强的农村地区,何故河南或德州彩礼较重,父代几近被榨干,而潍坊农村彩礼较轻,父辈的实质付出较少?

二

婚姻成本高的首要原因是男女性别比失衡。在男女性别比正常的状态下，男女双方都能在婚姻市场上找到合适的对象，婚姻成本相对较低，彩礼多属象征意义，因而不构成男女双方家庭的负担。而那些病残男子有较大概率成为光棍当性别比失衡，男方在婚姻市场中处于弱势地位，他们为了成婚竞相争夺女性资源，这样就会出现一个女孩有多个男孩追逐的场面。女方成为"卖方"市场，可以在多个男孩中进行挑选，看谁的条件好。女方除了挑男孩个体特征之外，更关注男方的家庭情况。这样像房子、彩礼等构件就越来越重要，越能满足这些条件说明男方家庭条件越好。于是就形成了女方在婚姻市场上要价的情况。男方为了吸引女方不仅要达到女方提出的一般标准，还要创造更有吸引力的条件。这就会增加男方的婚姻成本，这些成本自然不会是男孩本身能够提供的，需要整个家庭的合力，主要是父母的支持。在这种情况下，父代对子代的支持就成了子代成婚的重要条件。

在广大中西部农村，人口是外流的。人口外流给当地婚姻带来一些新的问题，一是年轻女性外流，可能与外地男子婚配，这加剧了流出地的性别比失衡，使得本地婚姻市场上女性更为稀缺，竞争更为激烈。二是男女双方都外出务工，他们要么在务工地找对象，要么只有到过年时返乡相亲。因为时间紧，错过了这段时间就得再等一年，这给处于市场弱势的男方带来了更大的压力。女方在这段时间则较为从容，排队相亲的男子越多，她们的市场行情越紧俏，就越可以"要高价"。婚姻"开市"的时间越是集中短暂，就对男方越不利。

潍坊农村虽然属于北方地区，但它们工农业发展较好，当地市场经济较为发达，市场上的就业机会富余，本地劳动力能够在本地就业，外流现象较少。由于市场机会多，外地流入的务工者亦不少，包括外地女性。这就使得当地男女性别比相对平衡。男女双方要在当地婚姻市场上找对象都相对容易。那么,在婚姻市场上就不存在买方和卖方市场的差别,男方与女方在婚姻市场上是平等的主体,婚姻市场竞争就不那么激烈。因为男女双方在婚姻市场中相对平等,如果女方索要高价,男方可再找其他的合适对象。男方在婚姻上相互竞争不激烈,也就不会推动婚姻成本的提升。潍坊农村的彩礼还停留在一万元左右,在北方农村属于非常低的水平。

在这种情况下,彩礼就只是传统婚姻仪式中的必要环节,它的提高只与当地物价和生活水平相关,而与婚姻市场的竞争关系不大。婚姻的其他成本也处在正常水平。总体来说,当地的婚姻成本并不高,不需要父代付出巨大的努力,乃至通过子代自己的努力就可以完成支付。因此,潍坊农村的父代在子代婚姻上的支持力度并不大,更不构成子代对父代的巨大经济压力,即通过婚姻进行财产的代际转移。

三

在潍坊农村,除年轻人能够在当地正规就业外,中老年人也有充分的非正规就业机会,这样一个家庭有多笔务工收入。年轻人在正规企业就业,刚开始时工资水平不高,随着工作年限增长,技能水平等提升,他们的工资待遇会逐渐升高。中老年人虽然是在非正规经济领域就业,社会保障水平不高,但他们能吃苦耐劳,工资水平也不低。那么,这几笔务工收入就会使得一个家庭的收入处在较高水平,要较中西部地区"半工半耕"的收入高出许多。并且,在市场机会较多的情况下,中老年人务工的年限较长,到六七十岁还可以从事非正规工作,他们获取务工收入的时间被拉长。

一个家庭有这几笔较高的收入，就能够支撑子代家庭较为轻松地在城镇购房，率先实现子代家庭的城镇化。一般操作是，父辈会为子代在城镇买房付首付，按揭由子代自己来承担。由于当地城镇工业化程度较高，子代劳动力能够就近就业，他们的城镇化就不仅是住房的城镇化，还是"人"的城镇化、孙辈就学的城镇化。

潍坊农民的城镇化与中西部农民相比有不同之处。从城镇化的动力来看，中西部农民的城镇化有两个动力，一个是婚姻的动力，在男多女少的情况下，女方在"房子"上向男方提要求，从较早时候的在村公路边建房，到后来到乡镇买房，发展到县市购房。如今在许多中西部农村，男方只有在县市买了房子才结得了婚。婚姻推动了年轻农民的城镇化。但是由于中西部城镇工商业不发达，在住房上实现城镇化的年轻夫妇还得到沿海务工，否则无法支撑其在城镇的生活。

另一个是子女教育的动力。教育资源主要集中在城市，农村教育相对落后，因此从子女教育上考虑，中西部农村的年轻父母也需要在城镇买房，尤其是县市的学区房。只有买了房子才有在城镇就学的资格。潍坊年轻农民的城镇化是在职业已经城镇化的基础上，进行的家庭各方面的城镇化。

在城镇化的途径上，中西部农民的城镇化依赖于以代际分工为基础的半工半耕的家计模式，无论是进城买房，还是在城镇中生活，都需要年轻人外出务工和中老年人在家务农两代人的收入，否则年轻人的城镇化难以实现。潍坊年轻农民的城镇化虽然也有父辈的支持，但主要是在买房的首付上，之后父代的支持就不再必要。

从城镇化的形态来看，中西部农民的城镇化大多是"半城镇化"或渐进城镇化，包括子代在城镇生活、父代留在农村生活；子代早年在城市务工、后来在城市买房定居等。潍坊农民的城镇化是彻底城镇化，包括子代在城镇买房、定居和工作，父代虽然还在农村生活，但事实上他们亦能在城镇生活下去。

四

潍坊农村父母不太担心子代婚姻问题，他们不需要过早地为子女找对象。在中原农村，婚姻市场则竞争激烈，儿子结不结得了婚是一个问号，父母就需要百般地为子代操心。婚姻市场竞争越是激烈，他们就越需要早点准备和早点下手。这样的好处是可以有更多的时间为各自找对象、相亲等。越早时间越从容，机会就更多。下手早还能减少婚姻成本。没有年龄优势就只能用其他的条件来弥补，婚姻的成本就会攀升。父辈早早地帮助子代成婚，既能够在自己还是壮年的时候将子代成婚的借贷还清，还能够为自己积攒养老钱，从而不给子代添负担或在养老上看子代脸色。

由于潍坊农村的父代不用在子代的婚姻上过多地操心，婚姻更多是子代自己的事情。这样就会衍生出两个现象，一个是父代不插手子代的婚姻，子代自己去解决，就给了子代自由恋爱的空间。在河南农村，由于年轻男女都外出务工，父母又对子女的婚姻十分上心，他们在子女过年返乡时就会热衷于组织子女相亲，给子女包办婚姻事务。而子女在尚未懂事时只能依着父母，先相亲认识，相中了就结婚，然后在婚姻生活中产生感情。如果婚姻生活产生不了感情，反而熟悉之后对对方不满意就很可能离婚。在潍坊农村，年轻男女都在本地务工，相互之间有产生爱情的机会，而父母又给予了他们自主空间，这样就使当地婚姻更多源于自由恋爱而非相亲。既是本地婚姻,又是自由恋爱婚姻,婚姻的纽带较为牢固,不容易出现闪婚闪离现象。另一个是晚婚现象较普遍。而在河南农村,早婚现象严重,早至十六七岁相亲结婚,十七八岁生子。潍坊农村年轻人的结婚年龄一般都超过了法定年龄,二十五六岁较为普遍,甚至接近三十岁的男性也不被认为会打光棍。因为父母不操心子女的婚姻,年轻人首先忙于事业,在城市立足,这必然会推迟他们的婚姻。年轻人要自己找对象,也需要经过一段不短的时间。

* * *

东部地区就业市场机会较多,农民的市场化程度较高,农民务工的收入较高,农民子代的婚姻和城镇化大多无需父代提供过多的支持。这样一方面,父代从事非正规就业能获得较高的务工收入,另一方面这些收入又不需要过度向子代输入,那么父代就可以给自己买养老保险,也可以存钱养老。父代在物质上不需要子代养老,子代的养老压力不大,代际关系相对和谐。(2018.5.2)

东部何以产生"剩女"

一

江苏某镇企业联合会会长的女儿,从上海一所著名大学银行专业毕业后到某大型外资银行工作。会长介绍说,该银行有许多大龄剩女,这些女性并非一开始就追求独立不愿结婚。为了提高员工的工作能力和经验,该银行经常将员工从一个地方调到另一个地方,从一个国家调换至另一个国家。每个地方待的时间都不长,这造成年轻女职员很难在一个地方安定下来,她们也就不会安心在一个地方谈恋爱。等到这些女职员拥有了多地、多岗位的工作经验之后,她们也就到了三四十岁,不仅习惯单身了,也很难再看得上一般的男性了,甚至整个思想观念都发生了改变。

会长为了不让自己的女儿变成该银行的大龄剩女,就强行将其拉回了苏州本地,让她先是在一所国有银行上班,一两年之后就把自己下属一家企业交给女儿打理,让女儿在本地找一位企业家的儿子结婚。

会长之所以将女儿拉回本地,经验不仅来自上述银行的故事,而且来自他们本地存在大量单身大龄女青年这样的事实。他称他们本地许多老板的女儿都还单着,有的到四十岁还没结婚。我们对当地其他人的访谈确证了存在不少未婚的大龄女性群体。另外,我们在浙江杭州、宁波和绍兴下面的县市调研,也曾发现这一现象。与之形成对比的是这些地方未婚的大龄男青年则很少。因为,在全国男女性别比严重失衡的前提下,东部发达地区是女性净流入地,适龄男女在当地会相对平衡,在当地难以找到对象的年轻男子可以找外地流入的女性,使得当地不会有"剩下来"的年轻男性。同时,大量外地女性的涌入却挤压了本地女性的婚配市场,使她们无法找到适合的本地男性,而当地年轻女性一般很少"低就"于外地男性。这样本地女性就被"单"着了。

这是从男女性别比和东部地区婚姻市场优势的角度做的解释,但无法解释以下两个现象,一是东部地区大部分未婚大龄女青年来自当地条件较好家庭,出身于中等或条件较差家庭的女性较少。二是东部县乡大龄未婚女性与大城市大龄未婚女性有着较大差别,前者不是因为独立而不想结婚,而是找不到合适的对象而难以结婚,后者要想结婚即便到了四十岁也很快可以结婚。这说明,对东部县乡大龄未婚女青年现象的解释还需要更细密的机制。

二

一般来说中国人的婚姻有两个共通的前提,一个是本地婚偏好。相对于外地婚来说,本地婚有这么几个好处,一是本地婚在熟知的范围内,男女双方对彼此及其家庭都较为了解或者可以很好地了解,相互之间的信息是对称的,能够较好地建立信任关系。二是本地婚能够相互提供帮助,婚姻乃结两姓之好,使男女双方家庭在本地有了新的较为稳固的社会关系,对于出嫁女来说在本地除了有丈夫和婆家之外,还有娘家的这一层关系结构。三是对于条件较好的家庭来说,他们讲究门当户对和强强联合,使得双方家庭得到更好的发展。在东部地区,由于农村社会普遍较为富裕,城乡一体化程度较高,当地年轻男女不外流,除条件较差的年轻男性会娶外地媳妇外,其他男性一般都在本地找对象,女性一般不外嫁。四是本地婚可以使年轻一代继承父代的物质资源和人脉资源,为后面的发展打下坚实基础。东部发达地区经济上的发展强化了本地婚偏好,使得该地区县乡年轻女性多数在本地寻找配偶。

另一个是在择偶上有男低女高的偏好。无论是从个体角度,还是从社会阶层的角度,对于男性来说,他们在择偶上会选择年龄比自己小、长相漂亮的女孩,而工作上可以不如自己。在社会地位上,男方也可以从比自己条件略逊的家庭中选择对象。这样富裕家庭的男孩可以娶普通家庭的女孩,普通家庭则可以在条件更差的或外地女孩中挑选。对于女孩来说,她们要找跟自己家庭条件相当的,或者比自己家庭条件好的男孩。这样,对于家庭条件较差的女孩来说有充分的选择空间,但是对于家庭和自身条件优越的女孩来说,她们不可能眼光向下,因此她们选择的空间较小。各方面条件优越的男子还可能选择其他的女孩,使得家境不错的女孩的可选择性就更弱。

这样,家庭和自身条件优越的女孩多数只能在本地找对象,她们在本地找对象的空间要较其他层级的女孩小,很容易被"剩下来"。

三

苏南农村家庭普遍中产化，这些家庭的子女一般不会到工资较高的纺织厂去务工，而是到比工厂工资低、环境好、作息规律的政府企事业单位做聘用人员。这些男子一般找条件相当或略逊一些的对象。年轻漂亮的女性则可能嫁给处于当地较高级别的政府公务员。在当地，有地位、有面子、有上升空间且被认为是优质的工作岗位，主要包括党政部门公务人员、国有企业工作人员、大型民营企业中高管理层、民企老板、银行工作人员、大型医院工作人员、高校工作人员等。中小学老师（重点中学除外）、普通医院的工作人员、中小企业普通工作人员、政府企事业单位非在编人员等都不在此列。

苏南家庭条件好的子女一般接受了良好的教育，父辈既为他们积攒了较多的物质财富，也为他们积累了较广的人脉关系，通过他们自己和父辈的努力，他们一般都可以找到当地优质的工作岗位。当然普通家庭的子女也可以在大学毕业后考当地的公务员而实现条件的跃升。但总体来说，当地优质的岗位多为家境较好者获得。这些年轻男女之间相互通婚，如前文会长的女儿跟另一亿万富翁的儿子结婚，还有的是企业家的女儿跟政府公务员结婚，或银行职员跟政府公务员婚配，或是政府公务员之间联姻。他们的婚姻属于家境好的人之间的门当户对。

由于东部沿海地区开放较早，在市场经济中创业成功的农民较多，他们作为条件好的家庭，占了当地家庭的10%到15%。这也就使得当地条件优越家庭的子女是一个庞大的群体,他们一部分人在家族企业里做高管,一部分人获得其他的优质岗位。条件好的年轻男子在择偶方面,既可以找同等条件的女子,也有足够的资本找更年轻、更漂亮的,较他们条件差的女子结婚。

但是对于条件好的家庭的年轻女子来说,她们只能在优质的岗位上找对象。她们为此面临两个方面的问题,一是这些岗位上的年轻男子可能选择比她们岗位、地位要低的年轻女子结婚,后者"挤占"了她们的选择空间。二是在市县乡镇被认为是优质的岗位较为稀缺。一个家庭条件好的年轻女子如果在政府部门任副科级干部,那么她要找的对象如果也在政府部门,就必须也是副科级及更高或者所在部门更好,否则她们就可能看不上。而到了副科甚至更高级别的女性公务员,年龄必定不会太小。也就是说,家庭条件好的年轻女性,她们挑选对象的空间无非是政府、大型企事业单位、银行等单位在编人员,即便这些单位里年轻男性较多,但总体来说她们可选择的空间较小。

同时,在县乡层级,个人与乡土熟人社会的关系较为密切,受传统观念和规范的束缚较大,适龄男女都不会过于晚婚晚育,他们普遍会在当地认可的婚龄范围内结婚。因此,在这些地区,年轻男子和家庭条件一般的年轻女性选择空间相对较大,他们就会在当地认可的婚龄内结婚。这就使得优质大龄未婚男青年较少,即便有,他们选择的也多是比自己年轻、漂亮但条件稍逊的女性,而不是同样大龄的条件相当的女性。这些年轻女子,因为个体条件、工作岗位和家庭条件都较好,她们在较小的选择空间里有较高的要求,她们就可能在东挑西选中将自己"剩"下来。

四

相对于东部家境较好的年轻女子难以在稀缺的优质岗位中解决自己的婚姻问题，中西部地区这样的家庭本来就少，家境好的年轻女性也就相对较少，优质的工作岗位少但能够消化这部分的年轻女性，使得她们"单"着的概率较小。而大中型城市又有不同：

一是被认定为优质的单位和岗位丰富。不仅政府、企事业单位、银行等较县市要多，大中型城市还有大量的高等院校、科研机构、著名中小学、大型医疗机构、新型社会机构等，这些单位拥有大量的优质岗位，充任这些岗位的年轻男子也多，这就使得同样处于优质岗位的年轻女子有较大的选择空间。

二是远离熟人社会，年轻人能够自我决定婚姻。大中型城市人口主要是由外地高素质移民组成。就大部分的移民来说，他们在空间上远离家乡，受到老家熟人社会的影响较小。在婚配问题上，老家熟人社会中早婚早育的观念影响不到他们，老家父母的压力传递不到他们身上，什么时候结婚、找什么样的对象结婚乃至结不结婚都由自己做主。于是他们就可以先奔事业、先立足，再考虑结婚的事情。这种远离熟人社会的状态就使得大中型城市存在大量大龄未婚男性青年。那么，同样是大龄的未婚女性，就可以选择这些大龄未婚男子结婚，从而使得她们不会真的被"剩"下来。

五

总结起来,在东部县乡,从男性角度来讲:(1)他们处于熟人社会之中,受传统观念的影响较大,在当地适当的年龄结婚,晚婚晚育的少,大龄未婚男性也就少;(2)东部地区城乡一体化程度高,男性成家立业在本地,年轻男子有父母的帮衬,容易在当地找工作、买房子,成家与立业可以兼顾,不会为了立业而耽搁结婚,减少了当地男子成为大龄未婚男子的概率;(3)从男女婚配的要求上来讲,那些高阶层的大龄未婚男青年,也会被低阶层、年龄小的女青年抢走,而那些低阶层大龄未婚男性则可以找外地的女孩结婚。因此,在东部农村就较少有大龄未婚男青年存在,压缩了条件较好大龄未婚女青年找对象的空间。

从女性角度来讲:(1)女性大多要找比自己社会地位高、职位好、年龄大的男性结婚,而男性则相反,因此易导致高层次、好单位的年轻女性单下来。(2)从职位上来说,东部地区虽然城乡一体化程度较高,但是企业还是以中小企业为主,具有公共性质的事业单位也较少,因此那些好单位、职务高的大龄女青年的选择空间就小。(2018.8.8)

农村婚姻稳定的条件是什么

一

许多湖北孝昌农村的父母不喜欢子女找外地的对象,他们说外地媳妇不易长久,女儿嫁到外地回一趟娘家也不容易。在子女外出务工的时候,父母特地交代不要随便找外地对象,并讲明白其中的利害关系。但是孝昌农村仍有不少外地婚,包括进厂打工者跟外地人谈恋爱,或者网恋见面谈得来就结婚。本地婚与外地婚都有离婚的现象,但给他们的印象是外地婚更不稳定。当地人总结外地婚之所以不稳定,与生活习惯、生活方式不同有关系。比如本地人吃大米,来自北方的媳妇吃面食;西南农村文化活动多,孝昌则没有那么多;还有本地生活水平高,西南农村的生活水平低,嫁过来的媳妇一看到这边的标准就吓跑了。这些本土解释在表面上确实有道理,但是将这些道理放到其他地方就不一定成立,譬如同样多外地婚的南方农村却较少离婚跑婚现象,外地婚跟本地婚都较稳定。

根据社会文化结构的差异,在理想意义上可以将中国农村分为南方农村、中部农村和北方农村,南方农村包括福建、江西、广东、广西、海南、浙西、湘南、鄂南等地农村,村庄内宗族结构显著,血缘凝聚力较强;北方农村包括河南、河北、山东、陕西、山西、甘肃等地农村,村庄内多姓杂居,小亲族之间相互竞争、合纵连横;中部农村农民之间血缘认同较弱、原子化程度较高,主要以成都平原、江汉平原、洞庭湖平原、皖苏沿江平原农村为典型,东北农村的社会性质与中部农村类似。全书如无特殊说明,均依此定义。

从各地调查经验来看,婚姻最不稳定的是成都平原农村和苏北农村,孝昌农村居中度稳定状态,最稳定的是南方农村。那么,农村婚姻稳定的条件是什么?

二

在传统上,婚姻稳定包括三个条件,也就是稳定的铁三角,分别是婆家、娘家和村落熟人社会。这也是本地婚的基本结构。过去所谓女方外嫁说的是"找人家",结婚是结两姓之好,不只是男女双方"找对象"。婚姻不仅是男女双方个人的事情,还与双方的家庭、家族和村落有关系。所谓婆家,除了包括男方小家庭之外,还包括男方的亲房本门。新娘新婚进入男方家庭后,第二天的头一件事是要到亲房本门里去"接房头客",就是新娘要认识村落里的"自己人",第一次与亲房本门亲密往来,并以此建立双方的权利义务关系。新娘要礼待亲房本门的人,要以亲房本门为尊,恪守亲房本门的礼仪礼节。亲房本门也敞开大门接纳新的成员,对她有善待、保护、调教的义务,要把她当自己人看待。当新媳妇与丈夫、公婆发生矛盾时,亲房本门有调停矛盾、宽慰新媳妇的责任。一般来说,亲房本门越大,对新娶进来的媳妇越是包容,那么新媳妇的融入就更快,也更有归属感。

男方的村落熟人社会是放大了的婆家，他们对嫁过来的媳妇的态度好坏，也决定了后者能否融入该村落。村落越团结，对外来媳妇的容纳能力就越强，外来媳妇的自己人体验也就越强，进而归属感也越强。

娘家是指女方父母家庭及其家族。娘家是出嫁女顺利归属男方家庭的很重要的一股力量，它有对出嫁女帮助、敦促和教育的责任，娘家也是出嫁女在婆家生活的后盾。当出嫁女在男方家庭矛盾中有错误时，娘家有教育的责任；当出嫁女难以融入男方家庭时，娘家有敦促她融入的责任；当出嫁女在婆家遭受欺辱时，娘家有做其后盾、给其出气的责任；当出嫁女小家庭出现困难时，娘家有帮助的责任。在婚姻问题上，娘家有介入小家庭婚姻、维系小家庭的权力和责任。

男女双方所嵌入的上述婚姻结构，使得其婚姻必然不是小家庭自己的事情，而是三者共同的事情。其中，维系婚姻是三者最重要的职责，三者因此构成了稳定的结构。凡是这个结构保持较完整的地方，婚姻就较为稳定。凡是家族较大、能对个体进行约束的地方，婚姻也较为稳定。

当前的变化是，男女双方的家庭和家族退出个体的婚姻，婚姻由男女双方家庭、家族的公事变为男女双方个体的私事。家族弱化，他人介入个体婚姻不再正确。离婚与结婚都成了个体的事情。爱情在谈恋爱时很重要，但是在进入家庭生活后，男女双方很可能因为性格不合、习惯不同等家庭摩擦而离婚。孩子也不再是婚姻的羁绊。

三

根据笔者调查，成都平原农村婚姻的个体化程度最高。一方面与成都平原农村相对缺乏较强的血缘地缘认同有关,结婚只是两个家庭的事情,与男女双方的家族和村落的关系不那么紧密。另一方面,成都平原农村的父母对子代婚姻的责任不强。子代的婚姻是子代自己的事情,父母只要把子代养育成人,他们的任务就算完成了,不再对子代尽义务了,后续他们主要是把自己的生活过好。那么,子女的婚姻,无论是本地婚还是外地婚,都是他们自己努力的结果。那些长得好、能说会道又勤勉的年轻男子容易找到对象,而那些游手好闲,个体条件也不怎么样的年轻男子则很可能成为光棍。结婚后,夫妻小家庭的独立性非常强,与双方父母及亲朋好友没有关系,小家庭的东西都只属于夫妻二人。

在家庭内部,夫妻双方的独立性也较强,相互之间不干扰对方的节奏,也不过问对方的行动,双方的财务是独立的。双方就像搭伙过日子一样,谁也不干涉谁。离婚的时候也很简单,只要双方同意,就分割财产。财产本来就很明确,也容易分割,因而离婚也离得快,没有多少官司可打。其他任何人,包括双方父母也不会一直坚持劝解,因为后者都认为这终究是年轻人自己的事情,他们不好介入,介入了还会让对方心生怨恨。许多离婚案双方父母都不知道。

在农村,离婚之所以难,一个重要原因是男女双方还有许多"共有"的东西,包括财产、孩子及其他亲属关系等。共有的东西是难以分清你我的东西,是不会随便去分辨归属的东西。婚姻容易被这些东西所牵绊而难以离婚。当共有的东西越少,或者归属越明晰之后,婚姻的羁绊就越少,也就越容易离掉。比方在其他地方,父母是要给子女置办嫁妆的,在婚后也还要为子女输入财富,这些物质财富都成为子代家庭的财富,但他们并不归属于某一个人,而是共有的,在离婚析产时，这些财富就很难被分割。还有如亲属关系，如果女方加入男方家族后，她对男方的亲属关系很在意，在离婚时割舍不得，便会慎重考虑离婚。

孝昌农村的婚姻是中度稳定，说明其婚姻的个体化程度较高，但是其本地婚依然受制于婚姻传统结构而相对稳定。孝昌农村还有宗族的影子，其亲房本门的认同较为强烈，还能够约束年轻人的婚姻，亲房本门内还有一些"明白人"乐意去"管闲事"，调和年轻人的婚姻。另外，按照当地的习惯，离婚之后女方就得搬出男方村落，房屋等固定财产无法分割给女方，这样就使得女方离婚之后的去向成了问题。嫁出去的女儿不能再回娘家长期居住，婆家又没有给她分割房子，所以无处可走。除非外出务工或者很快找到了下家，否则女方就不会轻易离婚。上了年纪、没有生育能力的女性更不会轻易离婚，她们要考虑自己的养老问题。

四

外地婚都缺少"娘家"这一结构，这可能会造成婚姻不稳定，但南方农村外地婚却较为稳定，这是什么原因？

外地婚使女方缺少了"娘家"这一结构，那么她们在生活中就更加依赖于另外两重结构，即男方家族和村落熟人社会。陌生人进入陌生的村落之后，对她来说最重要的可能不是丈夫和公婆对她有多好，而是丈夫的家族和村落熟人社会对她的态度，她在其中是否有安全感和归属感。安全感和归属感对于外嫁女来说同样重要。质言之，外来女性进入陌生村落之后，村落里的人是拿着鲜花接待，还是冷眼以对；是把你当女儿看待,还是不把你当回事;是他们主动来看你跟你说话,还是你的热脸对着了人家的冷屁股;每个人都热情邀请你去家里坐会儿,拿出好吃好喝的招待你,还是你走到哪儿都大门紧闭;当你受了委屈有苦要诉的时候,是有人静静聆听并给予安慰,还是没有人可以倾诉;当你的小家庭遇到困难的时候,是有人主动伸出援助之手,还是更多的人袖手旁观;当你寂寞的时候,是有人带着针线活到你家来玩,还是你走到哪家都担心弄脏了人家的地;当你跟丈夫或公婆产生了冲突,需要化解矛盾找台阶下时,是许多人主动过来劝解,还是在一旁看笑话,等等。

夫姓家族和村落里的人是把你当"自己人",还是当"路人""陌生人",对于新嫁过来的媳妇来说至关重要,涉及她内心最深层、最敏感的体验。如果她的体验更多的是当"陌生人"、视若"路人甲乙",那么她在其中就没有安全感和归属感,心理体验是负向的。反过来,她也不会对夫姓家族和村落有好感。如果她的体验是被当作"自己人",那么她在其中就会身心舒适,很快就能融入其中,把自己当作其中的一员,进而也会对夫姓家族和村落里的人产生好感。

新嫁进来的媳妇对夫姓家族和村落不外乎有三种体验,一种是舒服,一种是没感觉,一种是不舒服。舒服的体验说明环境对她很友好,那么她对环境也会有积极的反应,会深深介入环境之中,形成与环境的交融关系,这样她也就很难再脱离该环境。没有感觉的体验说明村落环境既不是友好的,也不是敌对的,她与环境的交互作用就会较浅,较容易脱离该环境。不舒服的体验不是环境完全不友好,而是环境之中有敌对的一面。友好的一面会吸引新来的女性,但一旦对环境介入较深时就会发现其中有不可避免的敌对的一面,于是又会让新来者产生不适和距离感。

在农村能让新来者产生不舒服和距离感的体验,其中一个重要的来源是村庄内部"自己人"的比较和竞争。自己人分化之后相互之间的比较和竞争非常激烈,其后果之一是家庭之间亲密感淡化,紧张感加剧。大家都勒紧裤带咬紧牙你追我赶,就不再顾及相互之间的情感,甚至可能相互争夺、相互拆台。特别是在村庄内部、家族内部竞争资源时,竞争带来的张力可能会引发矛盾和冲突。在这样的竞争态势和紧张的气氛中,新进来的媳妇感受到的就是不安全感,她们对夫姓家族和村落也就没有较强的归属感。这是在孝昌农村和北方小亲族农村常存在的情况。有些外地媳妇进来后不适应内部高强度的竞争和攀比,她们在其中感受不到社会关系的温度和生活的舒适感。这与她们做女儿时的感受大相径庭。笔者调查到几个从大西南嫁过来的女性,因为反差太大,她们甚至在子女成人后还离婚跑回老家。

然而,南方农村是另外一番景象。南方农村更多是宗族性村落,宗族内部"自己人"认同很强烈。外来媳妇一进村就会被一种自己人的气氛所包围。大家大都把外来媳妇当自己人,把外来媳妇的事情当作自己的事情,生怕有什么地方怠慢了她。宗族性村落对新来女性的态度会让后者感到很惬意,就像在娘家做女儿一样。同时,宗族内部小家庭之间的关系更多的是互助合作的关系,而不是竞争的关系。那么,由于宗族性村落内部竞争较弱,尤其是没有台面上的竞争,也就不会带来相互之间的紧张感。新媳妇在跟他人打交道的过程中就不会感受到排斥和距离感。她们在其中就会有很强的归属感和安全感。

对于外地媳妇来说,因为远离娘家,她们在夫姓村落里对安全感和归属感的追求较本地媳妇更为强烈,对村落内部的社会关系也更为敏感。所以,当宗族性村落有着友好的社会关系,她们就更容易将自己置入其中,对它们投入更多感情,进而也就更加依赖这种社会关系,即便当家庭出现危机时,她们也不会轻言离婚,因为她们舍不得自己投入了情感的那些人和那个地方。(2018.8.31)

农村婚姻稳定的三种类型

一

在农村,本地婚相对稳定,异地婚则不如前者稳定。可以说异地婚的稳定程度能够表征一个地方的婚姻稳定状况。在男女性别比严重失衡的当前农村,年轻女性在婚姻市场中占据优势地位,离婚一般由女性提出。从女性的视角可以更好地透视婚姻稳定的程度和条件。

农村常实行外婚制,成年女性结婚意味着她们要离开熟悉的父姓村落,到陌生的夫姓村落生活。嫁入女对夫姓村落的融入程度与夫姓村落对嫁入女的接纳程度,决定了外嫁女对夫姓村落的归属强度。与之相对应的是,夫姓村落对嫁入女的排斥程度。所谓的排斥就是家庭之间的竞争给嫁入的女性带来的压力感和焦虑感。

从外嫁女性的角度来讲,归属感强而竞争性弱的村庄让她们更容易融入,生活在其中也更为惬意,她们不会轻易提出离婚,婚姻的稳定性较强;归属感弱但竞争性强的村庄则对她们的排斥性较强,她们在其中的压力较大,融入就较差,她们容易因家庭、夫妻或个人问题而提出离婚,婚姻的稳定性就较弱。异地婚的女性因为远离娘家,她们对夫姓村落的归属感和排斥感就更为敏感、更为在意。

从归属和竞争两个角度,可以将婚姻的稳定性划分为三种类型:强归属与弱竞争的地区,婚姻稳定性较高;弱归属与强竞争的地区,婚姻稳定性呈中度状态;无归属与无竞争的地区,家庭婚姻反而最不稳定。它们可以分别对应南方农村、北方农村和中部农村。我们以深入调查的湘南农村、河南农村和成都平原农村为个案,来分析为什么会出现这三种类型。

二

南方农村是宗族性村落,每个姓氏占据一个或多个村落(湾村),姓氏或村落内部的认同较高,社会关系较为紧密,相互之间的"自己人"认同较强。在"自己人"内部,即便有矛盾有竞争,也多是隐匿性的,不会太公开,也不会太露骨,大家都会念及同宗同源的亲情。与对自己人讲究血缘亲情相反,宗族对外行动的一致性较强,对外人的行为较为敏感。除嫁入的女性之外,村庄内部不允许有外姓人长期存在。对于嫁入女来说,宗族性村落有以下几个特点值得考察:

一是"自己人"认同较为强烈,社会关系较为紧密,使得嫁入女对夫姓家族和村落有着较强的归属感。一个男子结婚了,不仅是其家庭的事情,还是整个房头、宗族和村落共同的大事,意味着宗族房头添了门户,又多了一房人。宗族房头会同喜同贺。宗族房头的家户对嫁入女的态度也极为欢迎,因为她们是来本宗族房头做"堂公堂婆",将为宗族房头传承子嗣。先嫁入的女性会将后嫁入的女性当作自己人,把她们当女儿一样对待。其实,在她们以女朋友身份第一次进入男方家庭之时,就会有很多宗族房头的妇女来凑热闹,看准媳妇,跟她嘘寒问暖,叫她去自己家玩。等到结婚之后,走到村里的哪个角落都会有人真诚地拉扯她去屋里坐一会儿,喝杯水,把好东西都拿出来招待。宗族房头这种强大的"吸附"能力,会让新媳妇有"宾至如归"的感觉,很快就融入由不同年龄妇女组成的圈子中去。嫁入女婿后很容易适应夫姓村落的生活,基本上没有"过渡期"的焦虑。正因为其他人真诚地对待新媳妇,新媳妇也真心地融入宗族房头的社会关系之中,由衷地把对方当作自己人看待,也把自己当作她们的一员来体验。于是,夫姓宗族村落的"自己人"的感觉很快建立起来。这是外来媳妇的"自己人化"和"当地化"。

二是宗族性村落家庭之间的血缘关系较亲,相互比较和竞争的关系较弱。即便有比较与竞争,也是暗地里较劲,很少摆到台面上,不会把竞争表面化。口头上,说的都是自己人热心肠暖心窝的话。宗族性村落严格禁止在台面上的竞争,对于一些仪式性的人情有具体的规定,避免宗族和村落内部的恶性竞争。总体来说,宗族性村落内部的比较和竞争较弱,家庭之间的关系较为和谐,人与人之间的关系较为友善。这就使得宗族村落内部的关系不紧张,人们身处其中也不会感受到太大的压力。

即便家庭之间在经济上有分化,人们也可以通过几个渠道将分化带来的压力给予转化,第一个是自己人的感情,人们因为相互之间的自己人情感较强,会为经济条件好的家庭感到高兴,甚至认为自己也有光彩。第二个是相互帮忙,经济条件好的对经济条件落后的人家进行传帮带。第三个是经济上的分化不能体现在仪式性人情等方面,不给予显摆的机会。第四个是经济条件越好,就越要承担宗族和村落的责任。第五个是经济条件好不仅仅源于个人的努力和禀赋,还是"众人抬一人"的结果。这样一来,分化就不会导致太大的压力,人们不会因为竞争压力过大而影响关系,使关系变得紧张。竞争关系是一种排斥关系。嫁入女对排斥关系十分敏感。如此,南方村落因为竞争较弱,社会关系的排斥性也较弱,嫁入女在其中的负性感受就弱,积极正面的感受较强。

三是宗族性村落会把个体家庭的事情当作宗族房头的事情。村落里的人会把嫁入女一家的事情当作自己的事情,当她家出现了婚姻问题时,他们会极力维和,居中调解。

四是宗族性村落自己人关系较强,家庭财产的分割就不那么彻底,共有财产较多,相互之间因为共有的财产拉扯在一起。一方面,在家庭内部,兄弟之间、代际之间、夫妻之间在财产上的共有成分较多,很难分清楚具体归属。包括女方的嫁妆,也是归属于大家庭,而不明确归属于小家庭。家庭的债务也是如此,它一般不归父代偿还,而是在分家的时候分给子代偿还。另一方面,在村落内部,各个小家庭的一切固定财富,包括房屋、土地、林场等都是本宗族的财产,不独立属于各个小家庭,外人不能割裂它们。因此,从第一个方面来看,如果夫妻要离婚,家庭财产就很难分割,要家族成员共同商量才能实施分割。从第二个方面来讲,嫁入女只要离婚,她们对房屋、土地和林场等固定财产没有分割的权利,她们只能从夫姓村庄搬走。同时,作为外嫁女,父姓村落的这些固定财产也不属于她们,她们也无法在娘家长久居住。

那么,一方面南方村落对于嫁入女来说归属感很强,她们在其中生活得很惬意,她们对夫姓宗族和村落里的人有情感体验。另一方面南方村落的竞争性较弱,嫁入女对村落内部社会关系的排斥性感受不强烈。最后,女性提出离婚很难,因为既有复杂社会关系的牵扯,她们割舍不掉,又有人做思想工作;还有共有财产的纠葛,要离婚就得把财产分割掉,这个过程十分繁复,时间拉得很长;离婚之后还一时找不到去处。这样一来,在南方农村要想离婚确实很难。异地婚的外地媳妇,在南方宗族性村落会感觉到很舒服,一般不会有想走的感觉。

三

北方农村是典型的小亲族地区。村庄内部由多个姓氏组成,每个姓氏都是一个或多个小亲族。小亲族之间在村庄社会生活和政治生活中展开激烈竞争。在小亲族内部,有较强的"自己人"认同,尤其是在对外的时候,这种认同很强烈,能够形成对外的一致行动能力。但是小亲族内部家庭之间的竞争也很激烈,兄弟家庭之间的比较和竞争尤为激烈。每到过年的时候,就是父子、兄弟"算账"的时候,也是小亲族内部、家庭内部矛盾最集中的时候。

农村女性在做女儿的时候对小亲族之间及内部的竞争感受不强烈,但是一旦结婚之后就会深深地卷入这种激烈竞争之中。我曾调查过一个对象,她做女儿时很单纯,把一切都想象得太美好,但是嫁入夫姓村庄之后,发现村庄内部、小亲族内部有很多斗争和人性恶的一面,她就会感觉非常不舒服。她甚至很少跟同样嫁入夫姓村落的小时候的同学闺蜜交往,生怕说错话引起麻烦。因此她最好的朋友是嫁在别村的同学闺蜜。她经常上别村去会同学闺蜜,却对在本村的同学闺蜜避而远之。因为对于她来说,她与在本村的同学闺蜜是竞争关系,而与别村的同学闺蜜则没有竞争关系。

北方农村本地婚中的嫁入女虽然同样嵌入一个激烈的竞争关系之中,但是离婚较少,因为她们在本地无法选择一个无激烈竞争的社会。但是对于异地婚的嫁入女,尤其是西南地区的嫁入女来说,她们一旦嫁入北方农村,就等于嫁入了一个高度竞争的社会,她们感受到的归属较少,而排斥较大,这与她们老家是两个世界。因此,从西南地区嫁过来的女性很容易逃婚,成婚多年,甚至在子女结婚之后,还回到娘家再嫁的,也不在少数。

对于异地婚的嫁入女来说,她们对于北方小亲族农村的体验常常有以下几点:

一是有归属感,但归属感相对较弱。小亲族内部有叔伯婶嫂的关怀,他们会把嫁入女当作"自己人"来对待,嫁入女在其中也会生发"自己人"的体验。但是相对于南方农村来说,这种归属感较弱,小亲族内部更多的是礼仪性、例行公事地对嫁入女好,而未必都是将其当作"自己人"。新嫁入的媳妇会对这种表面上的"亲情"有隔阂,因此不会过快过深地介入小亲族的妇女圈子中去。

二是家庭之间的竞争性很强。小亲族之间在竞争,小亲族里家庭之间也在竞争,使得一个家庭既要为小亲族争口气,还要在小亲族内部不落后,这就要承受巨大的竞争所带来的压力。要缓解压力和焦虑,就得极大地调动家庭劳动力参与竞争。这样每个家庭就只能顾着自己的一摊子事,而无法顾及其他家庭,甚至在小亲族内部、兄弟之间也可能争夺共有的财产,谁占共有的便宜多,对谁就有利。这样每个家庭都勒紧了裤腰带竞争,紧盯着别人,就会使得小亲族内部的气氛和家庭之间的关系紧张。越是近的关系,就越可能紧张。

那么,外地媳妇一进来就会感受到这种紧张的氛围,感受到竞争的压力,她们很快就要参与到这种激烈的竞争中来。对于外地媳妇来说,她们很不适应,这与她们的成长环境很不一样。在这种竞争和紧张的氛围中,她们会感受到来自丈夫的亲兄弟、堂兄弟家庭的排斥,她们说话做事都要小心谨慎,生怕惹来麻烦。她们要努力参与竞争,竞争胜利了才有安全感、成就感和满足感。这会给她们带来极大的压力。有的年轻女性会因承受不了这种压力而选择逃婚。

孝昌农村宗族是分裂的,房头之间竞争激烈。一个外地媳妇感觉到孝昌农村的竞争压力太大,消费和生活水平太高,她们家一辈子也达不到,于是"跑路"了。湘南水村有一个嫁到河南去的女孩,生了两个儿子一个女儿。她回娘家后给娘家妇女讲那边的情况,娘家妇女于是得出一个结论:嫁到那边去会"累死"。

三是自己人观念稍弱,人们不把其他家庭的事情当作自己的事情。在婚姻问题上,人们不再去做思想工作,不再去管人家的闲事,怕管了闲事惹上麻烦。甚至在小亲族内部也有看人家笑话的。

四是共有财产观念还存在。尤其是固定财产归属男方的观念较强,这对于离婚有一定的牵制效应。

总结一下,在北方农村,小亲族有一定的归属感,但是小亲族的竞争性太强,削弱了它归属的一面。外地媳妇进去之后很容易在竞争和紧张的社会关系中感受到排斥,因而容易造成跑婚现象。南方农村,尤其是西南农村嫁过去的媳妇对此感受最为强烈。

四

中部地区血缘认同较南方弱，村民原子化程度很高，成都平原农村是典型。[①] 该地区家庭之外没有联系紧密的社会关系。每个家庭都不干涉他人的生活，也不允许人家干涉自己的生活。即便是父子、兄弟关系，一旦分家之后，都不再管对方家庭的事情。婚姻纯粹是男女双方个人的事情。女方嫁进来之后，也只与丈夫有关系，而与公婆、丈夫的兄弟、族人、村里人没太密切关系。新媳妇在夫姓家族和村落找不到归属感，大家对她也像对待陌生人一样。

各家庭之间也没有较明显的竞争关系，各过各的日子，既不相互比较，也不羡慕或看不起人家。家庭之间的共有财产较少，代际之间、兄弟之间的财产分割清晰。在村落里，固定资产只与个体有归属关系。在家庭内部，夫妻之间对财产的贡献和占有也小葱拌豆腐——一清二白。

因此，在四川农村，一个女性要提出离婚，她既不会顾及村里其他人的感受，其他人也不会把它当作自己要管的事情。社会关系不是女性婚姻的羁绊。女性要离婚只与丈夫一人有关，只要两个人达成协议，婚就离得成。财产也不是婚姻的羁绊。夫妻财产本就很明确，不需要花太多时间来分割财产。妇女离婚后可以分到房产，仍可以在夫姓村落居住。(2018.9.13)

[①] 基于对区域社会结构差异的认识，华中村治学派将中国农村划分为若干社会文化区域。这种区域固然与地理空间的划分有一定关系，但并不完全重合。比如，东北农村、四川农村的划分就容易引发歧义和争论，因为这两地不在地理上的中部，但在社会形态上却与中部湖南湖北地区类似，它们也就一并构成了社会文化区域上的"中部农村"。

何以姻亲偏重

一

在汉族的亲属结构中，宗亲被制度性地规定要重于姻亲。在南方村落，若两个宗族发生纠纷，与二者有宗亲和姻亲关系的人家要跟宗亲同仇敌忾，至少不能门面上站在姻亲立场说话，否则会遭人摒弃。湘南有句古话对此有形容，"千百年家门，六十年亲戚"，说的是做亲戚（姻亲）只有两三代人、五六十年时间，而宗亲关系世代永续，孰轻孰重一目了然。

最近十几年做农村研究，经常在农村跑，发现很多地方姻亲不仅在日常生活中越来越重要，在人们的心目中也占据重要位置，甚至有姻亲偏重的迹象。江汉平原出现了"两头走"的婚姻，年轻男女婚后可以在娘家和婆家轮流居住。浙江农村男女双方父母为子女在城镇买房结婚，不存在嫁娶的问题。在不娶不嫁的婚姻中，年轻人对双方父母的权利义务关系是一致的，既有继承他们财产的权利，对双方老人也都有养老送终的义务。双方老人有同等的带小孩的权利。这些现象是农村由重宗亲一系向双系并重的典型。

农村更广泛的变化不是双系并重，而是弱化宗亲关系，姻亲关系逐步凸显出来。姻亲偏重与农村妇女地位提升有关。农村妇女地位，尤其是年轻妇女地位提高，她们掌握了家庭的决策权，便容易在家庭行为决策中偏向娘家一方。农村妇女地位提升是一个逐步的过程，21世纪以后"妇女当家"已成农村常见现象。但问题是，妇女当家也可能完全照搬之前男性单系轨迹行为，只是将行为者从男性换成了女性，换了汤而没有换药而已，行为的结果一如从前。

宗族认同的瓦解一定程度上彰显了姻亲的重要性。一个农民家庭有宗亲和姻亲两个支撑体系，"远亲不如近邻"，宗亲的支撑力度要高于姻亲。当宗亲弱化之后，人们就会自然而然地强化姻亲关系，只有这样才有安全感。然而，为什么农民不在宗亲弱化时，同时挽救宗亲和强化姻亲，双强的支撑体系不是更好？这需要去揭示，是什么样的机制使得农民不去挽救宗亲关系，而单是去加强姻亲关系。

二

陕西某大学的李教授是陕西渭南人，他父亲有不少的兄弟、堂兄弟，他们家的小亲族势力不小。他母亲那边的兄弟姐妹也不少。在李读硕士之前，他父亲这边的亲族内的认同还相对较强，在村子里也有地位，还有叔伯做了村组干部。父母也为此感到自豪，在村子里能挺直腰杆生活。这个时候他母亲并没有刻意去跟娘家那边的兄弟姐妹搞好关系，跟姐妹的联系较少，姐妹之间还因为娘家一些小事有龃龉。李的两个姨对他母亲有意见，他母亲也没有太在意。随着自己年龄的增长和儿子的长大，李母越来越忽视娘家的亲戚。

这种情况在李读博士之后发生了变化。李的族内团结性减弱，为了利益,李父的兄弟、叔伯兄弟之间有了嫌隙,有的兄弟倚仗权势侵吞共有财产,其他人不敢吱声。李母敏锐地感觉到"事情正在起变化"。依照李的解释是,他的母亲开始感觉到丈夫亲族不能依靠。有了这个感觉,李母就主动与娘家兄弟姐妹加强了联系,走亲戚更勤,不再像以前那样完成任务似的,而是跟姐妹主动缓和矛盾,关系逐渐融洽。

宗亲和姻亲作为农民家庭的支撑体系,主要发挥两个作用,一个是现实生活的实际支持。农民在生活、生产和社会交往中遇到了问题,遭受了困难,需要有人来支持。农民的生活要有安全感,这个支持必须是制度性的,而非偶然性的。朋友可以提供偶然性的支持,因为朋友没有跟你建立权利义务关系。农民之间建立了权利义务关系的只有宗亲和姻亲,这两种关系都是先赋性的关系。宗亲和姻亲都有支持义务,如果二者都能尽心尽力、付出同等义务,有双重支持,自然是好事。但是,一旦出现问题,二者扯皮和推诿怎么办。这个时候就需要确定主导和辅助的权利义务关系,单系偏重也就有这层含义,宗亲担负起更大的责任,姻亲只是辅助性提供帮助。农民家庭在对待宗亲和姻亲上,也是偏重宗亲。

当下城市家庭中是双系并重,就经常出现这样一个问题,到底谁来带小孩的问题。婆家和娘家都享有带小孩的权利和义务,但是双系并重,不娶不嫁,权利义务关系没有主导和辅助之分。这个时候就可能出现双方老人相互推脱责任的现象,谁都不去带小孩,因为带小孩是负担,会占用工作、休息的时间;也可能出现双方老人争带小孩的情况,这个时候带小孩是权利,可以享受天伦之乐。

另一个支持是精神支持。这说的是只要双方有实质性的交往,农民家庭就能从这种交往中感受到归属感和安全感。在日常生活中,农民会预期遭受诸多的困难,受到他人的欺负,如果他们跟某个群体有较深的社会关系,就能够预期这个群体在他们遭受这些苦难和欺负时会给予帮助。这是一种心理感受,尽管可能从来不会遇到这种情况,但是一旦他们对其交往的群体寄寓了这种期待,他们就会感受到安全,生活就会踏实,不用提心吊胆。

在过去,宗亲一直扮演着农民的精神支持的角色。宗亲越庞大,农民在其中就越具有安全感,生活越有底气。在农民家庭之间发生争端的时候,双方的宗亲或许不会直接披挂上阵,但他们出现在现场就是对农民家庭最大的支持。

李教授的母亲在宗亲中难以获得支持的时候,转而重视娘家亲戚。她也不一定是要直接从娘家亲戚获得物质支援,精神上的感受和支持也至关重要。

三

宗亲的支持面临两个相辅相成的问题,一个是宗亲认同的瓦解。其原因是多方面的,主要是20世纪初以来现代性的冲击,具体包括革命运动、国家政权建设、新思想新观念、市场经济、人口流动、城市化等。宗亲关系瓦解的方向是农民家庭的个体化,农民的血缘认同单位缩小,超出个体家庭之上的认同单位难有一致行动能力。血缘认同的降低,使得个体家庭之间的"自己人"认同和关系被割裂,个体家庭成为村庄社会关系和利益关系的主体。人们越来越在乎小家庭的利益,对宗亲共同利益无暇顾及。宗亲内部互帮互助的权利义务关系瓦解,相互支持和体谅越来越少。

另一个是出现农民家庭间关系的竞争化。伴随着个体家庭成为独立的利益单位,家庭间的关系也从互助合作关系,有可能转变为比较竞争的关系。在"自己人"认同还较强烈的时候,个体家庭间不是你看我我看你的比较,而是共同对付生活和困难。而当"自己人"关系淡化之后,个体家庭之间转变为"你好我要比你更好"的竞争关系。村庄的空间较为狭小,互动频率较高,而且村庄利益较为稀薄,不可能为所有人均等占有。那么,这个时候,个体家庭在村庄资源的竞争上就会比以往激烈。相互之间竞争的既有物质性标的,也有荣耀性标的。在村庄里,越是宗亲关系,物质起点越会相对一致,血缘的起点也越一致。那么,一旦他们作为独立的利益主体出现了差别,再小的差别也会很显眼,容易被当事人和村庄其他人察觉出来。落后者可能会被蔑视,自己也会感到耻辱,他们就会奋起直追。

怎么追?充分调动家庭资源和劳动力参与竞争。家庭资源包括财产、生产资料等,人们对家庭资源看得很紧,不容许他人染指,尤其是不能让自己的竞争对象占用了自己家的资源。家庭劳动力也是如此,要将劳动力充分调动起来放到家庭间的竞争中去,不能浪费劳动力,更不能将自己的劳动力用到竞争对象家里去。还有就是节省资源,包括养老资源,自己节省越多,兄弟出得越多,那么自己就占了竞争先机。这样一来,宗亲之间的竞争就会变得激烈,宗亲内部互助合作会更少,相互计较、相互攀比的心态会越来越重,宗亲关系也就愈发淡化。

四

在村庄竞争中,宗亲内部成员之间也会成为竞争对象,人们很难从宗亲获得资源参与竞争。因此,个体家庭要想增强竞争力,要想把自己家庭搞得更好,就得另寻他途。能够成为个体家庭求助对象的,必须满足以下两个条件,一是双方不是竞争关系,二是双方有权利义务关系。村庄外边的朋友可以满足第一个条件,但是不满足第二个条件。唯有姻亲满足这两个条件,就第一个条件而言,在外婚制条件下,姻亲一般在村庄之外,不参与村庄的竞争。就第二个条件来说,姻亲是先赋性关系,由婚姻构成了相互间的权利义务关系。并且他们各自为了参与自己村庄的竞争而对对方有需求,这样一拍即合,二者的关系就会在互有需求中加强。我们在很多北方农村看到,相互帮忙,如相互借钱,相互提供生产工具的,一般的是姻亲,而非宗亲。

另外,在村庄竞争中,个体家庭有压力,会受到一些伤害。当宗亲是竞争对象,就不可能通过宗亲关系来缓解压力,很多的压力便来自宗亲。也不可能向宗亲倾诉衷肠来获得安慰,有的伤害就直接来自宗亲。在这个时候,能够给予个体家庭精神安慰的,更多的是姻亲。姻亲非竞争关系,可以相互抱团取暖,寻求慰藉。也就是说姻亲是很好的疗伤剂。

总之,家族分化之后的村庄就成了竞争社会,宗亲也可能是竞争关系。村庄的血缘地缘关系分化得越厉害,宗亲关系越淡,村民关系的竞争一面就越会凸显,互助合作的一面会被隐匿。农民分化越厉害,竞争也越厉害,农民就越需要姻亲关系作为支撑和精神归属,姻亲关系就越重要。(2018.2.26)

家庭关系

成都平原农村家庭关系的性质及其影响

一

在成都平原农村调查,发现当地家庭关系相对平和,较少激烈的冲突。即便有婆媳或夫妻争吵,也容易化解,不会积怨太深。上午看似关系紧张,下午就有说有笑。在其他地方人看来不可理喻,或是不能原谅的事情,在川西农民看来就不是个事。北方和南方农民尊敬长辈,媳妇对公公要敬而远之,如果媳妇辱骂了公公,公公会视为大不敬。但在成都平原,媳妇、公婆间的言语冲突就像邻里吵架一样稀松平常,不会泛起多大的波澜。在中山沙溪镇调查,跟四川农民工聊天,他们认为河南人看不开,计较得太多,什么事都放在心上,活得太累。他们说自己在家里、工作上有什么不顺心的事情,到外边耍一下、跟人摆摆龙门阵,气就消了。

这种平和的家庭关系很值得研究。从表面上看,不紧张的家庭关系,或者说紧张关系的化解,与当地丰富的公共生活有较大的关系。当地农村、集镇有密布的茶馆,不同茶馆的档次不同,普通家庭的农民在村里和集镇的茶馆喝茶,有钱的人上档次高一点的茶馆。茶馆是开放的场所,男女老少都可以进出停留。茶馆里既可以喝茶聊天,也可以玩麻将棋牌。除了茶馆可以消遣之外，成都平原还有许多公共歇息的地方，如凉亭、广场、垸子等，以及带有信仰意味的民间庙会、聚餐等。

成都平原的农民花较多的时间在公共生活中，而将较少的时间放在家庭生活中，就可以使得家庭成员之间的交集相对减少，可以降低家庭成员为家务事发生矛盾的频率。有了家庭矛盾，到公共场合说一说，唠叨一下，埋怨一番，本来没有理顺的气就顺了。我们调查的一对婆媳，在家里吵了一架，谁都不服谁，气得前后走出家门，来到同一家茶馆，分别找了麻将桌坐下，各自向牌友抱怨了一下对方。临近中午时两人又相约一起回家做饭。这说明一场牌下来心里纠葛就没有了。

公共生活固然挤占时间、消耗能量、消解矛盾，关键是其他地方也有类似的公共生活，却难以起到这么好的效果。公共生活可能是一个方面，另一个方面可能与成都平原的农村家庭关系及其矛盾的性质有关。

二

成都平原的农村的家庭关系是一种去等级化的关系。传统农村的关系是按照男女、长幼等建立起来的等级秩序，它规范着家庭成员间的关系和行为模式。首先，这种关系具有较强的结构性，不同辈分、年龄和性别的家庭成员，被安放在家庭结构中的不同位置，扮演着不同的角色，使家庭成员各安其位，各尽其能。其次，这种关系具有较强的规范性，对家庭成员的地位、角色和功能等都有明确的规范。最后，这种关系具有较强的伦理性，说的是家庭成员之间有着较强的权利义务关系。

在这种强结构、强规范和强伦理下,家庭成员之间就有着较强的期待,既期待你的角色扮演,也期待你的责任履行。老人期待媳妇孝敬公婆,子女期待父母为自己做出贡献。如果行为人的言行没有达到这种期待,就会引起对方的不悦,会气上心头生发怨恨,也可能降低自己跟对方的权利义务关系。

如北方农村的年轻人可能会因为父母没有为自己的婚姻或进城买房做出期待中的贡献而不养老。又如南方农村的父母做出了超越子代期待的贡献,如为子代进城买房支付了首付,子代可能会过意不去而更为尊敬父辈。

但是,在成都平原农村,家庭关系完全去等级化了,代际之间、夫妻之间、兄弟之间的关系呈现出扁平化的结构。家庭成员之间传统上较为硬性的权利义务关系也已经淡化,家庭关系的连接纽带更多的是情感,而非硬性的权力、责任和义务。家庭成员之间的相互期待弱化,较少有伦理色彩和强制性,家庭关系呈现宽松化趋势。代际关系的交换性也不强。当家庭成员的行为符合大家的期待时,大家也不会予以感激和效仿,当其行为不符合大家期待时,也不会引起其他人的愤慨。

在婆媳关系中,期待自然是媳妇要孝敬公婆,但是在现实生活中即便出现了不够孝敬的事情,公婆也不会认为没有天理了。这说明成都农村家庭关系淡化了原来的伦理色彩,变成了一来一往的普通关系。

南开大学教师李永萍在调查讨论时,提出成都平原农村的家庭关系是"无结构"的,家庭成员之间的关系没有固定的规范和行为模式可循,关键是看在家庭生活中如何相处。处好了,家庭关系得以维持,相对和谐;没处好,家庭关系就会出现紧张,乃至瓦解。

成都平原农村家庭关系松散,个体就较为独立,其权利、隐私和行为受到其他成员的干涉和束缚较少。夫妻关系是如此,代际关系也是如此。在夫妻关系中,夫妻各自的财产是独立的,互不干涉,如同搭伙过日子;夫妻外出打工,可以选择在一块,也可以自己想去哪就去哪。在代际关系中,父代既不一定要对子代婚姻负责,也管不着子代的婚姻生活。我们在绵阳农村调查到的很多情况是,父代不了解子代的家庭生活状况,儿子媳妇离婚了父母不知道是常事。

在这种家庭关系下,家庭成员不会因为对方没有满足自己的期待而产生过大的矛盾,夫妻之间一旦过不下去了就可以离婚,不会被所谓伦理、责任所羁绊,也不会有长达数年、数十年的夫妻矛盾、冷战存在。

三

除了从家庭结构来看家庭成员关系之外,家庭目标也是一个角度。家庭目标就是组成一个家庭之后夫妻要达成一个什么样的目标,把家庭建设成什么样子,要过什么样的家庭生活。

家庭目标有两类,一类是情感性的目标,就是要使组成家庭的夫妻俩感情维系下去,使感情生活得到满足。这是一种较为软性的目标,以夫妻感情为主线展开家庭生活。在这样的目标导向下,一旦夫妻感情不和,家庭就可能破裂。还有一类是物质性的目标,诸如要把小孩培养好,把小孩的婚姻当作家庭和自己的人生任务,同时过上较为宽裕的生活。与感情目标相比,这样的家庭目标更为明确和有刚性。情感性目标虽然也需要夫妻俩共同维系,但其目标其实没有着力点,以个体体验为主,不一定能形成夫妻合力。

物质性的目标则相反,到什么时候要达到什么样的目标,都十分明确和有刚性。如果没有达到目标,就意味着家庭任务没完成,工作没有做到位。要达到这些目标,家庭成员,尤其是年轻夫妇就要勠力同心,精诚团结,共同奋进。这种家庭的共同目标就会加强家庭成员之间的关系,不仅夫妻要形成合力,代际也要形成合力。有父代的支持更容易达成家庭目标。其结果是,家庭目标越是明确有刚性,完成目标的难度越大,就越需要家庭成员之间共同努力。这样,就会强化家庭成员之间的权利义务关系,强调夫妻责任和代际责任。比如,北方农村父母为儿子成婚的成本越来越高,不仅子代要向这方面努力,父代的支持也越来越重要。家庭物质性目标的明确有刚性,可能会遮掩家庭的情感性目标,即便夫妻情感出现问题,也会为了物质性的目标而维持家庭关系。

成都平原农村家庭的目标主要是夫妻之间的情感性目标,其物质性目标不明确。体现在父代责任上,那就是父代只要将子代抚养成人便可,没有较强有关子代的教育目标;对子代的婚姻责任也较弱,子代婚姻是子代自己的事情,父代有能力则提供支持,无能力也不会勉强。在家庭建房、城镇化等方面也缺乏明确的目标。物质性目标不明确,情感性目标又是软性的,那么在家庭生活中就无法形成夫妻及家庭成员重心的聚焦,他们只能在所有事情上平均用力,实质上是什么事情都不太用力。他们大多没有努力工作的概念,只要生活过得去就不会想着努力工作、拼命赚钱,他们更多地是享受"耍"的生活,也没有积蓄的观念。对未来没有明确的目标,他们就不会形成为完成目标而积蓄的习惯。一般情况下赚多少就花多少,等到急用的时候再借贷,借贷之后有了还款的压力再去工作,还款之后恢复原来的生活。成都平原农村夫妻之间的经济是各管各的,相互之间不干涉对方财务自主。这样的财务制度使得财富很容易在没有监管的情况下被消耗掉,形成不了积蓄。

成都平原农村家庭除了种田或务工完成家庭的基本再生产之外,没有其他事情要做,这就给他们留下了大量的闲暇时间。他们要消耗大量务农之外的时间,就需要有家庭生活之外的公共生活,闲暇时间越多,公共生活就越要求丰富,农民对公共生活的依赖程度就越高。公共生活对于成都平原的农民如此之重要,以至于他们不能随便从公共生活中退出来,因而他们一方面必须遵守公共生活的规则,一旦违规,其心理成本会非常高。当地农民说,只有那些心理足够"强大"的人才敢于做"钉子户",这样的人极其少见。另一方面他们要在公共生活中不被排斥,就要心平气和,不能随便发脾气,否则就会扰乱公共生活的秩序,成为众人眼里的异类。

四

成都平原农村的家庭不是为了完成某些目标和任务的功能共同体,也不是由价值和规范制约的伦理共同体,而只是成员之间的情感共同体。家庭没有明确和硬性的目标要达成,家庭之间不会围绕特定目标形成竞争。

北方农村的家庭主要目标之一是子代婚姻,中部农村的目标是子代城镇化,都是明确和硬性的目标,这些地方的家庭就会为了实现这些目标而充分调动和合理配置劳动力。在调动和配置劳动力的过程中,就会触及家庭成员之间的关系,有时甚至会带来家庭关系的紧张。村庄的竞争越激烈,家庭的劳动力就越要充分调动到竞争标的上来,家庭关系也就可能越紧张。成都平原农村家庭的竞争性不强,就不需要充分调动家庭的劳动力,家庭成员之间的关系就不需要太紧密,相互之间的权利义务关系也就不会被激活,家庭关系就不会太紧张。
(2018.5.3)

抚养、教育与婚配：农村父代的责任

一

2017年重阳节前后，田孟、卢青青、田舒彦和我一行四人在湖北荆州的洪湖渔场村调研老年人协会，有一次碰到一位四十多岁正在装修自家房子的男子，问及其家庭情况。他有一女儿6月份参加了高考，考上一所普通本科院校，儿子正在上初中。他说当地子女考上大学一般都要办酒席。我们让他列一列他们村民小组的大学生。一数吓一跳，一个小组四五十户人家，这二十多年竟然考取了四十多个大学生，几乎每家每户都有大学生，有的家庭还出了两个大学生。考取的大学既有名牌高校，也有普通本科和大专，以普通本科居多。

我们这些调查者来自不同地方，也在不同农村地区调查过，谈到了不同地方的经验。我是来自湘南地区的农村，我本人出生成长的村民小组共200余人，1949年以来上了大学的共有7位。渔场村村民小组同样四五十户人家，出的大学生真算是"太多了"。在河南农村调查过的卢青青，也介绍了在那里调研的经验。卢调查的农村，农民对子女的教育并不十分重视，只有那些被认为能够考上好大学的子女才会被鼓励继续升学，其余的早早地退学了。所以，一个村庄考取大学的人也不多,大部分农民还看不起上一般院校的人。

在讨论中我们意识到,虽然父母都希望自己的子女健康成长,接受良好的教育,顺利完婚成家,但父母一般不会在这几个方面均衡用力,而是有所偏重。因为在不同区域,父代对子代有不同的主导责任,他们在主导责任上下主要功夫,对其他的责任则付出较少。

在理想意义上,北方农村父母对子代的责任主要是为其成婚,中部农村父母的责任是教育,南方农村父母的责任是将子女抚养成人,在子女的教育和婚配上操心较少。

二

南方农村的父母抚养子女,将他们养到参加工作、能养活自己为止。一旦子女参加工作,父母对子女的责任减弱,子女对父母的责任增强,他们的反哺即已开始。至于子女的婚配问题,他们考虑得较少。

南方农村父母不是不重视子女的教育,而是普遍认为子女会不会读书,读不读得出来,不是靠培养,而是靠他自己的天赋和努力。他们认为子女若是考试很厉害,每次都能够在班级、年级考前几名,说明他们很聪明,是块读书的料,父母就要好好地供他们读书。如果考试不行,每次都不及格,贪玩,简单的题都不会做,就认为子女不是读书的料。他们喜欢三岁看老。父母常常在子女还在读小学的时候就给子女定了性,是不是读书的料。被定性为不能靠读书"出头"的子女,如果他们还愿意读书,也会供他们读,但不做任何指望,只是觉得多读点书、多识几个字也不是坏事,待在学校里总比在社会上混好。父母若是对子女有读书期待,也只是期待子女自己奋斗,却不知道如何让子女学得更好。

在南方农村,考上大学的多是农村文化人,如中小学老师、乡村医生的子女,这些家庭的教育氛围相对较好。我自己那个湾在过去很早的时候就出过读书人,人们的解释是祠堂前的水塘边上有一棵大榕树长得像一支毛笔,所以出读书人。后来这棵树被毁了,读书人出不来了。我们家出了几个读书人,我的一位堂伯父请风水先生到祖坟看了一圈,说是我爷爷的爷爷的坟位置选得好。

"读得出书"的人是少数,考上大学也就成了偶然现象。那些被认定为"不会读书"的子女就早早地辍学打工去了,他们只是块"打工的料"。那些在小学时读书很厉害、颇能考试而到了初中就不行了的人,他们认为是读书读傻了的缘故,也不适合读书。教育质量这些因素不是农民思考的重点,即便有些父母在小学阶段就将小孩送到城里去读书、培训,小孩学到很多东西,学习能力增强,他们也不认为这是教育培养的结果,而是认为小孩"确实聪明"。在我读小学的时候,我们乡镇教育资源较为贫乏,质量上不去,中心小学能够考上县一中初中部的凤毛麟角,而有的乡镇则一考就是十几个。人们的分析不是说我们这个乡镇的教育质量跟不上,而是说人家乡镇的人精明,不仅能够读书,做生意也很精明。

南方农村在子女教育上,最终的结论常常是"命",能够读书考上大学的是"命",读不出书、考不上大学也是"命"。"命中注定"是父母改变不了的。事实上,南方农村历史上并不是不重视教育,过去宗族有义田、学田等公共制度,就是为了鼓励和支持宗族子弟读书考学。宗族之间、宗族内房头之间在读书、文化人培养上也有竞争。越是大的、文化底蕴深厚的宗族,就越重视子弟教育。宗族这些制度解体之后,农民个体家庭就把"出读书人"当成神秘的事情了,这也助长了弱化家庭在子女教育上的责任。

在子女的婚配问题上,南方农村父母的责任也较北方弱,父母在子女婚姻问题上做的事情不多。在传统通婚圈没打破的时候,父母在当地还能够托亲拜友给子女介绍对象,但是建新房却不是必需。有本事的父母可以为儿子建新房,没有本事的父母则只给儿子收拾一间房子做新房。子女也不能怪罪父母,因为当地人认为建房子是子代自己的事情。儿子婚前或婚后给自己建了新房是儿子的本事,父母在这里没有明确的义务。伴随着本地通婚圈被打工带来的外地婚打破,父母甚至连说媒做介绍的责任也没有了,子女成婚就完全成了子女自己的事情。父母在其中要做的就是准备一场婚宴,甚至有的父母觉得办酒席太麻烦,也直接省了。

父母在子代婚姻问题上不是不作为,而是尽力而为。儿子能不能找到对象结婚是他自己的事情,父母不会在儿子找对象上拼尽全力,尽力了就行了。儿子能够找到对象说明儿子有本事,父母脸上有光;找不到对象,儿子打光棍儿,那是他自己无能,不能怪父母,丢脸的不是父母,而是儿子自己。

南方农村父母在子女教育和婚配问题上担责任较少,使得他们在子女初高中辍学或毕业后,就没有了经济上的负担,而子女有赡养他们的义务。这样,他们就可以在四五十岁还是壮劳动力条件下就早早地"退休"。当然,不是说他们真的这个时候就不劳动了,而是说这个时候他们的劳动是权利和自由,他们可劳动,可不劳动,可收获多,可收获少;可以给儿子多创造点财富,也可以少创造点。总之,当子女参加工作、结婚之后,父母在身体和精神上都没有压力了。

三

中部农村父母重视教育已到了无以复加的程度。在他们的观念里，读书确实有基础强弱之分，分数也有高低之分，就学也有好学校与差学校之分。但是无论如何，也要供自己的子女读上大学。

"培养"的观念在中部农村父母心中根深蒂固，他们从不怀疑自己子女的智商，读书好坏、基础强弱只与教学质量高低和努力与否有关系，而与所谓的天赋无关，更与祖先显灵拉扯不上关系。他们不信鬼神，只相信个人的努力。个人的努力包括两个方面，一是父母提供的条件，看父母能将子女送到哪一层次的学校就读。二是子女自身的方面，看子女在学校的努力程度。父母供的话，已经从幼儿园就开始着眼了，中部农村的大部分小孩都已不在乡村上幼儿园和小学了，条件好的到县城上学，条件中等的在镇上就学。许多家长在县城买房子，为的是让子女接受更好的教育。在乡镇和县城上学，不仅与父母有关系，祖辈也参与进来了。中部地区的乡镇和县城基本上都是消费型城市，给年轻农民提供的就业机会较少，他们即便在县城买了房子，夫妻俩也还得到沿海去打工。这样，在县城就学的小孩就得由祖父母或外祖父母来照看。

我们调查的渔场村离洪湖市较近，祖辈将小孩送到学校后还可以坐公交车回来打鱼摸虾，等到下午的时候再回去将小孩接回来。在应城农村，农民在城里买了房子，爷爷奶奶陪小孩住在那里，早上送小孩上学后，爷爷奶奶就骑摩托车回到地里干活，等到下午放学的时候，他们又骑车返回城里接小孩。这样，一个家庭有两代人为小孩的教育奔波忙碌,年轻人在沿海赚钱,老年人在城里负责小孩的饮食起居,小孩就可以在县城接受较好的幼儿园和中小学教育。

中部农村父母知道,小孩越早、越好地接受教育,他们的基础就更好,将来更能够考上好的学校。考好的学校可以找到好的工作,更能够在城里体面地生活,个人有更好的发展前途。进城是中部农民奋斗的目标。要在城里待下去,活得更好,就必须接受更好的教育,这是中部农民的共识。为了进城,小孩的教育也成了农民家庭之间竞争的重要标的物。如果你家小孩上了好的幼儿园和小学,我家小孩不上,我就有压力。这样农民家庭之间就会在教育上相互比较和竞争,形成你追我赶的教育竞争氛围,迫使所有家长都将资源调动起来放在小孩的教育上。

谁要是在小孩教育上落后,就是在进城的过程中落后,谁就会在当地没有面子。自家的小孩上了大学后,跟父母一起合力在一线二线城市买房子,年节假日开着小汽车回家,在家的父母此时最有面子。在南方农村父母的观念中,总觉得自己生活的小村落最好,城市没有农村好,城市化的推动力不足。与南方农村不同的是,在中部农村父母的观念中,城乡有鸿沟,城市先进而乡村落后,有很强的将小孩往城里推的冲动。因此,中部农村的父母要在子女教育上下功夫,奋力将子女推向城市。

在中部农村,父母对子女的婚姻并不那么操心。那些将子女送去读了大学的父母,即便子女三十几岁还没有结婚,也不担心他们会成为光棍剩女。那些跟儿子合力在市县买了房子的父母,也不愁儿子找不到老婆。因为在城市化的思维下,只要在城里有房子就意味着能够在城里扎根立足,就不用再回农村去,年轻男子很容易找到对象结婚。

我们在应城调查到这么一个案例，一家父母在农村非常努力，生意做得好，经济条件也不错，在农村买了一栋宽敞的别墅，但是这家的儿子三十好几了也没有找到对象。介绍过来的女孩听说他们家没有在县城买房子转头就跑了。

在中部农村，只有那些儿子没上大学、没有给儿子在城里买房子的父母会着急儿子的婚事。中部农村父母把主要精力放在子女教育上，当子女成人之后，孙辈的教育也是他们关心的问题，也是他们的责任。无论是子代教育，还是孙辈的教育，都与城市化联系在一起。子代、孙辈的城市化是无止境的，那么父代的责任也是无限的。为了子代和孙辈能够顺利在城里立足，中部农村的父母基本上难以闲下来，他们只要有劳动能力，就得劳动，不仅养活自己，还要减轻子代在城里生活的负担。只有当他们失去劳动能力之后，才能够最终"退休"。

四

北方农村的代表是河南农村。笔者调查的周口、开封、驻马店等地农民普遍不太重视子女的教育问题，基本上没有"培养"的意识，农民更多地将教育升学当作某些聪明能干小孩的特例。他们会很乐意供那些能够读书的苗子去读书，而让那些读书不行的子女从学校回到农田和大工地。北方农民在子女的教育投入与回报上算得较为清楚。如果送子女读书，只能考上一般的大学，毕业后找工作就会成为问题，还不如早早去打工，在工厂多混几年经历，工资涨上去了，比一般大学毕业的大学生还要高些；如果预计子女能够考个好大学，甚至能上个研究生，就会千方百计地将该子女送去读书。

抚养、教育与婚配：农村父代的责任

北方农民之所以在教育投资上被视为"理性和精明"，是因为他们有比供子女上学更重要的事情要做，那就是给他们成婚。给子女成婚是许多北方农村父母最主要的人生任务之一。这与北方农村的小亲族竞争有关。只有结了婚的儿子才算得上是一股力量，也才能生育更多的男丁。

北方父母有从一生下儿子以后，就开始谋划给儿子娶媳妇的事情。年轻夫妇在小孩出生后不久，要么留下媳妇在家带小孩，年轻男子外出务工，要么将小孩完全丢给父母带，年轻夫妇都外出务工。北方农民外出务工的目标很明确，就是要给儿子建房、娶媳妇攒钱，因此他们不仅在工厂里很用功，加班加点赚更多的钱，还非常节约，不会一发工资就大吃大喝。他们较少跳槽，一般进了一个工厂就会长久地待下去，以便能够在工厂中学到更多的技术，得到提升。这样自己成长了，工资也增加了。北方农村的农民工也很少有什么事就往返于家乡和大工地，他们总是年头出去年尾才回，有的几年都不回去。孩子再小，乃至在家乡生病了，他们也不会轻易返回老家。他们在打工地节衣缩食，年终返回家乡以后也不会表现出太阔气。他们一年辛苦下来，钱也攒下来了。

等到儿子十五六岁的时候，建房子的钱已经攒好了，就可以建房子了。如果这个时候，发现子女读书考不上好大学，即便子女想读书，北方农村父母也多会狠心地中断子女的读书梦，让子女外出打工挣钱，以准备后面结婚之用。北方农村的小孩外出务工所得也会如数地交给父母。十五六岁的中学生辍学了，除了打工之外，还要每年年底回来参加父母组织的相亲。无论男孩女孩，到了这个年纪，就会被催着去相亲，每年过年前后半个月到二十天的样子，一个人平均要相亲上十次，有的每天上下午都有相亲。之所以这么早参加相亲，一个是父母想更早地完成人生任务，后面再无压力地生活，还能够在尚年轻的时候打工存些钱以备养老之需。二是本地婚姻竞争很激烈，只有早下手为强。那些子女到了相亲的年龄、但是还在学校读书的父母，看着人家的子女都相亲，有的还相中结婚了，自然非常着急，就怕自己的子女错过了找对象的最佳年龄。有些大学生、研究生的父母也这么想，让放寒假的子女早点回去相亲。

由于北方农村父母全程为子女操心婚事，在很大程度上强化了本地婚观念，也巩固了本地通婚圈，本地婚市场非常发达。媒人、婚介、东南亚媳妇培训班等婚姻市场机构在当地应运而生，甚至非法的骗婚、贩卖妇女等行为也屡禁不绝。北方农村的年轻男子都在本地婚姻市场上竞争，使得当地婚姻的成本不断拉高。男方父母就得在市场上不断提高自己的比较优势，以便吸引和取悦女方。女方则可以要高价和坐地起价。北方父母要给儿子顺利成婚，有些要去借贷。但是这个债务不归儿子媳妇还，而是由父母来还。这个时候，儿子媳妇也要生小孩，也要开始为自己的子女成婚做准备。那么就留下年老的父母自己去偿还子代成婚的债务。如果父母还算年轻，还可以通过自己的劳动还债，甚至还能够给自己以后的养老存下一些钱。但是借贷多，就需要花相当长的时间来偿还，以至于等他们偿还完后就不能劳动了，不再能够给自己养老攒钱了。

五

在全国统一婚姻市场的条件下，农村婚配的条件将越来越个体化和去家庭化，子代个体的条件越来越重要，包括个体的才能、前途等。在全国统一劳动力市场条件下，谁在劳动力市场上有竞争力，他们在婚配中的个体条件就越凸显，就越容易成婚。而提高市场竞争力的关键条件是教育。受教育程度越高，在劳动力市场上的竞争力就越大，在婚姻市场上的竞争力也越大。

比较南、中、北部的农村，中部农村的劳动力受教育程度更高，其在市场上的竞争力最强，同时在全国婚姻市场中也能够俘获女性芳心。北方农村的劳动力受教育程度相对较低，在市场上的竞争优势不强，在全国婚姻市场上的优势也相对较弱。但是北方农村的婚姻还有本地市场，因而更加依赖于本地婚姻市场。南方农村的本地婚姻市场解体得更严重，他们必须到全国婚姻市场中去寻找对象，但是他们又没有中部农村男青年那样的市场和婚姻的竞争力，因而有些年轻男子会因为市场竞争力弱而打光棍。(2018.2.18)

目标、劳动力配置与财产制度

一

财产制度是家庭制度的核心部件。不同区域农村家庭的财产制度有不同的设置，它对农村的夫妻关系、代际关系乃至兄弟关系都有较大的影响。之所以财产制度会有差异，与各地农村家庭要实现的家庭目标有关系。家庭目标不同，就会有不同的家庭劳动力的配置，进而会形成劳动力所创造的财富的分配和利用的制度规范。

川西平原农民家庭的财产归夫妻各自所有，双方既不知道对方手里有多少钱，也不过问对方把钱用到何处。这种财产制度的一个结果是，家庭成员容易将自己手中的钱花掉，使家庭财富得不到积累。还有一个结果是夫妻之间因为没有扯不清的共同财产及与之相关事物的羁绊，离婚时的财产切割就较为容易。

川西平原农村家庭没有明确周济子代生活的目标。父代将子女养大成人之后，既不用为子代结婚准备房子，也不用为子代成婚、带孙辈，子女长大成人他们的人生任务就完成了，后面的日子怎么快活就怎么过。当地人既没有传宗接代的任务，也没有养儿防老的期待，生养子女是成年男女结婚后自然而然的产物，而非预期中的目标。因而他们一般生育一个子女就够了,普遍不会多生育。将子女养大是生活线性的结果,而不是一个有规划、有考虑的目标,因而也就用不着对之做长时段、严格的预算,看需要花费多少开支,要付出多少劳动力,进而如何调配家庭劳动力。没有预期目标,也就不用紧张地调配劳动力,上午赚钱下午花掉,没钱花了再去赚。

那么,在家庭劳动力安排方面,年轻夫妻的劳动时间不用太长,劳动强度不用太大,他们在务农之余可以将更多的时间用于茶馆喝茶,而不是外出务工。因为未来没有大笔开支的预期目标,夫妻务工或务农的收入也不需要集中和积累起来,他们的钱大可各自拿在手里,既可以用于家庭开支,也可以自己花掉,反正没钱了再去赚也来得及。年轻家庭没有大笔开销,或者说家庭基本生活的开支年轻人自己能够应付得来(没有到城镇买房的打算),不需要打父母口袋的主意,也不需要调动父母的劳动力,父母就可以自由支配自己的财产和劳动力。

所以,在川西农村,家庭劳动力的配置较为松散,劳动时间和强度机动灵活。劳动成果不需要进行家庭集中和积累,而是自主支配和利用。川西平原的财产制度可称为"自有制度",缺少家庭共有财产。代际之间、夫妻之间在购置家庭物品时,各自出资多少都算得很清楚,如夫妻共买一辆车,妻子出了多少、丈夫出了多少一清二楚;家庭财产中,汽车是谁买的,电视机、冰箱、洗衣机是谁买的也是一清二白。若离婚,析产有据可循,矛盾较少。家庭既没有长远的负担,家庭财产各自拥有又很清楚,一旦夫妻感情破裂,就很容易离婚、家庭解体。夫妻关系缺少"共有"财产而不牢固。代际关系亦是如此。父代将子代养大成人便不再对子代有任务,子代对父代的责任也仅限于养老送终。

夫妻关系没有"共有"财产的羁绊,代际之间亦责任清晰,缺少共有的模糊地带。

二

西南地区农民跟川西农民一样"没有目标"。他们的整个生命都像流水一样任其自然,没有重大的节点,他们也不会为"节点"做准备。但是并不等于这些"节点"在他们的生活中不会出现,只是一旦出现对他们来说都是突然的,也只能用突然的手段去应对。小孩要上学了,没有钱就去借钱;房子之所以要重修是因为突然觉得太老旧了,于是借钱修;儿子娶媳妇也是突然的事情,拿不出钱那就借吧,等等。我在贵州镇远一个侗寨调查,房东建了幢四层高的楼房,欠银行和亲戚十五六万元的债。男主人六十多岁,偶尔在外打零工,两个儿子还没成婚,在广东浙江打工,工资并不高。我打听到男主人还没有还债的计划,平时也没有存钱的习惯,只是说到时候两个儿子来还。但是两个儿子还要成家,成家后还要生儿育女,拿什么来还?而这绝非个别情况。

西南地区劳动力的市场化程度很低,没有被充分调动起来。年轻人外出打工不是因为生活的规划,不是要结婚、建房、小孩要读书等,更多地是因为想到外边去看看。在沿海打工辞工现象较为频繁。家里小孩打电话哭着说想爸妈,或者家里哪个表兄妹要结婚,二话不说就打道回府,在家一待就是几个月、半年时间。工资发下来之后首先不是存银行,而是邀约一群老乡聚会吃一顿。一个月的工资半个月就花光了,下半个月就借钱花。所以,年轻人打工基本上挣不到钱,也很难存到钱,在打工地挣钱在打工地花,打工地的资源没有流入打工者的老家。结了婚的年轻人有了家庭的压力,他们这个时候并不安心在一个厂里长驻以提高自己的技能和经验,而是不断跳槽希望找个给高工资的厂子。这样他们不仅技术水平没有提高,工作时间也没法保证,到手的工资自然不会高。

年轻妇女到了三十多岁就要返乡织布,因为当地人认为在节日和赶人情时不穿盛装,或者穿着褪了色的民族服装就没面子,人家就会说闲话。织一套土布服装一般要花两三年时间,年轻妇女的大量劳动力用在这些不能产生市场价值的事情中,劳动力的市场化程度太低,既无法创造财富,亦不能积累财富。

西南民族地区家庭的共有财产较多,兄弟家庭之间的模糊空间较大。除货币化的收入外,兄弟家庭即便分家了,相互之间的权利义务关系依然较强,物质性财富的"共有"程度较高。譬如,分家后兄弟的牛如果没人喂养,在家的兄弟有喂养的义务,也有照顾兄弟家小孩的义务。至于其他的帮忙互助就更是如此。财富的共有性质越浓,劳动力的独立性就越弱,核心家庭的劳动力就会被共有的事务所消耗,就挤占了核心家庭的财富积累空间。同时,财产的共有性越强,财产就越会被其他家庭所利用和消耗,也降低了财产的积累性。另外,这也会使得核心家庭成员不愿意积累财富,而倾向于即时消费。

西南地区受儒家文化影响较少,加上生产条件恶劣,土地产出低,多数农民家庭首要的目标是活下去,使生活得以继续,而不是通过积累完成更大、更长远的目标。因而共同度过生活中的困难是"当务之急",那么在家庭财产制度上就不会分得太清楚,家庭财产的共有性质就会被凸显出来。

三

南方农村是宗族性村落,家庭的目标融入宗族整体的目标之中,从大的方面来说是宗族的延续,从小的方面来讲是传宗接代。就核心家庭来讲,对下有养育的责任,对上有赡养的义务,对弟兄还有互助帮扶的责任,对自己则要修建房子。完成这些目标都是年轻人的责任。

从养育责任来讲,他们虽然不需要给子女建房、准备结婚彩礼,但是子女成长、上学等还是要花钱,对子女在每个年龄需要多少花费心里要有底。在赡养问题上,自从结婚分家以后,他们对父母的赡养就要提上议事日程,至少要考虑到父母的衣食住行医等,还有在精神上予以关怀,尤其是父母年老之后,需要弟兄之中至少有一个人在家照顾。待到父母七八十岁以后,就要为父母的后事做准备。在建房问题上,建房子不是父母的事情,每一代人都需要为自己这一代人建一幢房子。南方农村分家有两个特点,一是年轻人分的是老宅子和小宅子,二是年轻人要分担家庭债务。年轻夫妇在分家后首先要考虑怎么将债务还清,其次则是生育小孩,最后是准备存钱建房。房子一般会在结婚五到十年左右建成,有能力的一次性建成,也可以逐层建。另外,一个家庭还有对弟兄及宗亲的义务。弟兄家庭在生活和发展中出现了问题,其他家庭有扶助和帮忙的义务。譬如弟兄建房可以提供劳动力或现金资助。在广东清远农村,如果一家兄弟多无法结婚,宗亲会帮其中的长子结婚,以使其家庭香火能够延续。在湘南农村,一个兄弟要建房子,会由其五服内的兄长带领其他家庭给予帮助。

上述这些都是成年成家男子的责任和任务,他要将这些事情一件件办好,就得充分调动家庭劳动力。首先是其夫妻俩的劳动力,其次是未婚子女的劳动力,再者是父母的劳动力。在南方农村,父母的劳动力有这样的性质,一是兄弟共有性质,二是非法定义务性质。就前者来说,父母不愿意给哪家干活了,或有一家有意见,干脆就哪家都不帮。后者的意思是父母的帮忙是自愿的,没有强制性。也就是说,父母的劳动力其实很难被调动起来,被调动起来也多是照顾孙辈。小孩属于半劳动力,可以调动起来做些辅助性的工作,并且不能过度调动。所以,在南方农村一个家庭真正能够调动的劳动力就只有年轻夫妇自身。他们在年轻的时候通过努力使用自身的劳动力来完成人生任务。

由于家庭有明确的目标和预期,需要有所准备和积累,夫妻俩的收入一般合为一个会计单位。由于夫妻俩的目标是一致的,谁管钱都一样。有的家庭虽然是夫妻各管各的钱,但什么钱从谁那里开支却很明确。譬如,妻子干农活、打零工挣的钱少,其收入一般用于家庭日常开支和人情往来等小笔开支。丈夫外出务工或在工地上干活收入要多些,其收入一般积蓄起来用于家庭的大额开支,如给小孩交学费、购置农机具或建房等。家庭责任中还有对父母、兄弟和其他宗亲的支持,这些支出和开销需要由丈夫来掌握。所以在南方农村,丈夫掌握经济大权的家庭仍占多数。

等到子女成婚分家以后,父母就退出主要劳动力行列,他们的劳动所得用于维持自己的生活。相反,子女的财富开始向他们反哺。在没有打工的时候,未成年子女的劳动力被父母调用,劳动财富为家庭所支配。当打工潮兴起之后,未成年子女外出务工,其收入归个人支配,或用于谈朋友,或自己积蓄、花销,不归入家庭之中。所以,在南方农村,财富的主要创造者是那些已婚的中青年人。南方农村的分家制度是父子分家,也就是儿子从父代家庭中分出去。具体操作是,一个儿子结婚以后,跟父母住上几年后进行第一次分家,主要是分灶吃饭,分一部分田地和家具。等到所有儿子都成家以后,再进行第二次分家,这次分家是所有儿子都参与的分家,不仅分灶,而且将父母的财产、土地和债务都分掉。父母可以跟最小的儿子吃住,也可以单过。但是父母不再进行稻田耕作,只留一点旱地来种杂粮和蔬菜。父母的主粮和零花钱由儿子供给。这个时候尽管父母尚年轻,乃至是壮劳力,一般也不再创造可积累的财富。

年轻人创造的财富在南方农村的分配是多方向的,既向父代流动,也向子代流动,自己也享受(住新房),还横向流动(支持弟兄宗亲),这与南方农村家庭的目标任务有关系。在这个意义上其家庭财产的性质具有"共有"特性。共有财产一般产权不清晰,为多个家庭所有。南方农村的宗祠、祖地、祖屋等都是共有财产。还比如,我弟弟搞果园,他自己投入了大量劳动和资金,我父母也投入了劳动,我也支持了一部分资金,那么这个果园的产权是属于他个人还是我们大家庭,很难说清楚。

四

北方农村家庭的两个主要目标是为儿子建房子、娶媳妇。这两个目标是相互关联的,娶媳妇必先有房子,实质上是娶媳妇一个目标。北方农村是小亲族竞争的社会,无论是个体家庭还是小亲族都希望多生男丁多份力量,前提是先给儿子娶媳妇。娶媳妇就成了家庭最明确、最刚性的目标。在全国男女性别比失衡而女性又外流的情况下,北方农村给儿子在本地找媳妇的压力就越来越大，成本越来越高，也就使得这个目标越来越刚性，以至于可能遮蔽家庭其他的目标，如养老。

给子代成婚的目标如此之明确、刚性，北方农村年轻夫妇在结婚时就开始筹划，一是他们自己怎么挣钱积累，二是怎么充分利用父母的劳动力，三是怎么分去父母的财富。他们要充分调动和合理分配家庭劳动力，为自己小家庭多争取资源。所以，北方农村分家属于兄弟分家，兄弟之间在切分父母的财富上存在竞争。先成家的儿子有优势，父辈此时尚有劳动能力，后成家的儿子吃亏，此时父母的劳动力在衰竭。在谈婚论嫁的当口，女方父母会为女儿小家庭着想，向男方家庭索要高额彩礼和其他物质性条件，并作为嫁妆、压箱钱返还给女儿。这是一种典型的男方父代财富向子代转移的方式。

年轻夫妇充分调动和配置家庭劳动力体现在三个方面，一是高度使用自身劳动力，他们会在婚后或小孩出生后皆外出务工，他们一般不会随意更换厂子，以便能够在一个厂子积累经验和获得提升。二是将小孩留在老家给父母带，以解放自己的劳动力，同时父母仍在农村种地、务工，还能够创造财富。三是在小孩上了初中以后，如果看出不是考取重点大学的料，就让其早早地外出务工挣钱。北方农村家庭无论是生命周期的哪个阶段都存在代际之间的合力，说明家庭劳动力的调动较充分。

北方农村家庭的财富属于个体家庭所有，个体家庭内部成员被统一在一个经济单位里，劳动力及其成果都被统一调配和使用。财产的"共有"成分较弱，只有父代的劳动力和财富是共有性质。家庭财富集中在子代婚姻，以更好地完成家庭再生产，向父代的逆向流动不断减少。

五

中部农村家庭的主要目标是子代的城镇化。要完成这个目标有两个途径,其一是通过接受高等教育留在城镇工作,其二是在城镇买房。这两个途径在实践中是合二为一的,即既要让子女接受更好的教育,又要给子女在城镇买房。因此调查发现,中部农村的年轻人接受教育的程度较高,基本上都接受了大专以上教育,只有极少数人初高中辍学打工。在当地家长那里就没有让子女"打工"的概念,他们最低层级的目标也是要供子女读大专。他们会千方百计地送子女到好学校就读,给小孩搞各种素质培训和文化培优。等到小孩大学毕业在城镇参加工作,他们还要为子女在城镇立足输入资源,包括买房、还房贷、买车、带孩子及提供其他的物质支持。通过代际支持,子代家庭的城镇化就可以更好、更快地完成。

中部农村的家庭目标有两个特点,一是完成目标投入的成本是无限的。教育投资不像建房、彩礼那样有相对明确的成本预期,在城镇立足的投入成本也是不能精确计算的。两个方面都需要父辈不中断地进行投入。二是完成目标投入的时间是无限的。城镇化本身是一个动态过程,而非预定的结果。给儿子在城里买房了,还要给他还房贷,还了房贷还想着给他解决其他问题,以减轻儿子在城里生活的负担。这是一个资源不断由农村向城镇、由父代向子代输入的过程,需要父代不断地调动家庭劳动力参与这个过程。父代不仅要将自己的劳动力投入其中,还要避免家庭资源流向其他地方,包括养老。因此中部农村家庭财富的流向更为直线型,财产为个体家庭所有,共有的成分很弱。父代财产通过教育和城镇化向子代不断转移。

六

家庭财产制度的关键是财富由谁创造、又由谁支配以及流向何处。在川西、西南地区,农村家庭目标主要是完成简单的家庭再生产,目标容易达成,对劳动力的调动要求不那么高,因而其劳动力的市场化程度就可以相对较低,家庭财富的支配权较为分散,不利于积蓄,容易消耗在非家庭目标之上。南方农村的家庭目标是扩大了的家庭再生产,对家庭劳动力的调动程度提高了,但亦主要是充分调动了年轻人的劳动力,中老年人的劳动力没有市场化。家庭财富由个体家庭统一支配,有较强的积蓄能力,但家庭财产仍具有一定的共有性质,流向分散,不利于个体家庭发展。北方农村家庭的目标是儿子的婚姻,属于高级的家庭再生产,劳动力的调动要求更高,需要代际合力才能完成。家庭财富由中年一代集中掌握,并通过婚姻过程流向子代。家庭财产的共有性较弱。中部农村的家庭目标是家庭发展,对劳动力的市场化和合理配置要求最高。家庭所有的资源都集中在子代的教育和城镇化上,家庭财产的共有性质最弱。

总之,家庭目标越是初级,目标就越不明确,弹性空间越大,对劳动力的要求越不高,家庭财产的共有属性越强。家庭目标越高级,目标就越明确越有刚性,就越要集中家庭的全部资源予以完成,对劳动力的要求就越高,那么家庭财产的共有属性就越弱。(2018.5.5)

家庭演进的三个阶段：政治、经济与情感

一

我们在广东中山市农村调查，感觉这里的代际关系非常和谐，没有争吵，没有婆媳矛盾。代际之间无论是吃住在一起，还是分开住，无论儿子拿高工资，还是拿两三千元钱的薪水，每个月都会给父母"零花钱"。三餐都在一起吃的，每月就给一千五到两千，只有中餐在一起吃的，就给一千，只有周末在家里团聚，就给五百的样子。父母生日及父亲节、母亲节的时候，子女再忙也要陪爸妈一起过，到外边吃一顿大餐，或者去旅游。父母则会给子女带小孩，接送上学，给子女洗衣做饭。这样子女下班回来不用操心小孩放学、买菜做饭的事情，吃完饭后自觉帮父母做点家务。兄弟两个家庭与父母吃住在一起，也较少发生嫌隙，分工协作较好，不会计较谁做的家务多点，谁占了谁的便宜。

跟中西部农村相比，这边的农民家庭已从传统家庭转变到了现代家庭，子代的核心家庭成为独立的会计核算单位，夫妻关系实现平权，老年人在家庭中起辅助年轻人的作用。这种转变是在润物细无声中发生的，没有出现剧烈的家庭矛盾。当地家庭关系的发展超越了中西部经历的家庭政治关系和家庭经济关系的阶段，到了经营和维系家庭

成员间情感关系的阶段。在不同的阶段,家庭关系状态和个体在家庭中的角色都有差异。

二

首论家庭政治关系。家庭是生活单位,担负着维系家庭劳动力再生产的功能。但是在传统的农村,家庭还主要是生产单位,是调动劳动力、安排生产和算计收支的基本单元。生活和生产的空间是重合的,因此在家庭关系中必然会产生政治问题,亦即不同成员间的权利关系问题。政治关系历来都有,但被限制在一定范围内和程度上。到了20世纪八九十年代,家庭的政治关系上升为家庭内的主要关系,主导着家庭成员间的关系模式,表现为婆(翁)媳矛盾、夫妻矛盾和妯娌矛盾有所加剧。

家庭政治最重要的一个维度,是年轻妇女要将丈夫(年轻男子)拉进小家庭,并希望同丈夫合力掌握家庭决策权,由此导致了她们与丈夫、公婆及妯娌(家族)之间的矛盾。八九十年代的社会变革冲击着农村以血缘为基础的宗族集团,血缘内部的分化越来越大,人们越来越在乎小家庭的利益。对社会变革最敏感的是作为"外来者"的年轻妇女,她们感受到来自家族和村落的安全感不再那么稳当,于是便有更强烈的愿望构建以自己为中心、包括丈夫和小孩在内的小家庭。她们还是在集体时代成长的,接受了新中国妇女解放、妇女能顶半边天的价值观念。因此,年轻妇女对当家作主有着异乎寻常的渴望。

但是,年轻男子作为宗族的天然成员,是宗族的维护者和代表。他们对血缘的淡化和农民分化并不敏感,依然沉浸在宗族温馨的田园牧歌之中,感受着兄弟情义和血缘亲情的沐浴,因而对小家庭独立的利益不那么在意，更不会跟其他家庭做比较。在男子看来，兄弟家庭搞得好，也是自己搞得好，没有羡慕嫉妒恨的感觉。

年轻媳妇却有另外的看法，她们希望将丈夫拉进小家庭，或站在自己一边，与其他家庭包括兄弟家庭比比谁过得好。媳妇要求丈夫疏离宗族和大家庭，专门为小家庭服务，而宗族和大家庭则要极力留住宗族男子。因此，年轻媳妇会与丈夫及其背后的宗族势力发生冲突。这是一种很难调和的矛盾，两者利益是有冲突的。年轻媳妇要弱化宗族才能建立有安全感的小家庭和实现自己当家作主的价值目标，而宗族则要维护自己的团结和秩序，需要年轻男子贡献力量，要挫败年轻媳妇的"分裂图谋"，否则宗族就会分化瓦解。

夫妻矛盾、婆（翁）媳矛盾和妯娌矛盾，都与年轻媳妇谋划小家庭的独立利益有关。在这个过程中，有的男子和公婆与年轻媳妇妥协。兄弟之间、宗族内部的互助合作逐渐减少，男子也越来越看重小家庭的利益而忽略大家庭和宗族的利益。有的年轻媳妇因无法让男子"回心转意"、无法令公婆听从自己，而受到挫折。还有的是夫妻矛盾和婆媳矛盾一直持续下来，谁都不屈服于谁。但总体趋势是，年轻男子在90年代中期以后越来越投入了小家庭，小家庭的独立利益获得合法性，"媳妇当家"成为常见现实。老年人在家庭中的地位降低。家庭关系逐渐趋于缓和，夫妻矛盾和婆媳矛盾减少，妯娌之间不再有共同的资源可以争夺，自然也就吵不起来了。家庭政治关系退潮。

家庭政治除了夫妻关系维度外，还有婆（翁）媳关系的重要维度，其实质是年轻人分享老年人的权力。家庭政治关系就是对家庭资源、家务决策的支配权的争夺。原先的主掌者不愿意放权，而新兴的力量却要掌握大权，它们之间就要展开博弈。年轻媳妇将丈夫拉进小家庭,增强了自己与老年人对话的力量,而老年人不仅失去了儿子的部分支持,并且逐渐失去了宗族的支持,他们的家庭权力大为降低。

三

再论家庭经济关系。2000年以后,夫妻关系成为家庭关系的主轴,代际关系沦落为辅轴,老年人已经适应了自己在家庭中的地位。家庭政治问题是解决了,接踵而来的是家庭的经济问题,它也会影响家庭成员之间的关系,及人们在家庭关系中的主观体验。

农村家庭经济问题的外部背景是人口流动和务工机会的增多。外出务工的劳动力越多,家庭收入水平就越高。内部原因是农民分化扩大,农民家庭之间的比较和竞争加剧。血缘地缘关系越近,竞争反而就越激烈。亲兄弟、堂兄弟和邻里家庭之间的竞争最激烈。他们相互盯着对方、谁都不服谁,一旦被人家超越,落后者就会感受到巨大的压力。于是各家庭都要充分调动资源和劳动力参与竞争。

在中西部农村,农民参与村庄竞争主要靠充分调动家庭劳动力。家庭劳动力越多、调动越充分,同时非竞争之外的资源消耗越少的家庭,就越容易在村庄竞争中取胜。竞争性的消费支出包括买(建)房、结婚(彩礼)、进城、酒席、小孩读书等。非竞争性消费支出为医疗、养老等,在这些方面多花钱,只会减少农民的竞争性支出,不会为农民争取面子和荣耀。那么,对于年轻夫妇来说,要参与竞争,首要的就是要调动自己的劳动力,而减少消费支出,同时还希望调动老年人的劳动力,或者从老年人那里获取资源。

核心家庭的利益越独立,农民家庭之间就越会相互比较和竞争,他们就越要调动资源。竞争的结果又会使家庭之间的差距拉大,进而落后者就要承受巨大的压力,他们就会勒紧裤腰带干革命,使得村庄竞争愈发激烈。村庄成为竞争社会,家庭的一切资源和劳动力包括行为,只有参与到竞争中才具有合法性,而对徒耗资源、不利于竞争的人及其行为则不认可。譬如,老年人生病或丧失劳动能力和自理能力之后,不仅不能向子代输入资源,还要消耗子代既有的资源,那么这样的老年人可能就不受欢迎。老年人自己也觉得自己是子代的负担,对自己不能劳动而感到自责。子代则一方面在激烈的村庄竞争中焦头烂额,无暇顾及老年人;另一方面,他们也不希望为老年人支付巨额非竞争性支出,甚至要专门抽出一个劳动力来照顾他们。

农村家庭的经济关系实质是在竞争压力下对家庭劳动力的充分调动,甚至是过度使用家庭劳动力,而无法被调动起来的劳动力则会被忽略,其生存空间和时间受到挤压。"代际剥削"是对这一时期家庭经济关系主导下的代际关系的有力刻画,它形象地描述了年轻人不仅要从老年人那里抽取资源,甚至不愿花费较大代价延长他们的生命。村庄竞争越激烈,年轻人的注意力就越要放在竞争上,而忽略其他的事项。同时,村庄传统的关于尊老养老的伦理道德秩序也在一定程度上被竞争的秩序所取代。于是老年人在家庭关系和资源分配中的地位降低,他们被忽略和挤压的程度升高。近些年来北方农村的婚姻成本急剧攀升,中青年一代农民的压力越来越大,老年人被忽略,该地区农村的老年人自杀现象也因而有升高之势。

四

三论家庭情感关系。情感关系一直是家庭的内在属性,家庭原本应该是温情脉脉的港湾,但如果被家庭政治和经济主导,家庭情感的一面被遮蔽,成员之间的紧张和焦虑程度较高。在家庭政治关系主导的时代,即便是父母跟小孩的关系也不总是温情脉脉的,未婚青年在婚姻问题上会跟父母意见相左而发生激烈的亲子矛盾。到了家庭经济关系主导的时代,家庭子女数量因计划生育而减少,父母与未婚子女之间的关系是典型的情感关系,但是父母与已婚子女之间的关系就变成经济关系。在广东中山的调查使我们看到了父母与已婚子女的情感关系,它超越了政治和经济关系成为家庭的主导关系。

中山农村能够越过政治与经济关系两个阶段直接到情感关系阶段,与该地区从七八十年代开始经济就比较发达有关。首先是农村集体在六七十年代开始搞副业,工分相对内陆地区都要高,到了80年代单干以后,农民不仅手工副业较为发达,来自外资的"三来一补"产业也给当地农民提供了大量的就业岗位和市场机会,为集体提供了租金收入。农民有务工和集体分红两笔收入,这为当地农民家庭提供了优厚的经济条件和物质生活。

事实上,无论政治关系还是经济关系,它们的根本逻辑都是经济关系。譬如在政治关系阶段,之所以会发生年轻媳妇与丈夫之间的争吵,或者说为什么她们要拉男子进小家庭,根本目的就是让男子也参与经营家庭,参与与村庄其他人的竞争。竞争的标的还是经济条件。与公婆的矛盾亦是如此,年轻媳妇要主导家庭决策,她们认为自己的决策才能为小家庭的竞争服务,而公婆和男子的决策是为了大家庭,有损小家庭的利益,如丈夫在农忙的时候给家族其他人家帮忙,而自己家本来就忙不过来。如果在这样的场景下,家庭经济本来就很宽裕,不需要充分调动家庭劳动力亦能达到村庄平均水平,那么对于家庭资源和劳动力的调动、家务事的安排，听男子的效果与听老年人的效果是一样，而听妇女的效果也一样，不需要去争论到底听谁的问题，因此就不存在家庭支配权的争夺问题。年轻妇女一方面有了新的价值理念，能顶半边天，另一方面对家务事的安排更细致、更妥帖，既然她要当家就让她当家吧。妇女将男子拉进小家庭，但并不阻碍他们为宗族干活，因为宗族里有分红。正因为经济条件滋润了家庭关系、家庭与宗族的关系，这些关系在变革过程中不那么剧烈，中山农村的家庭没有经历中西部地区的政治关系阶段。

中山农村也没有经历中西部地区正在经历的经济关系阶段。中山农村家庭因为有两部分收入就能够达到村庄的中等水平，即大家都差不多。大部分家庭除了集体分红之外，还有夫妇俩在周边务工赚取每人每个月三四千元的工资。人们对于通过抓住市场机会发财的人也不嫉妒，相反还认为是自己人而值得骄傲。发财的人也不在村里炫耀财富，因而不会引起人家的反感，不同层级的人可以和睦相处，他们之间的关系是宗亲的情感关系，而非竞争关系。同时，老年人过了60岁就有社保退休金，生活和治病都不用愁。在这样的情况下，中山农村的年轻人压力不大。

中山农村家庭不是生产单位，不用充分调动家庭劳动力资源，因而不会发生在调动劳动力过程中的矛盾和冲突。村庄也不是竞争社会，村民之间不用纠结于相互比较和竞争，相互给予对方压力。因而对于农民而言家庭和村庄都可以是情感单元。中山的农民在村庄和家庭外竞争，即在公司、工地、政府机关、事业单位等，与村庄外的人竞争，村庄之外的市场才是他们的竞争场域。他们在村外市场中竞争无论是成功还是受挫，对于他们来说都会带来紧张和焦虑，精神都要承受压力,因而竞争场域不可能成为他们的精神归属和情感寄托之所。此时,家庭和村庄恰可以给他们的情感以栖息之地,因而,他们也就有动力在村庄和家庭中营造温馨的场景。就村庄而言,他们要建设环境更优美、人际关系更和谐的村庄;就家庭而言,他们要营造一个一进去就感觉轻松愉悦的氛围,而不是紧张压抑的空气。在这方面每个人都有迫切的需求和积极主动性,所以,情感就成为家庭的主旋律。

* * *

总结上文,有以下几点值得注意:

一是家庭作为生产单位容易产生家庭政治,而作为生活单位则更注重成员之间的情感。生产单位要求充分调动家庭劳动力,这就必然触碰家庭成员之间的权力关系。

二是在村庄集体资源丰富和市场机会多的地方,经济收入的多少与家庭劳动力多少关系不那么紧密,那么家庭劳动力的调动就不那么充分,家庭竞争的压力传递不到老年人身上。

三是在家庭竞争依赖于劳动力多寡的地方,是否充分调动劳动力资源决定了在村庄竞争中的成败,那么家庭竞争的压力就可以通过代际责任传递给老年人。

四是在村庄集体资源均分和市场机会多的地方,村民在村外竞争资源,而把村庄和家庭当作情感慰藉的港湾,他们有动力经营村庄和家庭的情感关系。(2017.9.6)

老年劳动力的市场机会

一

在湖北洪湖某农村调查时,发现有的当地人将不能劳动创造价值的老年人视为没有用的人。当地某村有一户人家将不能动弹的老人安排在阴暗潮湿的存放渔具的地下室居住,在老年人协会的督促下才勉强将老人接到家里来。相对来说,该村的老年人的晚景还算好的,这与该村老年人可以从洪湖和周边鱼池获得生计来源有关。

洪湖水产已经形成了完整的产业链,市场较为发达,在产业链的各个环节形成了不同的劳动分工,从中分化出许多劳动强度不大、适合六七十岁老年人劳作的岗位,当地老年人充分填充进这些岗位获得相应报酬,不仅能够养活自己,还能给子女输入一些资源。我们在渔场村调查时的房东是老年人协会的舒会计,他今年七十岁了,与老伴身体条件皆尚好。舒会计有两个女儿和一个儿子,两个女儿嫁在周边村庄,儿子在浙江做生意,大孙子在西藏当兵,小孙子才十一二岁,由媳妇在成都陪读。舒会计和老伴有十亩鱼池,主要养鱼和喂螃蟹,水面上还有一些菱角,每年的收入在两万到三万元之间,少的时候也有一两万元。同时舒会计还在洪湖里放了七八十个地笼,隔一两天去打捞一次,每次脱手可得六七十到一百一二十元的收入,这笔收入一年也差不多一万元。舒会计每年的收入至少是三万元。所以这几年舒会计老两口的生活过得自在,不仅买了冰箱,还花两三千元钱买了净水器,吃喝除了有鱼有肉外,还经常到集市上买菜,用他自己的话来说就是,人老了要晓得享受生活。这几年舒会计不仅没向子女要一分钱,还向他们输送了不少资源。儿子做生意他一次性给了十万,儿子买车他给了三万,还给每个女儿一两万元钱的资助。

像舒会计这样六七十岁的老年人,在渔场村属于比较普遍的。只要能够劳动,尤其是老年人还有"对子劳力"(夫妻合作干活),那么他们就能够自食其力,还能够存得下钱。老年人协会的肖会长已经八十二岁了,不能下湖打鱼了,但是他的老伴小他十一岁,还有劳动能力,还能在湖边下地笼。老伴每次下湖劳作,肖会长就看着,以免她出事故。一年下来,老两口还能赚个万儿八千的,多的时候有一两万元。老年人协会刘副会长,七十二岁了,前几年还在外边承包了三百亩鱼池,三年攒了三十万元。去年回家后做竹子生意,还打地笼和喂池子,一年的收入也有三四万元。老年人协会会员舒老人,有七十八岁了,个子不高,但是很精神,有劳动能力。他们家也有对子劳力,老伴七十五岁还能劳动。老两口一年有一万多点的收入,能够支撑家庭全部开支,包括自己抽烟、买菜、人情、高血压药费、两个孙子的零花钱等,基本上没有结余。他们至今没有要子女一个子儿的养老费。还有些六十多岁的老年人给人家喂池子,一般是夫妻对子劳动力,也有的是男性老人相互结成对子。一般给人家喂池子,吃住在主人家,一对对子劳力一年可以纯赚三万到五万元。

总的来说,渔场村的老年人只要有劳动能力,特别是有对子劳动力,就能够在洪湖里搞"业事",养活自己,不用子女养老,生活和精神就相对较好。只有那些没有劳动能力,或没有对子劳动力,不能够自己赚钱的老年人才由子女供养,他们的状况要差一些,尤其是精神状况。而没有水产的纯农业村庄,老年人的境况就不容乐观,老年人一旦不能自食其力,又生病了情况就会很糟,如果又碰上子女在外劳动,老人就很难被照顾到,如果老伴已过世,那么他的情况可能就有些危急了。

二

东部农村与中西部农村的差别体现在多方面,如农民分化程度、资源聚集程度、人口结构等,但最主要的差别还是经济发展程度。东部地区发展较快,市场经济发达,资源丰富,就业岗位和机会多。中西部地区发展缓慢,人口和资源外流,市场机会较少。问题是,经济发展上的差别如何与一些极端行为如自杀等联系在一起?

直观来看,相较于中西部农村,东部农村的人口并未大量流出,村庄保持较为完整,尚有生产能力和舆论压力;家庭也相对完整,较少出现留守现象。在中西部地区,老年人留守、孤独和缺少照料,以及村庄舆论缺失恰是促成老年人自杀的重要原因。但是20世纪八九十年代年轻人的自杀又作何解释?

洪湖渔场村与其他周边村老年人的状况及自杀情况给我们的启发是,经济状况会影响家庭成员之间的关系状况,而家庭成员之间的关系状况则可能对不同成员有不同的影响,其中最负面的影响是造成某些家庭成员的自杀。渔场村的老年人到七八十岁还有收入,不需要向子女要钱,还能分担子女的部分负担。老年人对子女奉献,不增加子女的负担,子女也就不会将老年人当作家庭的累赘,不会嫌恶老年人,代际关系就会相对和谐。那些丧失劳动能力的老年人,或不能自理的老年人,需要子女赡养和照顾,会耽搁子女的时间,平添子女的负担,子女要是有良心就会对老年人好一点,如果没有良心对老年人就不会那么体贴,代际关系就可能变得紧张,因为回来照料老人会产生巨大的机会成本。

农村老年人能否自收自支对于他们生活境况的好坏非常重要。同样,家庭经济状况不好,也会挤压到其他的家庭成员,造成其他成员的极端行为。

三

在东部的发达农村,由于发展较早,资源聚集,市场机会较多,农村的正规经济和非正规经济都较为发达,不同年龄段农民的就业机会都非常多,就业面非常广。对于年轻人来说,他们需要的是工资较高、收入稳定、社保健全、环境好、工作时间规律等有发展前途的工作岗位,因此他们会更多地去那些正规公司和企业寻找机会,在正规经济领域就业。农村中老年人本身不适应朝九晚五的上班生活,不习惯在劳动时被过度束缚;他们更希望想工作的时候就去工作,家里有事时就不去工作;在工作劳动时他们可能会坐下来抽口烟,或者一年中某段时间工作,某段时间休息;或者临时有工作就可以找到人去工作,等等,因而他们更多的是在非正规经济领域就业,获得非正规经济收入。由于东部地区年轻农民都进了正规经济领域就业,就腾出了许多非正规经济就业机会给中老年人，况且该地区本身非正规就业机会相对较多，从而使得中老年人的非正规就业非常充分。只要中老年人尚有一定劳动能力和工作意愿，就能够找到事情做。不仅五六十岁有完全劳动能力的中老年人能够获得就业机会，而且七八十岁的半劳动力亦能找到合适的工作。

2016年暑假我们在浙江宁海县双林村调研，该村的民宿旅游做得比较红火，七八十岁的老年人可以在民宿中帮忙洗刷，或者在附近的工地上帮忙，或者做些编织代工，每天获得五六十到一百元不等的收入。我们的房东是退休五六年的乡镇干部，他的父亲快九十岁了，每天给民宿打工还能挣个七八十元钱。他除了隔几天去看一下老人外，至今没有给老人补贴一分钱。他估计父亲已积攒下了二三十万元钱。他还介绍说，有个老人在过世前给自己准备好了办丧事所需要的所有费用，丧事办完后，子女还找到了一张老人留下来的二十几万元的存折。

在江浙沿海，老年人有充足的就业机会，只要能动，他们就能在就业市场上找到工作，赚到生活费用，有的中老年人还自己买社会养老保险。基本上在老年人能动的时候不需要子女养老，子女也不会考虑将家庭经济的一部分划拨为长辈们的养老费用。等到老年人七八十岁的时候，年轻人唯一的养老行为就是每天或隔几天去看看老年人，生活和医疗开支不需要年轻人支出，甚至年轻人抚育子女和人情费用也由老年人负担。在江苏农村，农村年轻人要过城市中产阶级生活，老年人有打三份工予以支持的。在珠三角农村，老年人过了六十岁虽然不再去务工，但是老年人有集体分红和社保，生活开支也不需要年轻人负担。

对于东部地区的年轻人来讲,家里主要的劳动力都被调动起来了,他们在村庄中建房或在城镇买房就不成问题,基本的生活压力不会太大。就夫妻关系来说,东部地区正规就业机会非常多,只要年轻夫妇走出家门二十里范围内就能找到工作,工资收入每月在四五千元左右,一个月下来夫妻俩多则能挣上万元,少则也能够结余五六千元。并且他们下班后能够返回家中,有的甚至中餐也在老人家里解决,那么他们就能够照料家庭,尤其是辅导小孩的读书。这样一个收入水平相对于经商来说较低,但是在东部地区属于普遍的收入水平,完全能够支撑家庭再生产的各项工作,还能顾及家庭的各个方面。因而年轻夫妇不会为手头拮据而产生矛盾,男人不会因为没有工作、没有本事而为妇女所埋怨,妇女不会因为没有照顾好小孩和老人而被男人抱怨。因此夫妻关系相对和谐,双方都勤快地为家庭创造经济条件。对于代际关系而言,一方面,老年人能够自食其力,在身体条件允许的情况下不需要年轻人给予金钱和照料,因而不会对年轻人有意见。另一方面,老年人不需要子女负担,给年轻人减轻了负担,也让他们腾出了时间和精力做自己的事情,因而年轻人不会对老年人有不好的想法,从而使得双方关系非常平静而和睦,较少产生矛盾。

  东部农村从改革开放后就有充足的市场机会,年轻人参与市场竞争的意识觉醒较早,他们的劳动力被充分调动了起来。即便是再没本事的男子亦能在就业市场上找到工作,获取当地的平均工资水平左右的收入。在当地只要参与市场竞争的男子,都不会被家里的老婆认为是没本事的人。中老年人也没有因为子女成人了而早早地退休赋闲在家,而是在就业市场上找事做,获得工资性收入。只要在市场上做力所能及的工作,年轻人就不会挑剔老年人,更不会说老年人不顾后人,只顾自己享福。因此,东部农村的家庭关系一般都较为和谐,较少出现严重的夫妻矛盾和代际矛盾,因家庭矛盾而自杀的家庭成员也就很少。

由于东部农村是劳动力的流入地,当地青壮年劳动力就近就业,流出得较少,家庭相对完整,老年人几乎没有留守的情况。当老年人年老或生病不能自理之后,年轻人不脱离工作亦能照顾老年人,不会产生较大的机会成本。加上老年人自己养老的时间比较长,又有积蓄,年轻人真正给父辈养老的时间较短,不会有较大的负担。因而在老年人不能劳动、自理的阶段,老年人的生活状况也会相对较好。

综合起来,由于市场机会较多,劳动力被充分调动起来,家庭经济条件相对较好,家庭的经济压力不大,家庭因经济原因产生的矛盾较少,也就不存在对家庭成员的挤压。因而年轻妇女和老年人自杀的现象很罕见。

四

东部农村竞争的是市场能力,而不是劳动力的充分调动与否。与之对应的是,中西部农村不仅市场机会较少,而且劳动力也没有被充分调动起来,因而其竞争的是劳动力。市场机会越充分,劳动力调动就越充分,农民家庭就不会为调动劳动力而发生矛盾纠纷。中西部农村发展较晚,属于人口和资源流出地,工商业和市场经济不发达,农民本地非农就业的机会也就较少。一方面是中西部地区中小城镇的正规经济薄弱,无法吸纳大量的农村劳动力,另一方面中西部农村的非正规就业机会也非常稀缺,不能留住大量农村劳动力。这样,农村青壮年劳动力就会大量流出，到东部沿海地区寻找机会，而他们流出后腾出来的本来就稀缺的非正规就业岗位，会被因各种原因出不去、尚有完全劳动能力的中年人占据。上了六十岁的老年人如果不外出务工，在本地就难以获得非农就业机会，年纪越大越难以充分就业。因此，上了年纪的老年人如果还有务农的能力，且有田土耕种，就可以在农业领域获得收入，尚能够自食其力，不需要向子女伸手。这样的老年人在农村就会过得相对舒畅顺心，精神状况也相对较好，他们想吃什么就自己做，想买什么也拿得出钱来，不用指望儿子媳妇过日子。

如果老年人不能再耕作了，或者没有土地耕作，他们的吃穿用度就都依赖子女，对子代就会有依附的感觉，生活没有那么自在了，会产生精神和心理负担。当子女经济条件不太好，或者他们的负担大时，老年人的这种负担感就更重，他们会自然而然地认为自己成了子女的负担和累赘。如果有劳动能力不劳动，甚至还依赖子女，子女也会认为老人不应该不劳动。"应该"的做法是不仅在有劳动能力时自己养活自己，还要为后人留下一些财富。

只要老年人还能动就自己搞吃的，子女外出务工不会专门回来陪伴和照看老年人。如果专门抽人回家照看老年人，那么其机会成本非常大，会减少一个壮劳动力工资性收入。老年人只有老到完全不能动弹，或者得病后瘫痪在床，抑或是临终前，子女才会有人抽身出来照料。该子代将得到其他子代的相应务工补偿。老年人只要不再创造财富，还要消耗既有财富，老年人自己会觉得自己没有用。

中西部农村的中老年人在尚有劳动能力的时候，本地务工务农的机会就已经不多了。年轻人外出务工延长了中年人本地务工和务农的时间，使六十五岁以上的老年人早早地进入了"退养"阶段。这样会有以下几个结果：一是老年人在中青年时候没有积蓄，全部务农和务工的收入用到了子女婚配和还债上，而等到完成了人生任务、家庭债务还清后，自己在本地已无法获得劳动机会，因此不再有货币性收入，没有积蓄，生活等各方面需要子代供养；二是他们的子代处在负担较重的阶段，孙辈正在读初高中，或者要买房结婚，赡养老年人就会成为子代额外的负担，这也会给老年人造成心理压力；三是子代要完成自己的人生任务，就要充分调动家庭劳动力，那么他们就得外出务工，照看老人就会形成巨大的机会成本，留守老年人精神上孤独寂寞，物质上缺乏照料就成了必然的现实；四是老年人尚有劳动能力而不能成为独立的劳动者，只能给子代打打下手、带带小孩帮帮忙，这样就有可能跟儿子媳妇在家务事上发生冲突，使得家庭矛盾不可避免；五是老年人甚至要跟子代同居一个屋檐下，生活要指望儿子媳妇，吃喝都不自由不方便；六是不再劳动了，而是日复一日地给儿子媳妇"打工"，不能休息，不能懈怠，就可能觉得生活没有意义，等等。这些都可能给老年人的晚景蒙上阴影。

即便有劳动能力，在没有充分市场就业机会的中西部农村，老年人也不是独立的劳动者，而是要依附于子代，不能自我决策，劳动受到子代的束缚。那么，他们的劳动就不能给自己带来自由和意义，反而使自己更受束缚。相比而言，东部地区市场机会较多，老年人在市场上能够充分就业，他们相对于子代而言是独立的劳动者，能够自己支配自己的劳动力，他们不是为子代而劳动。经济上的独立是劳动力独立的前提，而经济上的独立需要有充足的市场机会。大部分中西部农村无法给予老年人这样的机会，而东部农村却做到了。

中西部农村由于缺少市场机会，就会形成这样的悖论，一方面越是缺少市场机会,就越需要充分调动家庭劳动力,包括老年人的劳动力,但是另一方面,由于缺少市场机会,老年人的劳动力难以被充分调动,年轻人的劳动力则只有外出打工才能实现。这样的结果是劳动力没有被充分调动的老年人就会被家庭其他成员挤压,其生存空间和资源不断被压缩。老年人的劳动力不能被充分调动起来,就会导致年轻人与老年人的矛盾,导致代际关系的紧张。而在市场机会充裕的东部农村,家庭各劳动力都被充分调动了起来,也就不存在挤压谁的问题。即便家庭缺少劳动力,也可以通过市场机会的充裕来弥补劳动力的缺陷,因为一个劳动力可以做多份工作。

五

在劳动力的全国市场已经形成的情形下,东、中、西部农村的青壮年劳动力都充分参与了全国劳动力市场竞争,他们在劳动力市场上的身价应该都是全国平均价格,不同区域的劳动力在全国市场上的价格差不多。唯一的差别是中老年人是否能够充分就业。东部农村市场经济发达,各类就业机会多,中老年人也能充分就业而获得工资性收入,而中西部地区则较少市场机会,中老年人尤其是老年人无法充分就业,使得中西部地区的农民家庭缺少了很大部分收入,从而给年轻人带来了较大的养老负担和养老的机会成本,进而可能导致代际关系的紧张。(2017.11.11)

什么人才算是老人

一

不同的时候对老年人的定义有不同。在过去人均寿命只有三四十岁的时候,农民十几岁就结婚了,等到三十几岁四十岁就给子女成婚了。这个时候的农民不仅在身体上已经老龄化了,心态上也老龄化了。现在农村的生活、生产及医疗条件都大为改善,农民的寿命大幅度提高,一般农民到了六十岁也看不出老态来,七十多岁还是下地干活的劳动力。我在湖北洪湖老年人协会调查,发现七十岁的老年人协会成员仍干劲十足,不仅想下湖多捞些鱼虾,还想在老年人协会里谋个职务,发挥余热,按自己的方式改造老年人协会,一丁点都看不出有七十岁了。农民在身体上的老龄化大为推迟,心态上也尚未老龄化。

至于什么样的人才算是老年人,在不同地方也有不同的定义,文化差异导致的不同定义会影响农民的心态。

二

在洪湖所属的中部农村,父代因为血缘和情感原因对子代有"无限"的义务,而子代则因为社会规范而弱化对父代的责任。这样的结果是,父代只要有劳动能力,就得干活赚钱、存粮食,将这些资源输入给子代,减轻他们在城市买房、生活和培养子女的负担。子代外出务工,为让子代生活得更好,父代要在家里看护孙辈。通过劳动养活自己也就不需要向子女要吃要喝。向子女要,一是会增加子女的负担,在自己有劳动能力时还向子女伸手,自己过意不去,其他农民也会说自己不懂得体谅子女,在农村里会让人瞧不起。二是会觉得掉面子。无论是否有劳动能力,只要父母自个儿向子女开口要,脸面就拉不下来,要看儿子媳妇的脸色,心理负担很重。不到万不得已,他们一般不会向子代开口。所以,在中部农村,老年人只要有劳动能力,能够养活自己,就得劳动,这个时候就不能称自己是老年人。他们尽管可能身体上已显老态,但是在心态上不能自我定位为老人。

只有那些不能劳动、需要靠子女赡养的人才算得上是老年人。这时他们自己无法劳动创造价值,需要消耗子代的资源,增加子代的负担。在当地,"老人"并不是一个尊称,而是"没有用"的代名词。一般年纪大的农民通过自己的劳动不仅负担外出务工的子代的人情,自己也参与村庄的人情往来,以保持社会人的身份。能够参与人情往来,是其独立性与自主性的表现,也是一个上了年纪的人有用的标志。他们只要能够负担得起,就尽量走人情,能够自己走人情是获得他人尊重、不被称为"老人"的一种方式。

三

在南方农村,村庄还能够保护老年人,子代在文化规范下对老年人有着较强的责任和义务。一般来说少有不孝顺老年人的子女。子女只要参加工作了，就要开始"孝敬"父母了。这些地方的文化定义是，完成了人生任务的人就算老年人，包括给子女成婚和为父母养老送终。如果只完成了其中一项，最多算半个老人，不能全当自己是老人。

南方父母对子代的主要责任是养大成人，至于子女成婚的主要责任不在他们身上，而在子女自己。但是只有子女成婚之后，他们的心理负担才算小了。子女一旦脱离学校走上社会，无论是务农还是打工，父母对子女的责任都小了。责任小了之后，他们的心态就开始起变化，向老年心态转变。他们就开始少干活，或者说干活没有以前有心理压力。但是只要子女还没有成婚，他们心里就装着事而不能完全进入"退休"状态，就还得干活，无论年纪多大心态都不会完全老龄化。此时的干活不是因为要为子女成婚而准备，而是因为他们还不能是老人。只有老人才不用干活，吃子女孝敬的现成的。"老人"在这里是一种尊称，是一种资格和权利。

南方农村的农民即便是帮子女成婚了，有子女养活了，只要其父母还健在，他们也不能被称作为老人，或感觉自己是老人。他们在自己父母面前依然是"小孩"。他们还要给父母养老送终，他们不能将这个责任推给自己的子女，那么就还得做事干活，以能够养活自己的父母和为父母送终做准备。尽管可能自己子女的经济条件蛮好，自己之前也有积蓄，完全不用干活也能够给父母养老送终，但是仍不得不干活。此时干活是表明自己还没有完成人生任务的一种方式。

当子女成婚、父母终老之后，南方农村的农民才算得上是老人。即便此时年龄尚轻，身体上完全是壮劳动力，但心态上却已经老龄化了。他们开始进入颐养天年、抱孙子的人生阶段。只有抱着孙子在村落里到处转悠，不用每天脸朝黄土背朝天，才看起来是个老人的样儿。我的父亲和大叔叔是形成鲜明对比的两个人，爷爷奶奶辈去世得早，大叔叔五十岁出头。他的大儿子在部队工作，几年之后很快结婚生小孩。大叔叔随后便进入了退养阶段，不再拼命干活，就种点口粮田，俨然成了一个老人。我父亲比他大十岁，同一时期子女皆未成婚，他就还得干活，一点都没有老年人的样。即便是现在，我弟弟虽然订婚了，但还没有正式结婚，父亲就不能完全卸下心理负担，就还得干活。

湘南水村的平平结婚较早，等到四十三四岁两个子女就结婚了，他为子女成婚的任务就完成了。现在还有一个母亲健在。去年四十八岁的他要出远门打工，他的儿子和老婆都很心疼，说这么大年纪还东奔西跑，儿子还说你不用干活也可以养着你。实际上像他这样的壮劳动力在中部地区外出务工再正常不过了。当然即便他儿子真的养着他，他也不能完全闲下来，因为他还有一个母亲在，他就不能像老年人那样悠闲自在。

南方农村的农民成了老年人，去湾子里吃酒可以不给礼金，给是一个意思，不给是正常，主人也不会有意见。他们不需要通过礼金来展示自己的社会性存在，他们成为老年人本身就是一种显性的存在。

四

北方农村对老年人的定义完全不同。南方农村的农民开始有点老年人的模样是在子女参加工作之后，子女成婚后抱上孙子更像老年人，待到给他们的父母养老送终之后就彻底成了老年人。北方农村的父母对子女承担的义务要比南方农村多。无论子女是初高中毕业,还是本科研究生毕业,他们都得操心子女的婚事。他们不仅需要给子女建婚房,还要准备巨额的彩礼,为子女寻找合适的对象。所以,在子女参加工作后,父母不仅不能停歇下来,还越来越为子女的婚姻操心。现如今男女性别比失衡的后果逐渐显现,男方结婚的成本越来越高,房子、彩礼和其他开支加起来少则二三十万元,多则四五十万元,无论哪个数字都是一笔巨额的开支,需要父母很早就谋划攒钱,还要向亲朋借钱。如果有两个儿子,父母的压力就更大。

等到子女成婚后,父母的任务除了带孙辈外,还要偿还子女结婚的借债。父母要还债就需要耕种一定规模的田地,还要就近打零工,或者远赴他乡打工。这需要父母付出高强度的劳动。等到若干年将债务偿付完毕,父母的劳动力也被透支,年龄也到了六十好几。这个时候若已完成他们父母的养老送终任务,那么他们就成了当地文化中真正的老年人。他们如果还有劳动力干农活,就还干农活养活自己,否则的话就要靠子女养活。由于他们在有劳动能力时为子女付出很多,对子女在养老方面的期待很大,但当他们需要子代养老时,子代正是负担最大的时候,因而对养老难以顾及。

五

不同地方对何为老年人的界定有差别,与这些地方父代对子代的责任、子代对父代的义务及村庄社会竞争的激烈程度有关系。南方农村父代对子代的教育、婚配责任较弱,将子女抚养成人是最主要的责任,相反子女成人之后就对父代有较强的反哺义务。这就使得南方农民在很早就进入了无需劳动被赡养的阶段,很容易在心态上将自己当作老年人。在中部农村,子代对父辈的赡养义务没有强制性规定,他们就可以将义务退缩至送终阶段。而父母能够时刻从子女的角度思考问题,因而他们就会劳动至不能劳动为止,这个时候他们才觉得自己真的老了。北方农民对子代的责任要较南方农村大,完成责任的时间大幅推迟,这使得他们不得不延后成为"老人"。但是北方农村子代的竞争压力很大,负担很重,很容易忽略为父代养老的责任,所以北方农村老人活得并不轻松。

　　在南方做老人是一种权利,他们享受做老人的时光。中部农村的农民都害怕成为老人,因为老人就意味着不能自食其力,会成为子代的负担。在北方农村做老人本来是很风光的事情,自己该做的事情一件不落地做了,看着子孙成群也觉得欣慰。但是他们却可能在与子代的矛盾中怄气,感叹自己辛苦一辈子到头来什么也没捞着。更年轻一代的父母就想着赶紧给子女成婚,趁自己还年轻的时候攒些钱养老,不靠子女。(2018.3.17)

老年人的精神负担

一

洪湖渔场村有个七十二岁的老人跟我们讲,她有三个儿子,孙子都长大了,儿子们在外打工,她自己现在没有精神负担了。老人还能动,隔三岔五在湖边下点地笼和捞点菱角卖,能够自己养活自己,不想干活的时候就到老年人协会打牌,跟人家聊天,生活得自在。

像她这样的老年人在渔场村还有一些,较之中西部地区其他农村要多,因为渔场村有毗邻洪湖之便利,有较为发达的渔市,老年人获得收入的机会多。精神负担重是中西部农村老年人较为普遍的心理状态。老年人要没有精神负担需满足两个基本条件,一是子代的物质负担不重,二是老年人尚能够自食其力。缺少了其中任何一个,老年人都会有精神负担,如果两个条件都缺少,老年人的精神负担就非常重。

有精神负担的老年人活得不轻松,日常表现为焦虑忧忡,常常唉声叹气,无法跟没有精神负担的老年人玩在一起,即便是玩在一起心里也不踏实。没有精神负担的老年人则想玩的时候玩,想劳作的时候劳作,时间安排机动自由。

二

在中西部农村,与老年人精神负担相呼应的两个社会现象,一是老年人的"人生任务",二是年轻人的"家庭负担"。

所谓人生任务,是一个农民一辈子要完成的几项基本事务,包括"生儿子、建房子和给儿子娶媳妇"。在这些任务中,把儿子养大成人是最基本的,花费最大的是建(买)房子和娶媳妇。给儿子讨上老婆,父母的人生任务就算完成了,但是他们并不能因此而歇着,紧接着要做的事情是还债,要么耕种一定规模土地,要么再赴城市打工。等到他们将债务还完,基本上已经过了六十岁了,这个时候应该退下来休息了。但是在中部农村,完成人生任务后,还有劳动能力的中老年人仍歇不了,他们要自己赚钱花,毕竟子代也还有家庭负担。

子代的家庭负担来自以下方面,一个是子女都还在上学,家庭成年劳动力少。中部农村对子女上学的要求比较高,他们倾向于让子女读大学提升市场竞争力,而不是过早地打工挣钱。因此,他们要将子女送到城镇上幼儿园、小学和初高中,这不仅要支付一笔较大的费用,还需要有家长陪读。陪读不仅给家庭带来在城里陪读的相关费用,还会制造一个成年劳动力的机会成本。一个家庭如果只有一个壮劳动力获取工资性收入,收入和支出不成比例,家庭负担就很重。孩子多且在读书阶段,家庭负担就更重。

另一个家庭负担的源头是子女正处在结婚的年龄。子女结婚是父母的人生任务,父母要为此操心。子女在外边务工,父母没办法给子女牵线搭桥做介绍,只能让他们自己找。最多鼓励儿子多接触女孩,性格开朗点,嘴巴放甜点。渔场村有个男孩二十八岁还没有谈女朋友,原因是他务工的厂子多是男性,有女性工人也是已婚的,所以虽然工资高但几年都没有找到对象。父母就对他说,不需要你拿一分钱给家里面,只要你换一份工作,到女孩多的厂子找事做,工资低没关系,关键是找个女朋友回家。果然男孩换工作后不久就找到女朋友了。对于外出打工的这部分年轻人,父母的操心更多的是精神方面的,也就是"着急"。对于希望儿子谈本地对象的父母来说,操心要"实质"一些。他们首先要给儿子在县城买套房子,再准备十几万元的彩礼,这些对于一对普通的农村夫妇来说不是一两年能够完成的事情,需要消耗掉十数年的积蓄。对于他们来说,随着儿子接近或到了成婚年龄,他们的压力就会倍增。

子代家庭的负担大,儿子媳妇心理压力也大,他们通过压榨自身劳动力和节省家庭资源来缓解压力。老年人能够感受到子代家庭的压力,就不能置身事外。老年人要从子代的角度着想,即便不能给儿子家庭做贡献,至少不能增加他们的负担。于是他们就得自食其力,如果还能减轻子代家庭的负担,给他们做点什么就更好。所以,他们只要能动,就不能停歇下来。

在年轻人那里,他们也认为自己负担已经很重了,老年人能给自己做点什么就应该做点什么,不能自己享清福。他们认为只知道自己享受,不给后人留下点什么的老年人是不称职的老年人。所以,能劳动而不劳动的老年人在农村会被鄙视。

子代家庭的负担越重,老年人的精神压力就越大,他们就越要通过劳动自食其力。能够自食其力,至少减轻了老年人很大部分的精神压力。如果自己又不能劳动,还要子女给吃给喝,而子女本身负担就不轻,老年人的精神压力就非常大,子代对自己越好,老年人的精神压力越大,他们认为自己成了后人的负担和累赘。

三

如果子代的小孩还小,或者大学毕业、外出务工,儿子媳妇又都在外打工,说明子代家庭的负担不重,子代的生活压力也就不大,那么老年人感受到的压力也就小。如果他们尚能够劳动自立,就不需要付出向子代讨吃喝的心理成本。这样的老年人就属于没有精神负担的老年人。他们没有向子代输入资源的压力,而他们负担自己的生活,也不需要过度地压榨自身劳动力。对于他们来说,劳动就变得自由了,想劳动的时候就劳动,不想劳动的时候就去老年人协会打牌聊天。他们如果还有较强的劳动力,就多干点活,给子代积累点财富,把自己的生活也过好点,绝不亏待自己,把自己搞得太劳累、太辛苦,也不会刻意节衣缩食,能够用好吃好就用好吃好。子女负担不重,自己又有劳动能力,这个时候是中部农村老年人最幸福自由的时光。

如果老年人不能自食其力了,即便子代家庭负担不重,老年人也会有精神负担。一个原因是老年人本身就成了子代的负担,向子代开口要吃喝需要付出心理成本。如果子代自觉,每个月的口粮都能自动到位,不需要老人上门催促,老年人的心里会好受些。如果此时老年人尚有积蓄,完全可以不劳动、不向儿子要也能过日子,他们就绝不会向子代开口。新农保实行后,尽管只有七八十元钱,但是对于不能劳动的老年人来说却减轻了巨大的精神压力,他们能够用这几十元钱自己买菜米油盐,加上女儿、孙辈不时会有点小钱过来,节约点也能勉强度日。况且他们不劳动了,身体消耗也小,每天吃两顿就够了,每顿吃得也不多,少荤多素就好了。所以,能够自理的老年人,在国家大政策下还不需要子代负担,这也减轻了老年人的精神负担。

老两口中,如果一个不能自理,一个还能烧火做饭,就可以由其中一个照顾另一个。若其中一人去世,只剩下不能自理的老年人在世,那么老年未亡人就需要子代照料。如果子代在同村生活,对老年人照料的机会成本会相对较低,老年人可以得到一定的照料。如果子代外出务工,那么老人就难以得到照料,有良心的子代会抽出劳动力回来照料,否则只有到老人过世前才能赶回来了。

老年人除了太老不能劳动和经济自理之外,还有一个就是容易生病生活不能自理,需要子代照料。农村老年人最怕的就是生病,虽然现在有新农合可以报销很大一部分,但是自己终究要出一部分,如果自己没钱就得子代出,老年人开不了口,只能把病拖着。如果生病住院了或不能动了,得有人来照料,子代都有自己的事情,谁能来照料呢?

中部农村内生规则弱,对老年人的照料没有强伦理约束,全凭子代的良心和感情。所以,老年人到了不能劳动、不能自理之后,他们的精神负担就很重。他们在还能动、还能自理的时候,就开始担心不能动或生病的那一天没人来照料。于是,他们在能动的时候就尽量多干活、多做事,在子女面前展示不享福、为子女着想的一面,不增添子女负担,如果还能给子女输入资源就更好。老年人想着,自己能动的时候为子女着想,等到自己老了的时候,子女也会体谅自己。这叫"以心换心"。

老年人的精神负担

*　*　*

贺雪峰教授调查发现,在农村搞公益事业比较活跃的群体,都是那些六七十岁的负担不重的人。老年人的精神负担在不同地区有不同的表现,上面讲的主要是中部农村的情况。

在南方农村,老年人在子代结婚之后,就没有物质负担和精神负担了,子代无论家庭负担再重,也传不到老年人身上,老年人除了给子代带小孩、帮其他忙外,不需要再劳动养活自己,劳动不是他们的义务,而是自由。子代负担再重,也有养老的责任。

在北方农村,老年人对子代的责任比较大,无论子代负担是否很重,老年人都不能掉以轻心,他们除了要养活自己外,还要不断地给子女省钱,输入资源,子代的负担很容易传递到他们身上来。即便子代负担不重,他们也要劳动和节衣缩食,不能过自己的生活。(2017.11.14)

女儿养老的伦理构建

一

山东招远农村的女儿养老现象引起了我们的关注。随着姻亲偏重,各地农村外嫁女对娘家父母的关照越来越多,这是普遍的事实。但像招远那样,女儿有负担娘家父母养老的责任,我们则是第一次碰到。当地女儿养老的基本情况是,年节及父母生日,女儿会去看望,给钱给物;父母生病住院,女儿与儿子一同分工照料,医疗费用也平均分担;老人丧事的相关费用女儿也会提出分担的请求,有的家庭会让出嫁女承担一部分责任。安排我们调查的陈家村企宣部王部长,谈到她给娘家母亲养老的案例,在当地具有典型性。

王部长的母亲前两年突发脑溢血住院,她非常伤心焦虑,一直与娘家弟弟守着母亲,直到她脱离危险。在医院照看母亲的事情上,她跟弟弟有分工。因为弟弟上班比较忙,而那段时间刚好她单位的事情不是很多,就请了一段时间的假,这样她就可以白天在医院照看母亲,晚上由她弟弟来替换。半个月后母亲病情好转,姐弟俩认为这样轮流照顾母亲会耽搁两个人的工作,因为她白天要上班了,弟弟长期熬夜也影响工作。于是就商量请护工,姐弟俩可以每天下班后去看望母亲。请护工的费用由两人均摊，直到母亲出院为止。王部长认为，自己之所以出力出钱照料母亲是因为与母亲有感情，照料母亲是分内之事。

当地受访的干部群众在谈到为什么女儿要养老时，说得最多的是法律规定女儿要养老，如果女儿不养老打官司也会输。他们把女儿养老说成是践行法律的行为。事实上，女儿养老是最近十年才出现的事情，更确切地说是最近五六年才在当地蔚然成风。一个六十多岁的受访妇女，说她出嫁后的二三十年都没有参与娘家父母的养老，也就是近年才跟着潮流赡养父母。

受访妇女说以前虽然也经常回娘家给钱给物，但那是女儿对父母的情分，现在要赡养父母，既是女儿对父母的情分，也是女儿对父母的责任和义务。她们介绍说，以前女儿想养老、想多为父母付出，但是娘家兄弟不让，怕被人家说娘家兄弟没本事、不团结，还要"外人"帮忙养老。现在女儿养老形成了风气，给了出嫁女表达对父母感情的一个正当渠道，她们自然会对娘家父母更体贴，付出更多。

当地人以法律规定来论证女儿养老的合法性和正当性，说明当地女儿养老作为女儿的一项责任和义务，已成为普遍的共识。女儿不养老不仅被认为对生养的父母不讲情分，会被人瞧不起，还被认为是违反了国家法律，更没有政治正确性。

现在问题是，为什么最近十年招远地区会掀起一股女儿养老之风？

二

从调查的情况来看，招远农村女儿养老与以下事实有关联：

一是当地农村主要是本地婚。异地婚难以满足对老年人的日常照料和看护的条件。招远农村多本地婚姻,传统通婚圈并没有因为人口流动和城镇化而被打破,当地的通婚半径较短,主要在20里范围内,一天能够往返的路程。改革开放后,本村结婚和本姓氏通婚渐次出现。本地婚使得女儿养老的通勤距离较短,往返于娘家和婆家的时间较短,方便对老年人的看望和照料。

二是家庭子女偏少。从调查来看,真正开始女儿养老的是从70后、80后开始的,他们的父母刚好在最近若干年进入需要养老的阶段。这些家庭的最大特点是,赶上计划生育,他们家庭的兄弟姐妹较少,一般是两三兄妹的情况。兄弟姐妹少,会有几个衍生现象,一是父母在抚育子女的过程中会均衡用力,在子女身上投入相同的心力物力,从而使得子女对父母也会有相应的感情。这样女儿对父母有较深的感情,愿意为父母的养老付出。二是兄弟姐妹之间的岁数相差不大,一般不会出现过去那种兄长已成家,小妹才数岁的情况。这样他们之间的感情会较好,女儿也就会愿意与兄弟分担父母养老的成本,减轻兄弟的养老压力。三是兄弟姐妹少,也使得分担养老的成本具有了可能性。如果兄弟多的话,兄弟之间就能分担养老成本,不需要姐妹来分担,每个人所承担的也不会太重。

三是农民家庭收入较高。养老需要物质条件做支撑。招远地区工业化水平较高,农民能够在工业领域充分就业,农民家庭的收入水平普遍较高,这为女儿参与养老提供了物质基础。一般来说,当地二三十岁的年轻人在正规企业就业,四五十岁的中年人则在当地半正规领域就业,六七十岁的中老年人还可以在当地非正规领域就业。一个家庭老中青三代人都可以获得工资性收入,使当地农民家庭收入普遍较高。这些收入除了用于家庭的劳动力再生产和家庭发展之外,还可以支撑年轻夫妇为双方父母养老。

四是妇女地位提高。女儿养老需要付出物质资源和劳动力,如果女儿不能支配家庭的资源和劳动力,那么也就不存在女儿养老一说。物质资源直接用于娘家父母的生产生活,劳动力则腾出来用于照料父母。所以女儿养老很重要的前提是女儿在夫家能够掌握和调配家庭资源。在招远农村,妇女当家已成基本事实,她们既当公婆的家,也当丈夫的家。当妇女把资源往娘家输入的时候,丈夫没意见,公婆有意见说不出口时,女儿养老才能实现。当地人引以为豪的是女人在场面上尊重男人,男人则在家庭里听女人的话。这样女儿就能够将夫家的资源和劳动力用于娘家父母的养老。

以上四个方面与实现女儿养老有较大关系。在全国农村,同时满足这四个条件的地方还有不少地区。比如江汉平原农村,妇女地位在全国农村中算较高的,家庭收入水平也较高,家庭多数是独生子女,本地婚占多数等,但独女户家庭的女儿养老并没有带动女儿养老现象普遍产生。可见女儿养老还有更为根本的原因。

三

调查来看,上面分析的事实是女儿养老的必要非充分条件。招远农村社会对女儿养老的普遍需求则是充分必要条件。

招远县乡村都有自己的工业,同时农业也很发达,能够容纳大量不同层次的劳动力。中老年人也可以找到适合自身的工作。比如,在非正规就业岗位就业,从事体力劳动强度不大的工作,或者在果园里做些轻便的活,每天可以赚取七八十元不等的工钱。所以,当地中老年人不仅能够自食其力,还有一定的积蓄,吃饭穿衣及一般的病痛基本上不需要子女掏钱。子女只是隔段时间带着小孩从县市到村里来看望老人,或者逢年过节、老人生日的时候全家聚会庆祝,这样在精神上给老年人较大的安慰和满足感。老年人在家还种些地、养些鸡鸭,不时送些给在城里居住的子女。当地老年人说,"老人有钱,子女就黏人",代际之间的关系融洽。所以,在老年人还有劳动能力、能动的时候,子女基本上不需要在养老上操心,老年人还会向子女输送一些资源。

当地养老的关键在于对老年人的"照料"上。当老年人生病或丧失自理能力之后,就需要子女的照顾和看护,此时子女才真正承担起养老的责任。

在流动不大的传统农业社会,老年人与儿子同住在村里。子代从事农业生产,兼在周边从事非正规就业。农业生产和非正规就业的特点是机动性、灵活性强。上午没干完的农活下午或隔天继续干。打零工今天家里有事可以不去,等事情干完再去。这些特点使得子代在不耽搁农业生产和打零工的前提下,仍然可以照料老人。在村里照料不能自理的老年人,无非是把老人的饮食起居安排好,不需要花费子代太多的时间和精力。如果老年人生病住院,几个子代可以轮流到医院照顾,也不会耽搁农活。即便是独子家庭,年轻夫妇也可以轮换干农活和照顾老人。

子代都是在家务农兼打零工,对老年人的照料就不产生机会成本。这个时候,农民秉承儿子养老的传统,不需要出嫁女专门腾出手来照顾老年人。招远农村现在四五十岁以上的农民,过去不是在种地,就是在非正规或半正规领域就业,工作时间灵活机动。或者夫妻俩有一个在正规企业就业,有一个在家务农或从事非正规就业,这样他们也能有一个人腾出手来照料老人,无需负担额外的成本。

我们调查了解到,招远70后、80后的农民,多是在县域范围内的正规经济领域就业,有的是在半正规企业就业,基本上不会在农业领域和零工市场就业。

正规或半正规就业岗位的基本特点,一是有严格的工作时间和作息规范,上下班时间是固定的,不能随意迟到早退,要遵守基本的请假和休息制度。二是有通畅的晋升和发展空间,伴随在岗年限增加、工作技能增长,职工的事业会得到发展。如果随意辞工或者被辞退,就会影响或中断个人的发展。三是工作单位和岗位较为体面,能够让年轻农民获得城市中产阶级的体验。在正规就业岗位就业可能在工资待遇上不及非正规岗位,但是它所提供的正规的工作岗位、稳定的福利待遇、较大的发展空间等,能够给予年轻农民以体面和尊严感。年轻农民一般不会轻易放弃在这些单位工作的机会。四是正规岗位分工明确,每个岗位都需要其他岗位的密切配合。一个环节出了问题,或没有跟上节奏,就会影响整个工作链。

归结起来,正规工作重要的是规范,规章制度不以职工个人偏好、意志及家庭情况为转移,表现为工作的机动性、灵活性不足。规范性给人以正式的感觉,让年轻农民在正式的单位科层体系中既受到规训又被其所俘获而身不由己,意味着职工不可能轻易辞工不干。

70后、80后在正规岗位实现个人的发展及体验,符合工业化、现代化的一般路径。但是该路径却与对农村老年人的"照料"体系发生了冲突。一方面是,年轻农民不能随时从工作单位返回农村照料老人,他们必须履行相应的请假、休假手续,而且假期不可能太长,否则会影响其他岗位的工作。若请假太久，单位就要请其他人来替代你的工作，等你返回时，可能就没有适合的岗位了。请假次数也不能太多，太多的话既影响工作，在单位领导面前也会留下不好的印象。但是，照料生病或不能自理的老年人是一个时间相对较长的过程，或者老年人发病随时都可能需要人来照料，那么在正规岗位上工作的年轻人就难以长时间或随时抽出身来照料老人。

另一方面是，年轻农民不能既顾及工作，又兼及对老年人的照料。然而，照料老年人既是情感所系，又是责任所担，必须照料，而正规工作也是不能丢的，一旦丢了就得从零开始，对发展是不利的。这样，几乎所有70后、80后都面临照料父母和不丢工作之间的矛盾。相比于搞农业生产，越是在正规岗位就业，请假照料老人的机会成本就越大，对于年轻人来说抉择的压力就越大。

王部长的母亲生病住院，王部长在正规岗位就业的弟弟的压力就很大。如果他一个人去照顾母亲一个月时间，就必须向公司请一个月假。但是没有哪个公司会给一个职工放这么长的假。如此，她弟弟就得辞掉工作来照料母亲，或者他只请一个星期的假，后面再请护工照料母亲。前者会使他丢掉工作岗位，后者虽然保住了工作但要承担较大经济压力，一般年轻农民难以承担长期请护工的费用。

要缓和照料父母和不丢工作之间的矛盾，就得有人来分担年轻农民照料父母的责任。在70后、80后群体中，只有他们的姐姐或妹妹能够给他们减轻压力。由出嫁女参与对老年人的照料任务，也就成为招远农村普遍的社会需求。在王部长母亲的案例中，由于王部长参与对母亲的照料工作，在她母亲脱离危险期后，她与弟弟轮流照顾母亲，使其弟弟既不丢工作，又能照料母亲。在她母亲出院回家后请了护工，她与弟弟共同分担护工费用，也减轻了弟弟的经济压力。

女儿参与老年人的照料工作,能够减轻年轻男性农民的照料任务,减少了他们请假的时间和次数,同时也减轻了他们的经济压力。在这个时候,兄弟姐妹越多,就越能分担照料老人的任务和压力,对于每一个人来说所承担的任务和压力就较轻。

四

归结起来,女儿养老的伦理构建的基本逻辑如下:

1. 从个人感情上来说,出嫁女对父母有感情,父母需要照料的时候愿意去照料他们。否则出嫁女良心得不到安宁。

2. 从亲缘关系上来说,出嫁女与娘家兄弟是互助关系,而非竞争关系,她们有缓解兄弟压力的责任。

3. 从社会压力上来说,在正规经济领域就业的70后、80后对出嫁女参与老年人照料有整体需求,从而认为只有女儿对娘家父母给予了照料和养老才是孝顺,才会得到社会普遍认可。这构成了对出嫁女的一种笼罩性社会压力。

4. 从法律解释上来说,农民通过电视、微信等媒体了解到女儿养老是法定义务和责任。法律知识的普及进一步强化了女儿养老的社会需求的正当性。

五

招远农村的女儿养老,是当地社会从农业社会向工业社会转型过程中必然出现的解决老年人照料问题的一种渠道。

在农业社会,农民从事农业劳动及零工,这些工作与照料老人不相冲突,可以兼顾之,照料老人在农业社会不存在机会成本的问题。而到了工业社会,年轻人都在工业领域就业和发展,那么照料老人就会带来巨大的工业领域的机会成本问题,这是一个基本的、必然存在的张力,年轻农民必然要去面对和化解。或放弃工作以照料老人,或为了工作而不照料老人,或者在两者之间找平衡点。

在南方农村,年轻农民普遍外出务工。当老年人需要子代照料的时候,在外务工的兄弟就会相互商量,看让哪个兄弟返回农村务农以照料老人。南方农村对父代的责任较强,兄弟之间一般都会让务工工资不是很高、在工厂上升空间不大的兄弟返回农村务农。通过这种方式,南方农民能够解决进入工业领域后的老人照料问题。

在中部农村,年轻农民也普遍外出务工,一般情况下不会返回农村照料老人。老人为子代考虑,自己能动的时候尽量不麻烦子代,自己生病了也轻易不告诉外出务工的子代。真正需要子代照料的时候,就成了子代的纯负担。

在招远农村,则是通过女儿养老来解决老年人照料问题。之所以如此,与当地存在以下几种情况有关:本地正规就业,使得女儿照料老人的通勤距离较短,机会成本较低;本地通婚,女儿都嫁在本地,可以参与照料。女儿养老,实质上是让女儿参与老年人照料以平摊工业社会的养老成本。

进一步讲,家庭照料是农业社会的产物,它与农业生产及打零工相契合,基本上没有机会成本。而当农民进入工业社会,在工业领域获得收入的时候,对老年人的照料就会带来巨大的机会成本。农村老年人照料问题是农民已经进入工业社会,而农村养老制度还停留在农业社会这一矛盾的产物。(2019.8.11)

南北社会

政治、人情与强人

一

南开大学社会学博士齐燕在一次调查讨论会上剖析自己,说调查讨论时不够开放大胆,总是等其他人讲完,自己觉得不会有"危险"之后再讲。齐燕是山东人,在典型的小亲族地区成长起来。她的意思是自己在小亲族环境下成长的,什么话要想成熟了再说,就怕引起他人的误会。说明在这些地方成长的人对环境的要求比较高,在环境不足以掌控的条件下会韬光养晦。

不同地方的人对环境的要求和敏感程度不同,与其生长的社会地理环境有关。社会地理环境影响一个人的性格及与社会打交道的方式。湖北江汉平原的人常被称作"九头鸟",意思是精明狡猾,与之打交道要多加小心。这也与其社会地理环境有关。"九头鸟"的性格,说明这些人会算计,但这些算计又容易被人察觉,所以才会被人抓住把柄。这种人心里从不藏着掖着,斗争和斗争的"武器"都摆在台面上。江汉平原的社会地理结构很少生长出真正会算计的人。在我的调查经验中,南方农村的人不太会算计,他们更多的是真诚地对待与之打交道的人,乃至站在对方的立场思考问题。全国人民都说广东人很精明、会做生意,但是广东人的精明主要表现在做事上,而不是在对人上。

在研究人上,北方人较为深刻彻底,研究透了才交朋友;中部人浮于表面,对得上眼就能在一起喝酒;南方人则一般不研究人,重点在对待事情上。南方、中部和北方农村人的性格、思维方式和行事风格有着明显的差别,这与社会地理环境大有关系。

二

2010年年底我们湘南老家某个村发生了这么一件事情,几个小偷半夜到一个湾子偷摩托车,被旁边打牌出来小便的人发现而当场逮住两个人,跑掉一个人。村民扣留了小偷的一辆面包车。这个湾子的一些人将逮住的人捆绑在树桩上,不是把他们交给派出所,而是叫他们家人拿钱来领人。而跑掉的那个小偷据说与派出所有关系,就先报警了。第二天派出所的人来要人,从而与该村的人发生冲突,升级为全村农民围殴派出所民警事件,县公安局将此事作为大案来抓。后来村里人组织村民到乡镇上访,乡镇要求选派不超过5名代表去谈判。所选的代表都是在村里能说会道、威望较高的人。

后来我了解到,这些被选派的代表一进乡镇办公室,就说不出话来了。代表们一讲出自己的道理就被乡镇干部反驳回来,而乡镇干部讲的法律的道理,代表们竟然无言以对,讲不出更高的道理来。这些在湾村里的能人在乡镇干部面前似乎成了"小白"。这个强烈的反差引起了我的思考。我老家村里的这些所谓能人其实不懂政治,更不会跟乡镇干部谈政治。他们是社会生活中的能人,而不是政治生活中的能人。

在河南驻马店、开封等地调查发现,某些乡镇干部讲法律,上访农民就知道跟你讲政策;乡镇干部跟你讲政策,上访农民就跟你讲人情;乡镇干部跟你讲人情,上访农民就跟你讲法律。绕来绕去,上访农民总能讲出自己的一套道理来,而且每套道理还确实有"道理",不一定是胡搅蛮缠。说明这些地区的上访农民既有理论水平,也有政治策略,会政治博弈。

早在2005年左右,还在华中科技大学社会学系的董磊明教授到河南安阳等地农村调研,惊奇地发现一个一两千人的村庄竟然有非常多的"政治精英",这在南方农村和中部农村难以想象。我在兰考南马庄调研也发现,村庄里的政治精英不仅在乡村两级能把政治讲得很熟,既能得到自己想要的,又不把自己"玩进去";即便到县里省里跟高级别官员对话也从不怯场,甚至不落下风。这样的人不是少数,每个小亲族里都有几个。这意味着这些村庄社会生活里有政治,社会生活中的能力也是政治生活中的能力。

三

南方农村是宗族性村落,一般一个姓氏占据一个或数个村落(湾村)形成一个宗族。在宗族内部虽然会分化为不同的房分(房头),按照"差序格局"的原则,房分内部的"自己人"认同要强于宗族的"自己人"认同。但是在宗族层面,台面上并不主张"讲房分""讲房头"。房分之间,及房分内部不同家族("一株人")之间暗地里会有比较,但是明显的、仪式性方面的竞争却不存在。房分之间也会发生一些冲突,但很容易在宗族大框架下予以解决,不会轻易使双方出现不可弥合的裂痕。

每个小房分或房分内部都会有自己的主事的人,但这些人并不一定是这个房头最有能力的人,而可能是这个房分的长子长孙,他们自然地担负起家族的事情。他们也可能是什么事都喜欢凑热闹、热心帮忙做事的人。这些人在给房分、小房分做事的过程中积累下来了威望,成为村落"有说份"的人。由于宗族内部没有强烈的房分分割,房分之间没有利益纠葛,因而很难形成房头政治。这些"有说份"的人最多是宗族社会生活中的权威,而无法上升为房头政治中的政治精英。宗族内部、房分之间即便有纠纷和冲突,也不是针对村庄政治权力以及公共利益的再分配份额。宗族(村落)公共利益的再分配规则也是既定的,不需要房头之间再进行利益博弈。房分之间的纠纷化解也是有既定的规矩,亦不需要上升到政治层面,不会闹到县乡去。即便不同房分之间有人牵涉到村一级的政治而相互斗争,甚至上访上告,但这也是他们个人之间的瓜葛,不会上升为房分的政治较量。

正因为很多事情都能够在既定框架和规则下解决,宗族内部就形不成合纵连横、尔虞我诈的房头政治。宗族内部政治氛围不强。人们之间没有需要顾忌的派别和政治立场。宗族内部事务不会上升为政治事件,就不会成为上级政府要解决的事情,房分派别也就不需要与县乡打交道,进而也就不需要去了解上面的法律、政策文件及相关的政治伦理等,也不会与上面的官员玩"捉迷藏"的游戏。因而,超出村庄之外,宗族内部精英就不再是政治博弈的高手,而是普通百姓而已。

南方农村的人在宗亲环境下成长,宗亲给予的是亲情情义、人情面子,是归属和关爱。村民之间虽然不免有争吵及其他冲突,但是也都与政治斗争无关,也不是表面一套,背后一套。即便有"小心思",有对他人的不满和不屑,南方家长也会在小孩面前掩饰,给小孩的感觉是周边的叔伯大爷都是自己人。因而,南方人生长的环境相对简单,没有被置入复杂的政治斗争环境中,他们对环境并不敏感,他们会像信任他们的村庄宗亲环境那样,信任他们所处的新环境,像对待宗亲那样对待新的交往对象。在待人方面他们的头脑是"简单"的。

甚至,因为他们在宗亲环境下成长,他们不太擅长跟陌生人打交道,性格内向,不善言谈,不懂政治,更不会耍计谋。宗亲是一个相互理解、相互体贴和共同进步的亲情共同体,每个人都会设身处地地为对方着想,站在对方的立场思考问题。他们不会把事情、把人往坏处想,想到的是对方好的一面。他们不会以我为主,唯我独尊,自我的一面较弱,考虑他人的一面较多。宗族内部共有共享的一面较强,不会对什么事都斤斤计较,表现较为大方。

四

北方村庄是多姓杂居的聚落,姓氏内部的"自己人"认同要高于人们对村庄的认同,村庄没有强制措施抑制姓氏内部的认同及其对村庄的分裂力量。因而北方村庄是分裂型的村庄,内部团结性较南方宗族村庄弱。每一个姓氏即一个或几个较强认同的小亲族,其规模在20户到50户之间。一个小亲族一旦大了之后就会按照血缘的亲疏远近分裂为两个小亲族。小亲族之间对村庄的"支配欲"都很强,都希望自己占有村庄政治权力,在村庄中显示自己的存在,或者至少不受其他小亲族的欺负。小亲族之间在政治权力、社会地位、人情面子等方面展开激烈的竞争,尤其是要多争取村庄政治的份额。但是每个小亲族都不可能有足够的力量独占村庄政治,必须与其他小亲族进行合纵连横才能参与村庄政治的竞争。在村庄政治竞争中就很容易形成两个相对稳定竞争的派系,每个派系都由不同的小亲族组成。小亲族竞争村庄政治,形成"你方唱罢我登台"的局面。一方上台之后,另一方作为反对派在下面搞"破坏活动",包括使绊子、唱反调以及做钉子户、上访户等,可谓暗潮涌动。这样如果另一方上台,下台的一方也不会善罢甘休,也做着反对派的政治活动。

每一个政治精英背后都有一个小亲族作为支撑,没有小亲族的支撑,政治精英就无法展开活动,包括选举和上访。每个小亲族里远不止一个政治人物,同一个小亲族的政治精英甚至分属不同的派系。因为一个派系上台、一个派系下台,上台的派系要治理村庄仍需要照顾到下台派系所属小亲族的情绪,需要得到他们的支持,就需要从下台派系小亲族内选择其他的政治人物进入村组政治,包括担任村组干部、村民代表等。总之,每个小亲族都需要有自己的代表进入村庄政治,由该代表来安抚其所在小亲族。这种行为属于小亲族政治的"拆台"行为,是正常的政治谋略,也使得小亲族内部也会有政治。

这样一来,北方村庄中就会形成浓厚的政治氛围,乃至邻里关系、兄弟关系都可能成为政治的一部分。如此,村民的社会生活也被政治化,村民养成了在社会生活中谨言慎行、韬光养晦的习惯。只有对环境有足够的熟悉、对后果有足够的判断之后才会说话,每个人都看起来老成持重,乃至憨厚可掬。他们要把握环境,要研究打交道的对象,只有认为足够信任之后才会交心。

村庄的政治斗争磨炼了一大批懂政策、讲谋略的政治精英。政治精英不仅要在村庄中合纵连横,还要经常到乡镇县市省上访,有的还要去北京,也锻炼了他们跟官员打交道的胆识和能力。访谈中,许多政治精英很自豪地讲述他们在县委书记、市委书记面前侃侃而谈、还得到书记们赞赏的事迹。他们除了在基层是政治精英之外,在高级政治层级中也不怯场。这与南方农村精英在乡镇干部面前紧张得不会说话形成鲜明对比。

北方农村的人在比中部、南方农村远为浓厚的政治氛围中成长,从小就培养了相当强的政治素养,等到他们进入单位工作,就很容易适应单位的政治。

五

中部农村是原子化程度较高的地方,这里人的成长环境既无较强的社会结构约束,也没有强大的传统规范束缚,他们是在一种较为现代、自由的环境下成长的。中部农村因为没有像宗族、小亲族这样的强大结构,个体的表现就较为充分,因而容易出现那种高大威猛、兄弟多、敢于争强斗狠的个人("大社员")把控村庄政治,他们既可以用自己的能力来为村庄谋福利,也可以为自己谋利益。因为他惯于争强斗狠,所以其他人都怕他,让着他。这种略显霸道的现象容易在中部原子化地区大量出现。

荆门的某高校教师给我讲了他们老家征地拆迁的故事。大家都拿到上百万的补贴后,他们小组的小组长向她母亲"借"10万元用于干事业。她母亲也知道这个"借"是有借无还的,实质上是"拦路抢劫"。但是他们家不得不"借",因为这个小组长是个狠人,你不借他有办法对付你。她母亲当然害怕遭遇报复,只能"借"了。

因为没有强大的宗族、小亲族结构,中部农村的强人就无所畏惧,这样也会出现一些"路见不平拔刀相助"的英雄豪杰。因为血缘地缘关系都不强,那么攀亲戚、拉关系、走后门的较少。在该地区做官就相对轻松,七大姑八大姨找得少,要照顾人情面子的事情少,只要按照法律和规章来办就行了。因为没有先赋性的强关系,"大社员"可以不顾及脸面谋利益、做豪杰,敢于坚持他的原则和利益。但是普通的农民却不得不顾及邻里关系,于是他们要谨小慎微,尽量参与人情往来。人情费用再高、不合理的酒席再多,也要硬着头皮去赴宴送礼,生怕关系给断了。

中部农村的村庄内部也没有复杂的政治斗争,就是一些大社员在"唱独角戏",他们的背后也没有一群像小亲族那样的人跟着,大社员不背负家族政治抱负。敢于出头的大社员也没有什么政治头脑和政治谋略,他们该出手时出手,不该出手的时候也容易意气用事而出手,搅得天翻地覆,自己也不得安宁,在北方人看来叫鲁莽。

在中部农村成长的人,没有社会结构和规范约束,对自己的利益看得比较重,私有产权意识较强,不善与人分享。在计较利益的时候,即使要小聪明算计人家,也过于表面乃至心思溢于言表,想藏也藏不住,每个人都看得出来。中部人在自由的环境下成长,自我意识比较强,较少站在对方的立场思考问题。(2018.2.18)

农村人情竞争的区域差异

一

春节期间是农民"办酒"收人情比较密集的时期,"酒席泛滥""人情成灾"为媒体所关注。办酒席和吃酒席的背后是农民之间的人情往来,通过人情礼金的送与收来达成农民的社会关系的构建与维系。办酒除了提供吃喝和社交机会之外,酒席过程还是仪式过程,不同的酒席有不同的仪式。酒席的人情和仪式属性使得它在农村属于公共程度较高的活动,具有较强的表达性和展示性。因此,农民可能会相互攀比和竞争。

不同的农村地区,在办酒的竞争上会呈现出不同的特点。可以分成两类,一类是办酒中有竞争空间的,一类是办酒中没有竞争空间的。可以从人情的功能与人情的规范两个角度来看办酒中的竞争。当人情在维系村庄人际关系上必不可少,而人情规范又很松散时,那么在这些地方办酒就会存在竞争空间。相反,如果人情对于村庄人际关系的维系可有可无,而人情规范又很强大时,办酒的竞争空间就很小。

在有竞争空间的地方,因为竞争主体的差异,不同地区农民竞争的侧重点或标的物又会有所不同,东部农村竞争的重点在酒席的档次和规模上;中部农村看重的是人情礼金,他们倾向于多办酒席多收礼金;北方农村则把竞争点放在仪式上。在没有竞争空间的地方,农民在办酒中不竞争,他们倾向于少办酒或不办酒,其代表是南方农村。竞争空间或竞争点的不同,凸显的是农村社会性质与社会关系的差异。

二

在中部农村,农村社会关系的原子化程度较高,人情是维系社会关系的重要纽带,农村在办酒收受人情礼金上相互攀比。

中部农村主要包括长江中上游地区,以环洞庭湖平原为典型,这些地方历史上是移民较为频繁的地区,村庄的历史较短,社会关系不稳定,公共规则不强。在经历20世纪的革命运动和市场经济的冲击后,村庄血缘关系及其规则体系很快瓦解,农民之间的关系呈现出原子化状态,核心家庭之上缺乏硬性的认同与行动单位。那么,在该地区血缘不再是农民天然的凝结剂,但是农民依然需要制度性的社会关联,人情就充当了人与人之间的连接纽带。农民家庭之间有人情,就有社会关系,没有人情就没有社会关系。

通过人情建立起来的社会关系,不同于一般相熟的社会关系,它背后蕴含着相互间的权利义务关系,也即一种"自己人"的关系。"自己人"关系首先是一种情感依赖关系,人们通过将自己置入"自己人"关系圈子中获得情感归属。其次,"自己人"是一种互助关系,即相互提携、共同御外的权利义务关系。只有"自己人"才会有义务来帮忙。

最后，人情礼金还是农村资金互助的重要形式，农民通过办酒收取人情对象的礼金，以度过比较关键的时期，譬如结婚、建房等都需要大额资金，人情礼金就可充抵一部分，以减轻事主的压力。在血缘关系较为淡薄、人际关系先赋性不强的地方，后天通过人情构建起来的社会关系，对于农民来说就尤为重要，所谓"远亲不如近邻"就是这个道理。那么，在这样的地方，农民都知道人情的重要性，谁都离不开人情，谁也不敢轻易断绝与他人的人情。人们都小心翼翼地维系着与他人的人情往来，有人情必赶，错过了一定要补。

在中部农村，村庄内生的社会规范并不强大，很容易被外界力量所冲击，这些力量包括市场观念、国家权力等，也包括村庄内的强势群体、边缘群体等。当有人破坏村庄规则、按另一套规则行事时，村庄社会不能阻止这种行为的发生，只能放任，并且当这种行为发生之后，其他人也会很快效仿之。农村办酒的规则同样遭遇此命运。以前村庄内对办酒中的事项、档次、礼金等都有共识，这些共识又以人们的平均水平为标准，所以大家都不会为人情所累。但是当有人突破这些规则共识，村庄又没有能力给予制止时，突破规则就会变得普遍，规则就不再起作用，个人的意愿就会主导办酒及其相关事宜。

这样，一方面人情对每户农民来说都很重要，不能随意退出，另一方面办酒又可以突破规则。那么，从理性人的角度来讲，人们就会倾向于降低酒席的档次，增加办酒的次数，以便收取更多的人情礼金。这便是说，在中部农村，农民的办酒会把竞争放在收取更多人情礼金上。为了收取人情而办酒，人情必然退却原来的功能，异化为农民敛财的工具。所以，我们看到，在属于中部农村的江汉平原、湖南常德、贵州、四川、重庆、安徽等地，还有东北地区，人情名目花样繁多，人情礼金不断攀高,给农民家庭带来了负担,甚至人情成了这些地区农民致贫的一个因素。有些地区农民一年的收入有三分之一到一半给送了人情。

农民为了收回送出去的礼金,把办酒席的周期大大缩短,巧立名目增加办酒的次数,一些地方近年办酒的名目多达二三十项,连立碑、树门、出狱、母猪下崽等都要办酒,有些酒席则直接就没有名目,农民见到请帖就去赴宴送礼。我们在贵州农村调查到,一些家庭建第一层楼房要办酒,隔几年建第二层也办酒。有的家庭老人还没到六十岁就为他办六十大寿,还每个儿子办一回。有的人家实在找不到办酒的由头,就将岳父请到自己家里来办寿宴酒。名目之多眼花缭乱,更让农民不堪重负,谈人情色变。但他们又不得不一次次地钻入人情的怪圈之中,再生产了这种人情。

三

在东部农村,经济社会发达,农民收入分化程度比较高,农民在办酒中将酒席和规模的档次作为竞争的标的物,认为酒席档次越高、规模越大越有面子和身份。

东部沿海农村是中国开放较早,市场经济发育较为健全的地区,该地区的农村很早就参与到了市场经济当中,较多的农民从耕作中走出来投入到工商业中。随着农民职业的分流,农民在收入水平上也逐渐出现了分化。收入上的分化从80年代中后期开始出现,90年代后分化层级越来越多,分化程度越来越高,既有千万富翁,又有普通的工薪阶层。2000年以后,经济上的纵向分化开始瓦解农村传统的社会关系和交往规则，农民内部开始出现横向的社会层面的分化，农民的原子化程度增加，不同经济层级的农民形成不同的交往圈子，阶层的分化更明显。理想上可以将这些地方的农民分为条件好的农民、中等农民和条件差的农民。

在东部农村，由于传统社会关系被高度的经济分化所瓦解，血缘不再是天然凝结剂，人们因而需要通过办酒席进行人情往来，以重新搭建关联。由于该地区人情规范较弱，人情规则很容易被村庄的强势群体所突破。该地区条件好的农民掌握着较多的村庄经济社会资源，他们在生活和消费上起着示范效应。农村传统办酒的规则往往首先被条件好的农民所突破，他们在办酒的档次和规模上进行竞争，以彰显自己的财富、身份与地位。他们办酒的档次逐渐成为村庄的标准，只有达到他们所设定的标准才算得上是成功人士，才能在村庄中获得面子与荣耀，否则就是失败者。

其他农民则不甘示弱，要向富人的标准看齐，即便完全达不到富人的水平，也要大面上看得过去。其他农民奋起直追，富人则不能"站着等"，唯恐被人弯道超车，他们要的就是与大众不同，于是他们继续在酒席的档次上加码，以图将其他农民甩在后面。这样，就使得该地区村庄的酒席档次越来越高，规模越来越大。除条件好的农民外，其他农民都承受着巨大的压力，条件中等的农民费九牛二虎之力勉强应付，条件差的农民办酒就通过缩减规模以追求档次。富人之所以办那么大的规模，是为了扩大人际交往圈。酒席规模越大，社会关系资源就越多。条件差的农民缩小酒席规模，则意味着要缩小人情圈子，社会关系资源就会减少。

条件好的农民的酒席档次高，吃酒席的人上的人情礼金就不能维持在较低的水平线上,而是要相应地抬高自己送的人情礼金金额,否则连自己吃喝的费用都不够,这样人情礼金也会水涨船高,现在一般涨到了1000—2000元一次。如此高的人情礼金,条件差的农民能去赶一次两次,但无法一直这样承担下去,逐渐地他们就退出了同富人的人情往来。虽然节省下了不少的人情费用,但是也丧失了优质的社会关系网络资源。我们调查到,条件最差的农民的人情圈已缩小到了至亲范围。

东部地区农民办酒在酒席档次上的竞争,实质上是条件好的农民通过炫耀财富进行阶层的自我认同和确认,同时也对条件差的农民进行了排斥与区隔,明确了阶层的边界与交往范围。条件差的农民则通过降低酒席频次和规模来达到条件好的农民设定的酒席档次,保存了最低限度的面子和虚荣,但他们也丧失了向上流动的人脉资源。东部农村在酒席档次和规模上的竞争,说明其村庄内部社会关系高度分化和圈层化,人们以所谓的阶层所属来判断关系的重要性和选择结交对象。传统的血缘地缘关系对阶层之间的凝结越来越弱,但在阶层内部则还能起到润滑的作用。

四

在北方农村,村庄内小亲族之间的竞争较为激烈,而其内部在酒席规模、酒席类型上都有较严格的规定,唯独能够彰显小亲族竞争的人情仪式被放开,因而该地区在办酒上的竞争主要在仪式过程的扮演上。

北方农村的村庄一般是多姓杂居，一个村庄由数个甚至上十个姓氏组成，每个姓氏的人数在数十人到两三百人不等。小亲族之间在村庄政治社会生活的各个方面展开激烈的竞争，包括面子竞争和政治竞争。在办酒席这样的公共事件上，小亲族之间也存在着竞争。在村庄内部，小亲族之间的关系是最重要的关系，它形塑着村庄的基本面貌。

在北方农村，人情之所以重要，原因不在小亲族内部，而在勾连小亲族之间的关系上。在北方村庄内部，小亲族之间是相互独立和竞争的，它们是村庄的分裂性力量，要使村庄具有共同体性质，能够一致行动为村民提供公共服务，就得有一种纽带来维系小亲族之间的关系。人情在这里就扮演了这种角色。所以，在北方农村，人情并不是可有可无的东西，而是必须有的"规定动作"，进而酒席是一定要办的。

同时，北方农村人情竞争的主体是小亲族，而不是个体小家庭。北方农村的办酒本身就不仅仅是个体家庭的事情，而是整个小亲族的事情，它涉及小亲族的面子与荣耀。那么，在办酒上就会倾向于限制小亲族内部个体家庭之间的竞争，而突出小亲族之间的竞争。在对人情的规范上，就会严格规定那些能够引发个体家庭之间竞争的方面，包括名目、周期、档次、礼金等，而放开能够突出小亲族之间竞争的方面，主要是仪式过程。因为仪式过程的公共性最强，也最具有表达性和显示度，最能够彰显小亲族的实力和气派。

这样，在北方村庄，一方面，人情作为必需品，农民就不会减少办酒乃至不办酒，他们要在一些基本的名目下办酒。另一方面，农民不会在酒席的档次、次数、人情礼金等方面竞争，而是在仪式过程中竞争。仪式过程又主要是商业性的歌舞团表演。结婚仪式则还有迎亲过程的豪华车辆的竞争。主家办酒的一个开销大头也在仪式过程。

仪式过程的竞争，就是通过仪式表演来吸引村民捧场和观看，仪式场面越宏大，观看的人越多，主家就越有面子。尤其是在跟其他小亲族的仪式过程的比较中占有优势，整个小亲族都会有面子，所以小亲族里的人会力促和鼓动仪式过程的场面更宏大。

要使场面更宏大、吸引更多的人驻足观看，就得在表演上下功夫，表演越有吸引力，人就越多。过去仪式表演主要是有一定教化功能的传统戏曲演出，这对于老年人来说有一定吸引力，但对年轻人和小孩的吸引力已大大降低。要吸引年轻人和小孩，就得在表演形式和内容上"推陈出新"，于是一些低俗、色情的"摇头舞""脱衣舞"纷纷登场。我们曾在北方农村看到过两家同时办事，隔着一条街对台表演，竞相吸引村民。一会儿这家唱得响亮，村民就都到这家来了，那家一看不行，赶紧更换节目，村民又纷纷返回来。其中一家为了在捧场人数上胜过对方，连夜又请了一个戏班子助兴。

在豫东、皖北等北方农村地区，葬礼要足够热闹，钱要花得足够带劲，"哀悼者"要来得足够多，才能体现出儿女的孝心，葬礼才算圆满。丧事上的歌舞表演竞争已趋白热化。"脱衣舞"是广受欢迎的表演，表演者声称，表演越露骨，主家就越兴旺。现在不跳"脱衣舞"就难以吸引到人了，晚上尤其如此。我们在安徽某地村庄调查到，有一家爷爷过世，本来已经请了吹鼓手乐团了，但是孙子认为不热闹，硬要请歌舞团来跳"脱衣舞"给村民"开荤"，父亲认为是伤风败俗而不同意，但孙子威胁父亲说："如果你不同意，以后你死了我就不给你办事"，父亲无奈只好默许。之后丧事上跳脱衣舞就在当地盛行起来。

五

在南方农村,村庄是宗族性的,内部主张团结而不是竞争,人情不是社会关系的载体,因此办酒实为过渡仪式,人们并不在办酒上竞争。

这里,南方农村主要是指华南农村,这些地方村庄内的同姓宗族观念和认同还较为强烈,宗族还有一定的一致行动能力。同时,村庄传统结构和规则较强,村庄内部有惩处违反共识原则行为的能力。因此,在该地区,人情一方面并不像在原子化地区那样不可或缺,有没有人情在这里并不影响双方的关系。另一方面,人情的原则和规范一直被恪守,有一套机制来确保人情规范被遵守。这样,在办酒的名目、档次、规格、礼金、仪式等方面都有硬性规定而无空子可钻,从而使得任何一个方面都不存在竞争的空间。

办酒本身不存在竞争的空间,也就是农民不能通过办酒来获得社会性或物质性的收益,甚至办酒要亏本、还非常麻烦,徒增生活成本(浪费金钱和耗费精力),那么理性的农民对办酒没有积极性,就会倾向于少办或不办酒席,只有那些实在不得不办的酒席才会办,这些主要是一些过渡仪式和重大事项的酒席。过渡仪式包括娶媳妇、嫁闺女、八十大寿及老人过世等,重大事项包括建房子、升学等。改革开放后,尤其是90年代以后,南方农村的人情酒席出现了萎缩的趋向,很多人家甚至连结婚、过大寿及建房、升学都尽量不办。农民的说法主要是免得麻烦。

在湘南农村,除丧事外的酒席,很多都不是主家主动要办的,而是村庄里其他人家鼓动主家去办,一是主家十几二十年都没办酒席了,大家都想吃他们家的酒席,二是主家确实有大事,如结婚、升学或建房,既然有这样的大事,那就办一场酒给家门吃。这算是家门讨到的酒吃,如果不办大家还会有意见。笔者 2007 年考上博士,湾子里的人就强烈要求我父母办酒席,一是考上博士确实是大事,我是宗族第一个博士,二是我家在 80 年代初建房办过酒席后,到 2007 年一直没办过。于是我家在 2008 年春节前给我办了考学酒。2016 年年初我结婚,也是在湾里人的建议下才办了酒席,这一次办酒席湾里人还强烈要求不能为了避免麻烦就到县里的大酒店去办,一定要在湾子里办。因为在湾子里办全湾子的人都可以去吃,而到县城去办就只能每家派代表去了。也就是说,在酒席不存在竞争空间的情况下,办酒席作为权利被弱化了,作为义务则被强化了,人们被要求办酒席。

南方农村办酒席还有两个特点,一个是全家人都参加,一个不落,另一个是人情礼金不重,也不重要。白事家门不用出礼金,全湾子人去吃酒。红喜事家门象征性地给礼金。2008 年我家办考学酒的时候,家门一般是 20 元左右,血缘近的最多给了 60 元。到 2016 年就涨到了 80 元到 100 元。人们也可以不给礼金,直接去吃酒席。红事礼金不张榜公布,白事张榜公布亲戚的礼金。这可能与人情礼金不是竞争的标的物有关系。

针对南方农村酒席的档次,有两个把关的机制,一是传统共识,有什么酒席能办、什么酒席不能办的共识,也有对酒席档次的规定。酒桌上的菜一般是一个月一个菜,共 12 个菜。如果这一年闰了月,就 13 个菜。多少肉菜也有明确规定,不会出现富裕人家就摆到十七八到二十几个菜,穷点的就少炒几个菜的情况。无论穷富都照此办理。

二是湾子里有红白理事会之类的组织,湾子里所有的酒席都由他们来操办,在宴席前数日他们就会同主家商量酒席的事情,菜的规格也由他们来定。家庭条件好的,他们可以为主家买好点的菜,家庭不宽裕的就给主家节约点,但不会相差太大。理事会还要负责酒席的整个过程,包括接客、礼仪、厨房等问题,甚至哪些客人能请,哪些客人不能请,他们都有权力过问。如果主家不听,酒席就办不成。所以主家对理事会的人都很尊重。

有了上述两个把关机制,酒席的档次就被严格限制在了一定范围内,穷人富人都支付得起,穷人不会因此负担太重,富人也不会因此掉面子,更不会让富人带不好的头,形成恶性竞争。

六

综上,在血缘认同还较强的农村地区,人情不构成姓氏内部人际关系的连接纽带,宗族或小亲族内部的竞争性较弱,而规范性较强,所以在人情上严格限制家庭之间的竞争,使姓氏内部缺乏人情竞争的空间。所以,在南方农村宗族或湾子内部,在缺少人情竞争空间的情况下,人们就倾向于减少办酒或不办酒。在北方小亲族地区,小亲族内部没有人情竞争,但是小亲族之间在办酒上存在竞争空间,仪式规模大小恰能够凸显小亲族之间的实力强弱。

在血缘认同淡化的地方,后天建构性关系取代先赋性关系,人情在其中扮演着基础性的作用,办酒席就必不可少。但在这些地方,人情的规范又相对较弱,人们很容易在办酒席时突破规范而造成人情上的恶性竞争。中部农村的农民分化不大,个体家庭是村庄竞争的主体,他们会在酒席必办和人情规范较弱的情况下,倾向于多办酒席、多收礼金,人们相互攀比的是收受人情礼金的多少。在东部地区,农民高度分化,阶层是竞争的主体,条件好的农民占有较多财富,他们希望通过不断突破酒席的档次和规模来构成阶层的自我认同,和与条件差的农民的区分,他们引领着村庄人情竞争的标准,构成了对条件差的农民的排斥。条件差的农民则通过缩减酒席的规模和办酒席的次数,以在酒席档次上达到条件好的农民不断推高的标准。

总之,农村人情的差异凸显的是背后人际关系性质的差异(见表1)。中部农村的人情体现的是个体家庭之间的关系,东部农村的人情体现的是阶层之间的关系,北方农村的人情体现的是小亲族之间的关系,南方农村的人情体现的是宗族内部宗亲之间的关系。

表1 人情竞争及其区域差异

	人情功能	人情规范	竞争主体	竞争空间
中部农村	村庄社会关系的纽带;人情必须	无规范	家庭	有竞争空间,多办酒席,个体家庭在人情礼金上竞争
东部农村	阶层内部关系的纽带;人情必须	规范较弱	阶层	有竞争空间,要办酒席,不同阶层在酒席档次上竞争
北方农村	小亲族之间的纽带;人情必须	规范较强	小亲族	有竞争空间,要办酒席,小亲族在仪式表演上竞争
南方农村	血缘纽带;人情非必须	规范较强	宗族	无竞争空间,少办或不办酒席

(2017.2.19)

南方村落中的懒汉

一

湖北孝昌县农村的年轻人普遍带着一股劲儿要外出拼搏,他们大部分在外搞建筑、做生意,只要他们"舍得吃亏",一对年轻夫妇一年可赚十万元以上。孝昌农村年轻人少有慵懒涣散的现象,都在积极地参与村庄社会竞争,琢磨着怎么改变自己的状态,过上不比别人家差的生活。相反,我们在南方及西南农村调查时,却发现当地农村常有"懒汉"。如果一家有几个兄弟,会有一两个兄弟具有懒汉的特性。

在20世纪八九十年代的南方农村,曾出现过年轻妇女自杀率升高的现象。自杀类型既有威胁型的,也有绝望型的,其中不少是源于她们所嫁的年轻男子懒惰或没有本事。我调查过的经典场景是,在"双抢"时节年轻妇女在大太阳底下劳作一上午,而她的丈夫却在叔伯家打牌或躺在床上睡大觉,她为此很生气,于是威胁丈夫说如果再这样就喝药给他看,当丈夫屡教不改时就可能绝望自杀。

在这些自杀案例当中,妇女在打理家庭事务和务农中都表现得非常积极,她们希望能够通过夫妻俩的勤劳改变家庭面貌,过上不比别人家差,甚至比他人更好的生活。所以年轻妇女一般都非常勤劳吃苦,少有懒惰的年轻妇女,个性越是要强的年轻妇女就越会拼命地干活,生活也会越节俭。

与年轻妇女形成鲜明对比的是,不少年轻男子依然跟婚前一样吊儿郎当不懂事,结了婚跟没结婚一样,到这家串串,那家走走;在这个湾子打下牌,在那个湾子吹下牛;或者干脆大白天地酗酒睡大觉,根本不在意"双抢"抢的是时间。有的时候家里穷得揭不开锅就直接到哥嫂家去舀,小孩没钱交学费了也上哥嫂那儿要。年轻男子慵懒凌乱不堪的生活状态就跟年轻妇女风风火火的干练作风产生了矛盾和冲突,年轻妇女希望改变年轻男子的状态,将他们拉入小家庭的正常生活轨道,而年轻男子则认为那种无忧无虑、不争不抢的生活非常舒适,这样二者的张力就很大。

二

有懒汉特征的年轻男子一般不会是家庭中的长子,而是多子家庭中最小的一两个儿子。从家庭培养的角度来讲,长子所系是长房,是家族的领头人,在培养中较为严格,父母一般不会过于溺爱。所以长子的成长就中规中矩,到什么阶段做什么事承担什么样的责任。

幼子的生长环境则相对要宽松得多,父母会将其情感大量倾注到幼子身上,对幼子就更加关爱和照顾,对其所犯错误及调皮捣蛋行为也较为容忍。在过去子女较多时,等到幼子出生成长,父母都上了年纪,对幼子就更是宠爱有加。在干家务事和农活方面,父母也多招呼长子,而放任幼子。因此,幼子是在约束较少、呵护较多的情况下成长的,他的成长就多依赖他人,使他养成了把他人为他做的事都视作权利而享受,而责任和义务观念却较少。因此其成婚之后,依然漠视家庭事务,还沉浸在大家为他服务和我行我素的幼年阶段,没完全长大成人,称得上是"巨婴"。

三

除了家庭培养的长幼差别外,南方村落之所以常见懒汉,还与其社会结构有关系。南方宗族性村落抑制了核心家庭间的比较与竞争,使得家庭间的发展差异不构成对其他家庭的压力。没有压力也就没有动力去做出积极改变,慵懒散漫就成了一种符合身体本能的生活选择。

比较与竞争的前提是出现了差别。按说村庄熟人社会是信息透明和对称的社会,人们不能在熟人社会中隐藏自己。村庄也是经历过社会主义革命的社会,传统等级性的社会结构被打破,平等观念深入人心。因此,村庄熟人社会就会对差别特别敏感,很容易捕捉到任何一点不相同的信息。如此一来,只要村庄社会出现了差别,人们就很容易意识到差别,他们就会主动调动资源去弥合与他人的差距,每个人都会表现得很积极主动,也就应该不存在懒汉才对。就像在孝昌农村调查到的那样,很多年轻人都憋了一股劲外出务工做生意,非得混出个样给人看,以此来显示自己并不比别人笨、不比别人差。南方农村的懒汉却并不这样思考问题,虽然他们不是生活在真空中,也能在第一时间意识到与他人的差距,但是他们对差距的敏感并不等于"差距"会给他们带来压力。

在南方村落,人们对差距有一种天然的消化弥合机制。一是南方村落不允许有过于明显的竞争,尤其是在仪式性的场合,包括人情礼金、仪式活动、酒席档次等,都有明确规定,不能按照个体的偏好来办。即便家庭条件再好也不能变更规格。这在很大程度上抑制了家庭间在门面上的竞争。二是村落作为整体将人们的竞争目标投向旁边的村落,将竞争标的放在村落宗族的团结上,而不是相互之间的比较和竞争。三是南方村落血缘认同较强,不仅五服内有较强的认同,宗族房头的"自己人"认同也较强烈,当出现差别时人们首先不会想着自己的落后,而是为领先者而高兴,甚至因为你一家的领先而使得我们整个湾村都沾光。兄弟、叔伯兄弟之间更是如此,兄弟家有了成就不会导致落后者心里落空,而是为其感到骄傲,就像自己所获得的成就一样。

因为有这些差别的消弭机制,那么差距就不会形成家庭之间的压力,对于年轻男子来说更是如此。而年轻女子是外姓人,她们对与其他家庭的差别较年轻男子更敏感,村落的差别消弭机制对她们来说起的作用较年轻男子要小。因此贫富差别会在年轻妇女心里引起不小的涟漪,促使她们调动劳动力去追赶差距,而不是像男子那样不当回事。但是在八九十年代,妇女的地位并没有高到能够调动家庭资源的程度,因此她们会在家庭资源调动过程中与年轻男子及公婆产生矛盾。

南方村落整合程度较高,血缘认同较强,即便是内部有家族、房头之间的纷争,但是多数年轻男子并不介入其中。那么对于年轻男子而言,不把差别当差距,就不会有改变的压力,也就不会产生家庭之间因比较和竞争带来的紧张感。虽然婆媳之间、妯娌之间有磨嘴吵架情况，但对于年轻男子来说这是外人的事情，不影响兄弟之间感情。他们沉浸在宗族情谊和兄弟情感之中，感受到的是亲情和温暖。那么，对于那些本来就家庭责任心不强的幼子们，待到他们成婚作为小家庭主力介入村落生活，他们就可能依然将村落当作类似于他们未婚时的家庭一样，把辈分高的视为父辈祖辈，把年龄长的视为兄长，年龄差不多的视为兄弟姐妹，依然是小家庭的"襁褓"，他们在其中获得安全感。只要生活过得去，他们就没有动力去获得更多的物质财富，没有动力将家庭硬件条件改善一下，而是更多地跟其他人玩耍、嬉戏。这一切都被长兄或年轻妇女看作是"不成器""不懂事""没长大"的表现。懒汉就这么形成了。

以上叙述表明，懒汉是一个社会结构的产物，是一个村庄在血缘地缘分化不大的情况下产生的一批对血缘地缘高度信任和依赖的年轻男子。他们的人品并不坏，只是他们对差距不敏感，对小家庭的责任心不那么强，不能将差距转化为动力，对小家庭的经济事务不上心，干活慵懒不积极，对家庭的发展没有规划，走一步算一步，但并不意味着他们没有公心，不参与公共事务。相反，他们可能较其他人更乐于帮助别人，更慷慨大方，没有节约的习惯，所有权的观念较弱。在公共事务上他们积极主动，干在前头，走在前列。这些人如果一直有大家庭的庇护，就会生活得较好较为惬意，大家对他们的评价也会较高，认为他们有公心。

随着村落宗族分化，血缘共同体瓦解，小家庭利益的独立性越来越有政治正确性，小家庭之间的经济差别越来越成为人们的话题，那么这些人也就成了人们心目中的"懒汉"。等到他们觉醒之后，为时已晚。到20世纪90年代末期以后,这些人家就成了村里面经济条件落后的人家。这以后,南方村落的竞争加剧了,懒汉也就越来越少了。但总体来说,因为南方村落分化还不够彻底,相互之间的比较和竞争还不够强烈,年轻男子虽然都出去了,但不像孝昌农村那样带着一股劲出去,非得出人头地不可。

四

在孝昌农村,农民对差别的敏感会转化为比较与竞争,进而构成对所有家庭的压力,说明孝昌农村对差别没有消弭机制,而有转化和放大机制。人们在敏锐地感受到与他人的差别后不会上升为"自己人"的荣耀感,反而会因为是"自己人"而将差别放大。孝昌农村血缘宗族的主要特点是分裂性。在宗族内部,每个亲房本门都是相对独立的认同单位,在亲房本门之上有宗族认同,但是宗族却不能将各个独立的亲房本门给统领起来,使其构成统一体。

同样,在血缘较强的亲房本门之内,各个小家庭对该小团体具有强烈的认同,但是亲房本门也无法统合各个分立的小家庭。因此,各小家庭之间既有认同的联系,又有较强的独立性。宗族作为整体无法规约各分裂的亲房本门,而亲房本门也没有强制力约束各个小家庭。这样宗族和亲房本门内部的"自己人"是高度分化的,他们之间因为血缘地缘相近而容易导致比较和竞争,甚至关系越近比较和竞争就越激烈。所以亲房本门的竞争很激烈,亲房本门内各小家庭之间的竞争也很激烈。

也就是说,孝昌农民跟南方农民一样对差别很敏感,但是南方农村因为内部有统一面而使得差别在一定程度上被消弭,而孝昌农民则一方面在"自己人"内部形成了差别,另一方面其"自己人"内部是分裂的,加剧了人们对差别的心理认知,使得对差别的感知就转化为激烈的比较与竞争。

社会的比较与竞争更易发生在相近且有关系的人之间,越是远距离的关系,越不会进行比较和竞争。村庄是比较和竞争的天然场域,而分裂但有认同的血缘集团内部比较和竞争就更是激烈。因为,血缘集团内部若无认同则是"外人",也就无法产生比较与竞争,若是铁板一块则都是"自己人",亦不会产生比较与竞争。只有在血缘集团分化分裂之后,又未完全丧失自己人认同的情况下,比较和竞争才会产生,才会很激烈。

孝昌农村的激烈竞争使得村庄成为一个剧烈的竞争社会,每个家庭都承受了较大的竞争压力,推动所有的年轻人外出拼搏谋生。那么在该社会就较少有懒汉,或者说懒汉在该社会会受到道德谴责,难以安生。而在南方农村,竞争不是很激烈,村庄内部的紧张感不强,一些年轻男子感受到来自其他家庭的竞争压力较少,他们中有些人就会因为安逸的村庄环境而成为懒汉。

五

在西南,比如贵州农村,懒汉相较而言更常见。当地侗族、苗族的村庄相对封闭,内部贫富差距不大,互助合作的氛围还相当浓厚。无论是年轻男子还是年轻妇女,在其中感受到的不是比较和竞争的压力,而是暖心的情谊。因此他们很享受这种氛围,外出打工也是经常没事就返乡,一返乡就是数月。村庄内部没有比较和竞争的时候,村庄就会成为外出务工人员的归属和港湾,人们在这里面生活得很舒适很惬意,那么村庄对外出务工人员来说就有一种强烈的吸附能力。人们舍不得离开村庄。同时因为没有比较和竞争的压力,他们也就没有动力外出务工。他们只有在借钱建房或给孩子交学费、结婚时,才有压力外出务工。

* * *

农民之所以外出务工、干活赚钱,其所需要的动力和压力,一个来自需要完成的人生任务,另一个来自村庄社会竞争。二者一旦结合在一起,农民就会围绕子代教育、婚姻、进城等人生任务展开竞争,进而推动家庭劳动力的高度市场化,村庄懒汉相对较少。懒汉现象一般发生在农民人生任务不那么明确、村庄竞争不那么激烈的地方。(2018.8.29)

孝昌农村"分裂的宗族"

一

湖北孝昌农村属于大别山区。村庄以湾子为居住格局,普遍的情况是一个姓氏占据一个湾子或周边多个湾子。一个湾子可以是一个村民小组,也可以有多个小组。一个行政村由数量不等的湾子构成,既可以是一个姓氏一个行政村,有的比较大的姓氏被分成两三个行政村,也可能是由一个大姓氏和几个小姓氏组成一个行政村。每个姓氏都有相对较强的血缘认同,大多数姓氏有自己的族谱,普遍没有宗祠。姓氏虽有认同,但是姓氏没有自己公共性的事务,无法整合成一个整体,即便是在湾子内,也难以形成宗族组织。

姓氏内部的"亲房本门"是孝昌农村最强的认同,宗族认同既不强于它,也不高于它。除亲房本门内的事务是血缘集团的私事之外,其他事务则全被视为公事,宗族无法自行组织起来做这些事情,必须由基层组织来组织群众做。宗族没有建宗祠、开祖坟山、修订族谱等公共事务,也没有对本宗族土地的公共占有观念,经过本宗族地盘的公路、水渠等也被视为是国家的事情,与宗族无关;在湾村内部,虽然房头门分较亲,但也没"自己的事"观念,即便是湾村或小组的红白喜事,也不是其内部共同来管理,而是被分割在各个亲房本门之内,由里面的"明白人"来主事。而亲房本门也因为人口太少、范围太小,一般不占据一个完整的地域政治空间,因而除红白喜事之外也没有属于自己的公共事业。

就认同来说,一个一两千人的宗族被分为十几二十个具有较强认同和行动能力的亲房本门,每个亲房本门都如同一个楔子一样钉在宗族内部,它们相互比较和竞争,形成不了统一的意见和行动,从而将宗族分裂成一个个的小血缘集团。亲房本门太散,又太多,因此,无法在竞争与合作中形成组织,也决定了宗族不能抑制亲房本门的分割行为,每个亲房本门的利益被认为是最重要的。但是同时宗族认同又确实对合纵连横产生了抑制,大家认为都是一个宗族的,说话做事不能太过,要留有余地。宗族整体的认同越来越弱化,一致性的行动能力基本上瓦解,只有在一致对外姓的"争斗"中才能体现出来。

总体来说,孝昌农村有宗族认同,但无宗族组织,宗族被分割成一个个小的亲房本门,它只能称为"分裂的宗族"。

二

在弱宗族认同和强亲房本门认同的孝昌农村,村里的主要干部一般来自村里的大宗族、大房头、大亲房本门及兄弟、堂兄弟或儿子多的家庭。因为只有兄弟、叔伯兄弟或儿子多的人才能镇得住亲房本门,亲房本门人丁兴旺才能在房头里有地位,房头有地位才能对整个宗族形成影响力。其中最关键的是要亲房本门比较大。所谓亲房就是五服的范围,也就是包括儿子、兄弟、叔伯兄弟和堂兄弟在内,本门就是房头下面的房支,一个宗族一般有五六个房支,多的有十几个。孝昌农村的血缘认同完全符合"差序格局",家庭兄弟认同最强烈,次之是亲房认同,再次之是本门,又次之是房头,最后是宗族。亲房本门和房头的认同不统一于宗族,宗族认同不高于其他的认同。但是亲房本门的认同却能够节制家庭兄弟堂兄弟的认同,成为孝昌农村认同的节点。也就是亲房本门内有共同的和公共的利益,有时小家庭的利益要让位于亲房本门的利益。譬如在外打工做生意,亲房本门内有人办酒席,就必须赶回来操持相关事宜,但是人们不会为了宗族房头成员的事情而牺牲机会成本。

亲房本门大是做村组干部的基础。亲房本门是无原则的、不问青红皂白都要帮衬的血缘集团。亲房本门大,一方面是人多力量大,能够镇得住其他亲房本门,也能够在矛盾冲突中占上风;另一方面是亲房本门要支持本亲房本门干部的工作,无论什么工作都要身先士卒、无条件支持。村干部的亲房本门大,什么吃亏的工作都是亲房本门先完成,这是公平典范。村干部的亲房本门都完成了任务,其他村民就不好意思赖着不完成。包括之前的计划生育和收粮派款,村组干部都是先做亲房本门的工作。再者,在一个小组内如果亲房本门大,小组长亲房本门的工作都做通了,任务就基本上完成了。所以,村组干部一般是要从较大的亲房本门中选取。

反过来说,亲房本门较大,他们也需要有人作为自己的代言人进入村组权力体系,否则如果一个较大的亲房本门罢工,工作就很难做下去。从选票上来说,村干部要通过选举产生,需要有足够多的支持票,本亲房本门较大,就有一定的选票,再加上笼络了小组长,小组长再做其亲房本门的工作,当选就较为容易。

村干部作为亲房本门的当家人被推选为村干部,按理来说是要为本亲房本门维护和谋取利益才是。但是调查中却发现,这些被推上去的当家人非但很少为本亲房本门谋利益,还要首先"牺牲"本亲房本门的利益来做工作。在基层工作中,村干部更多像是上级政府的"代理人"存在。政府下达的几乎所有任务都要尽量完成,甚至不需要向村干部给予利益就能将村干部动员起来完成任务。其中很重要的原因是当选村干部之后,村干部完成了从当家人向代理人的转化。根源在村干部不是宗族的当家人,而只是亲房本门的当家人。作为一股势力,亲房本门太小,村干部无法仅仅依靠它在村庄政治中站稳脚跟,因而最终被基层自治组织体系所吸纳。

因为宗族是分裂的,各个亲房本门是独立的,它们相互之间无法形成有组织的力量,即宗族是没有力量的。但是有力量的亲房本门相对于整个行政村来说,每个亲房本门不过是十几分之一或二十分之一的力量,单个的亲房本门根本无法对村干部个人形成"制约"。同样,村干部所能依靠的力量也只是这十几二十分之一的力量,而不是整个宗族。这样一来,村干部就不能依托亲房本门的力量成为村中主导力量。同时,各个亲房本门也不能联合起来,影响村干部与上级党委和政府沟通。而上级党委和政府却可以依靠村组干部对分裂的亲房本门逐个做工作,首先是将村干部的亲房本门的工作做通,再做小组长、代表及"明白人"等的亲房本门的工作。通过基层自治组织体系的力量基本上就能做通大部分村民的工作,余下做不通的再通过行政力量解决。

对于政府而言,即便村干部不配合工作,他所能动员的力量也只有自己的亲房本门,这并不影响大局。再厉害的村干部在上级政府面前也是没有脾气的。所以,这个村干部除了不折不扣完成上面的任务之外,另一选择就是不担任村干部。那么,对于上级的动员来说,不需要额外的物质刺激,就能将村组干部给动员起来,再通过他们当家人的角色去完成事务。

由此可见,在小亲族地区,小亲族的分裂对于上级落实任务有利有弊,小亲族是合纵连横的,台上的村干部可以将自己小亲族的工作做通,但是台下反对派也因为合纵连横而成为一股不可小觑的力量,他们很有可能阻挡政策的执行,从而使得政策执行得不是很彻底。

在宗族地区,宗族本身是一个整体力量,他们能够强烈影响村干部,如果形成对抗,那么政策落地的效果有时会大打折扣。

在原子化地区,村干部背后是无组织化的个体,只要政府向村干部给予一些物质利益,就会有一些强势、能干的人来争当村干部,他们会将政策执行下去。尽管如此,因为原子化的个体仍可以通过不合作来抵制村干部的政策执行,那么政策的执行也会打一些折扣。

但是在孝昌这个分裂的宗族地区,亲房本门有较强的认同,他们要无条件无原则地支持村组干部代表的工作,同时他们又无法联合起来通过影响村干部影响相关政策,因此,村组干部就很容易将上面的政策贯彻下去,以至一些看似不近人情的政策也能贯彻下去。

村干部听上级的,上级不需要花费额外的资源来动员村干部,所以,当地的税费负担并不是太重。比如征地拆迁,政府没有下放利益,没有将征地拆迁工作包干给村干部。但是村干部在其中仍然做了大量的基础性工作,将征地拆迁工作给做下来了,却没有给村里带来较大的新利益。村子没有变成赌博村,村干部也没有人争着来当。

三

虽然村组干部大多是大的亲房本门出来的人,有本亲房本门支持,但是在工作上却不能因为有大的亲房本门而为所欲为,亦不能因此而优亲厚友,更不能在村里横行霸道,而要讲求公道。因为即便村组干部的亲房本门再大,也只是村民的十几二十分之一,没有达到三分之一或一半的水平。那么在工作中,要同时得到其他亲房本门的支持,就要做事公道,接受其他亲房本门的监督。"一个篱笆三个桩",村组干部首先需要得到其他亲房本门中"明白人"的支持,再由这些明白人去做其亲房本门的工作。村组干部身正影直就至关重要。如果村组干部有私心,其他十数个亲房本门都在盯着,从而引发负面舆论,进而使工作无法做下去。正确的做法是对待其他亲房本门也像对待自己的亲房本门一样,一碗水端平,甚至要对自己的亲房本门更为苛刻,要牺牲在前享受在后。只要村民认为村组干部在对待自己的亲房本门时是公道和无可挑剔的,那么他们就会服气服帖,没什么话说,在工作上便会积极跟随配合。

除了公心之外,村组干部在各亲房本门面前还要有诚信。亲房本门的支持虽是无条件的,是基于血缘的先赋性信任。但是村组干部做工作仍然要以政策为准,要让本亲房本门的人理解政策和支持政策。如果各亲房本门支持了政策,但后来政策许诺却未兑现,这就会使亲房本门对村组干部产生怀疑,等下次村组干部再做同样的工作时就很难堪。

孝昌香花村在2013年的征地拆迁中,政府的政策是基于失地农民"低保"的保障,但是直到现在都未兑现。失地农民多次组织到镇政府上访皆未果。这件事对于村组干部威信的打击非常大,他们失信于自己的亲房本门,等今年再次有征地拆迁任务时,他们再去做工作基本上不得入门,亲房本门用之前未落实的承诺来揶揄村组干部。为此村组干部情绪十分低落,甚至有辞职的想法。香花村的村主任是典型的出自大房头大亲房本门的村干部,虽然不是书记,但是能够当书记的家,村里的许多事情书记都要仰仗于他。但是失地农民低保一事也让他狼狈不堪。我们调查时刚好遇到村两委选举的准备工作,他说再次当选没问题,但是以后的工作会十分艰难,因而他也萌生去意。

由于亲房本门具有很强的认同和一致行动能力,如果某个人的兄弟、堂兄弟及儿子众多,那么此人在村里完全可以如鱼得水。人多意味着拥有天然的拥护者。每个人不仅对自己背后所拥有的私人势力很敏感,同时也对其他人的私人势力很敏感。兄弟、堂兄弟多的男子更有底气和霸气,在湾村里也更有主体性,对湾村的事情总有参与和发言的欲望。亲房本门较少的男子在湾村里则较为低调乃至"偏安一隅",他们尽量隐藏自己,远离湾村政治,以免被人家攻击受内伤。但是对于私人来讲,人多势众可以,但不能随便"展示",因为再怎么说都是一族人,不能做得过火。对于村组干部来说,他们之所以能够上台其背后一定有较强的私人势力,但是在做工作的过程中却需要尽可能隐藏家族势力,不要让人觉得自己是在"以势压人""仗势欺人"。我们调查的一个小组长出身于大门房,自己兄弟和儿子都较多,但是他从来不单独去做其他亲房本门的工作,而是差遣另两位村民代表去做工作,或者必须亲自出马时也要带上至少其中一个代表。因为如果他单独前去做工作,便会使对方敏感于自己亲房本门的力量,给人受压迫的感觉;工作即便做通了,对方心里也不服气,会为此心生怨恨。他还会给人留下蛮横不讲理的印象,使以后的工作难做。而如果他带着其他代表前去做工作,这个代表又是工作对象亲房本门的人,那么就可以降低工作对象对小组长私人势力的敏感,反而认为小组长尊重自己,因而会更给面子。

村组干部之所以在工作中不能随便彰显私人势力,是因为工作对象本身就对势力很敏感,同时村组干部的私人拥趸毕竟在村组中也不是"打遍天下无敌手",也是多少分之一,不可能借此将全村组的工作做下来。对于其他亲房本门来说,直接对抗不了你,但可以不理睬你,打不过你躲得过你,或者在下次选举中不选你。

一个小组长在访谈中说,如果小组有一个人反对你,你就很难当下去。因为只要有一个人公开反对,就等于此人背后的亲房本门反对,闹到村两委后,村两委就要重新推举小组长,此小组长就难以再度担任。香花村90年代有个小组长非常蛮横,仗着自己有五兄弟和大亲房本门,就喜欢使用暴力,甚至将在湾村生活几代人的一户小姓人家给逼走了。他当了若干年小组长后让其他人非常反感。后来村民都采用非暴力不合作的方式进行反抗,村两委只能到组里来重新选举组长,然后推选了他的哥哥担任新组长。因为他们家的亲房本门大、兄弟多、侄子辈多,小组长必定是出自他们亲房本门,否则小组工作就会瘫痪。他的哥哥比他有公心和厚道一些,跟其他村民的相处较为融洽,这一当就是二十多年。

四

孝昌本地将外出闯荡成功的本地人称作"四有人士",包括政治上有地位、经济上有实力、学术上有造诣和社会上有影响的人。四有人士对家乡有感情,有回馈之心,他们在成功之后既想为家乡的村组做些贡献造福乡亲,同时也想通过做贡献在乡亲中获得好名声。他们在外边获得了经济等方面的成就之后,也希望得到乡民的认可。要得到乡民的认可就需要回村,回村不能锦衣夜行,而是要有显示度。一般人的显示度是在衣着和消费上,这些成功人士的显示度则是为村民做实实在在的贡献上。他们拥有不同的资源,这些资源要成为乡民的好处,就得有组织来承接这些资源。谁来承接呢?

亲房本门是最强的认同,但是亲房本门太小,不构成一个政治空间,它没有多少公共事务,包括建设和开发。亲房本门的公共事务是红白喜事,但这些事不太需要四有人士的资源。即便四有人士为亲房本门做了事情,如介绍亲房本门的劳动力到自己公司工厂上班、资助亲房本门的人上学、救助亲房本门的贫困户等,但一方面大家认为这是你亲房本门的私事,与其他人无关,另一方面亲房本门太小,做了这些事情的影响力也小,不能给四有人士带来成就感和荣耀感。

超出亲房本门之外的血缘集团如房头宗族,不仅范围较大,也是政治空间,有自己发展和建设的公共事务。但问题是宗族房头没法组织起来承担这些公共事务。当地农民的认同节点在亲房本门,那么超出亲房本门之外的事情都是公家的事情,私人不会参与进去。所以,即便是房头、宗族的事情,在村民看来也是公事,与自己无关,因而宗族房头无法动员宗族成员个体。所以,在小组或湾子内,宗族都难以组织起承接四有人士的资源的团体,那么只有代表国家的乡村组织才能承接四有人士的资源。

对于乡村组织来说,四有人士的资源禀赋是乡村治理的重要资源,正好可以弥补其治理中某些资源的不足。如做群众工作的权威性资源不足、进组入户及其他零散工程的项目资金不足等,都可以通过组织动员四有人士来弥补。乡村组织对四有人士的组织动员工作,主要是在年节期间四有人士集中返乡时组织座谈和宴请,平常得知四有人士返乡也会给予个别的联系沟通。在村组有公共工程建设或需要做群众工作时,村组就会与四有人士沟通协商以获得他们的帮助。对四有人士来说,乡村组织的组织动员工作,一方面使得他们的资源有落地的可能,也就是乡村组织的工作为他们实现了报效家乡的愿望。另一方面乡村组织对他们的组织动员工作也让他们在乡民中赚足了面子,扩大了他们在乡民中的知名度和认可度,使他们的虚荣心得到了极大的满足。这说明乡村组织和四有人士各取所需,相互的依存度很高。

四有人士的资源需要乡村组织来承接,他们在家乡的价值诉求需要乡村组织来达成,那么他们与乡村组织的关系就会非常密切,他们成为乡村组织进行乡村治理的积极力量。乡村组织的组织动员工作也能够将四有人士纳入自己的工作轨道,不让他们成为联合亲房本门对抗乡村组织的负面力量。

五

"明白人"是亲房本门内的领袖,他们在亲房本门内拥有话语权和身份权威。他们在亲房本门内要做以下事情:一是组织管理红白喜事,二是调解矛盾纠纷,三是协调亲房本门事务,四是代表亲房本门参与村组事务。"明白人"的权威是在亲房本门内的公共事务中自然产生的,并且主要就是红白喜事和清明节祭祖。这些事务都是亲房本门内必须干的事情,也必须要有人来干,而且是义务性质的。那么,在亲房本门中就会有那些积极分子开始是参与进来帮帮忙,随后"做着做着就习惯了",也就逐渐成为他们的分内之事。因为他们所做的是公事,逐渐培养了他们的公心,他们在亲房本门内也逐渐有了主体性和讲公道话的力量,遇到公事他们自然就会出头参与。同时也因为他们是义务帮忙,亲房本门内的其他农户就会欠他们人情,在各种事情上会卖他们人情给他们面子。他们在亲房本门内说话也就越来越有分量。这样对内他们有权威,对外他们代表亲房本门的利益和形象。

每个亲房本门都会有几个"明白人",主管亲房本门内的红白事的那个"明白人"就是亲房本门里最有分量的人物。他们有的人会被推选为村组干部或村民代表。他们在亲房本门内说话一言九鼎,若是对外代表亲房本门,他们的表态发言就代表亲房本门的意见。他们若是做了村组干部,亲房本门即便是受委屈、牺牲利益也要支持他们的工作。在传统时期,他们既掌握了仪式秩序的解释权,红白事怎么搞、请客就座怎么排都由他们来解释,什么是对的,什么是不对的,他们的解释也最有效。即便是乱搞也要按他们的来。但是随着社会不断发展,法律意识增强,尤其是村民对法律的了解越来越全面,这些"明白人"在这方面的权力就隐退,进而只执掌文化权力。"明白人"的重要性和权威性也逐渐降低,"明白人"越来越不明白,或者说用得着他的时候他就是"明白人",用不着的时候就不是"明白人"。"明白人"逐渐不再固定。

六

由于宗族认同较弱，而亲房本门内部又有较强的凝聚力，那么宗族内部亲房本门之间就会形成相互比较与竞争的氛围。它们相互之间首先是比较人数和男丁的多寡，要生儿子也就成了孝昌农村的生育法则，即便是在计划生育最严厉的90年代，孝昌农村也普遍生育两三个孩子，确保其中有一个是男孩。其次是比较哪个亲房本门的家庭经济普遍搞得好。在经济条件为上的年代，哪个亲房本门更能赚钱，做生意当老板的多，他们在当地就有面子有力量，受到他人的追捧。最后是比生活水平，包括衣着打扮、建房买房、开车买车等。衣着打扮既是个人的形象，也是亲房本门的门面。开好车回家有展示性，不仅是个人的风光，亲房本门也跟着沾光。人们经常会对每个亲房本门清数一遍，看哪个亲房本门的车多、豪车多，或者哪个亲房本门最先在县城或市里买房子，买的面积最大的是哪一家，来自哪个亲房本门。

至少在县城买房子被认为是年轻人成婚的条件，也是家庭的面子。过去在湾子里建房是年轻人自己的事情，一般也是年轻人婚后若干年才能办得成的事。父代对年轻人建房没有责任，因为建房没有与父代为子代成婚的人生任务挂钩。但是随着到县城买房成为年轻人成婚的必备条件后，为了子代能够尽早成婚或不成为光棍，必须两代人合力才能在县城买房，那么父代在子代工作后就不能过早地进入退休养老状态，他们还得为子代买房而拼搏。父代对子代的责任在买房中被强化，周围人也开始对那些不给子代买房提供支持的父代有微词。能够尽早在县城买房的家庭会获得他人的称赞,而没有此能力者则受到鄙视。所以这也会逼着父代与子代合力在县城买房。

因为亲房本门要参与村庄竞争,亲房本门内部各个家庭就会有压力。他们即便是为了不给亲房本门丢脸,也要将相关的条件攒足。同时,在亲房本门内部也有强烈的激励机制,那就是亲房本门内部的比较与竞争。亲房本门虽然有强烈的整体认同,但是各个家庭毕竟是独立的核算单位,当一个家庭搞好之后,其他家庭就会有压力,就会向该家庭看齐。经济条件差距越大,就越会激发其他家庭的上进心,从而形成你追我赶的局面。如果某个家庭或某个男子不思进取,那么本亲房本门的人都看不起,并尽量不与之交往。亲房本门内的"明白人"也会斥责这样的人,认为他们没有担当,不为子女着想,不仅将自己家的脸给丢了,还丢了亲房本门的脸。当然由于亲房本门的认同较强,除了竞争之外,彼此还有传帮带的责任和义务,条件好的人会带条件不好的人,包括领着学习、介绍工作、提供资金、项目、市场信息等,从而一个带一个将亲房本门的人带出来。所以会出现这样的现象,即如果亲房本门内出现了一个包工头发家致富,若干年之后这个亲房本门会出现一批致富的包工头。搞废品回收公司,做其他小生意、开厂等,皆是如此。

这样,在孝昌农村,不仅亲房本门之间有较激烈的竞争,而且亲房本门内部也有激烈竞争,就使得每个家庭都承受着竞争压力。由于当地土地较为贫瘠,比较和竞争的压力就促使各个家庭到城市去寻找机会。而城市的机会又相对较多,资源较为丰富,因此容易使家庭条件得到较大改善,从而也使得村庄竞争的标的大幅提高。向外争取资源的竞争使得村庄间竞争很激烈,但是村庄内部的社会关系并不紧张,没有割裂亲房本门内的互助合作。

从调查来看,孝昌村庄内部的比较与竞争有以下几个特点:

一是显现化、表面化严重。竞争很激烈,但是竞争的标的物又没有跟农民的人生任务即为儿子娶媳妇、建房子、进城等挂钩,那么竞争标的物就只能是与能够看得见具有显示度的外在条件相关,包括穿着打扮、车子房子等。因为竞争是村庄内的竞争,是农民在村庄内获得承认和地位的途径。因此在外闯荡后就不能不回村庄,回村庄就不能过于低调,而是要让人看见自己这一年或若干年的努力。即便在外边没有混出人样,但至少回家要光鲜亮丽,回去之后不能太拘谨小气,否则就让人瞧不起。所以妇女返乡都要穿金戴银,男的回家必开车。如果遇到酒席返乡还要借豪车。回家后不能不上牌桌,上了牌桌也不能捂紧口袋。一切都为的是不让自己在人群中丢面子。表面化的比较和竞争还表现在口头上。

二是竞争者都"憋了一口气"。孝昌农村少有"世家贵族",都是数代平民。在八九十年代有一批外出闯荡的人发家致富,成为他人奋斗的榜样。他们带动了其他人在2000年以后发家致富。孝昌农村做生意成功的人不在少数,每个湾子都有一两户千万富翁,还有数户至上十户年收入上百万元的农户。10万元是当地的中等收入线。这些农户成了当地农民比较和效仿的对象,他们开豪车回家,在村里建别墅,在县市买房子、置产业,在牌桌上一掷千金,给其他青壮年农民很大的压力。这些青壮年说祖辈穷、父辈穷,我这一辈不能再穷了,总不能穷三代。他们于是憋了一口气外出闯荡,怀着"不成名誓不还"的抱负。他们在外闯荡一般不进工厂、不做流水线工作,而是做生意,例如开办建筑公司等,这样赚的是活钱或大钱。也有个别年轻人希望赚快钱改变命运,去搞电诈、"换袋子"(以调包形式骗人财物)、高利贷等。

三是竞争者很重视社会关系。因为孝昌农村的农民多是做生意,这些都仰赖于市场信息,而这些信息又多源于熟人社会的社会关系。所以他们对这些关系很看重,也很注意构建和维系社会关系。我们调查的一个小组长的儿子,他的年轻人朋友群有80余人,在他结婚的时候,这些人都来赶礼吃酒席了。而只要这些人家里有酒席,他即便远在贵阳也会赶回来。因为如果朋友久不聚会就会生疏,他需要帮忙的时候就找不到人帮忙。(2018.9.15)

农村公事中家族代表的虚与实

一

湖北孝昌农村讲究"亲房本门",每个姓氏都有若干个这样的小认同单位,它们在村组治理中扮演着重要的角色。每个亲房本门多是五服到十服的人口规模,跟北方的小亲族有点类似,其内部有主持红白喜事和调解纠纷的"明白人"。亲房本门内部有什么事情,都由这些"明白人"出面解决,他们在亲房本门有一定的话语权和决定权。村组要做某亲房本门内的工作,并不是找到做工作的对象直入主题,而是先要找到其亲房本门内的"明白人",由他们去做一些基础性的工作。小组要做公益事业,需要本小组内的所有家户支持。除了召开小组全体会议之外,主要是要召集每个亲房本门内的"明白人"开会,由他们去做做宣传工作,如果有钉子户,也由这些"明白人"把工作做通。一般来说,只要村组尊重了这些"明白人",不撇开他们,一般都可以将工作做通。之所以如此,有几个方面的原因:

一是每个亲房本门都是一个有较强认同的单位,每个亲房本门都有一定的户数和人数,在村庄内部也是一股势力,村组工作需要得到他们支持,就得尊重他们的存在。每个亲房本门都势均力敌,一个亲房本门压服不了另一个亲房本门,所以每个亲房本门都需要得到同等对待。如果一个亲房本门的工作做不通,村组的事情就可能办不了。那么,在亲房本门中就需要出一个或多个代表来对接村组。由他们来代表其亲房本门的意见,工作也由他们来做。

二是孝昌农村的姓氏有认同,但缺乏组织性的力量,因此亲房本门是相对分裂和独立的,彼亲房本门的人做不了此亲房本门的工作,只有亲房本门内部的人才能做通自己人的工作。这样这个代表本亲房本门的人就不是随便什么人都可以充任的,必须是能够将亲房本门工作做通的人,也就是其内部的"明白人"。

孝昌湾子内部的事务较为有趣,湾子或小组并不是一个具有完全自主行动能力的单位,小组跟其他地方一样是一个人情单位,有红白喜事大家都凑拢在一块。但是红白喜事管事的人在小组却没有统一起来,而是由主家的亲房本门内"明白人"充任,这些人其实也是在本亲房本门内的公共事务中成长起来的。这些人本身就有为自家人服务的意识,然后他们在代际传承中不断凸显自己的角色与身份。用农民的话来说就是,开始是帮忙做,做着做着就习惯了。只要亲房本门有什么事,他们就会主动上门。即便是在外出务工的条件下,只要主家打电话告知了,这些主事的人也会赶回来。因为这些人乐于帮助人,无私奉献,在介入和评论公共事务中自然会出于公心,当亲房本门出现矛盾纠纷的时候,也多请他们居中调解。他们自己也觉得有义务和责任将亲房本门的事情处理好,不让其他亲房本门的人看笑话。

这样一来,他们一方面对亲房本门内其他农户会形成一种"势能",即其他农民欠他们的"人情",未来还有求于他们,在他们面前就要屈人一分;另一方面,他们说话办事公道,在亲房本门中说话就有分量。总之亲房本门的其他人更容易听他们的话,卖他们的人情,给他们面子,他们来做工作也就容易做通。所以,孝昌农村亲房本门的代表必定是有一定权威的"明白人"。

二

在南方宗族村落,情况就跟孝昌的亲房本门不同。虽然一个湾子也同样是一个姓氏,但是宗族村落的血缘整体认同较强,而抑制了五服、房头势力的彰显。房头五服是很近的血缘,认同应该也是最强烈的,但是因为有宗族的整体认同,房头五服认同就不会过强。南方宗族村落的公共事务一般是在湾子这一层级,房头五服内的事务较少,尤其是红白事都在湾子层级举行,湾子里有专门的一套红白事理事会班子,由他们来分工负责不同的事务。五服内的共同事务更多的是生活性的,不具备组织性和政治性,因此也难以形成内部权威。比如五服内组织清明节扫墓祭祖,一般是由五服内最年长的男子来召集主持,长者卒或不管事则次长者接上。这是一个顺位问题,而不是权威问题。

在湾子的公共事务中,也要成立理事会之类的自管组织,如修建祠堂、通组路等,由理事会来负责筹划、募捐和做工作。那么理事会成员的产生需要经过全湾农户开会通过。湘南水村上半年清明节后筹划重修扩建祠堂事宜,就成立了一个理事会。其成员首先由湾里几个积极分子商量确定,条件首先是在村,能够参与理事会的具体事务;其次是较大的房头五服要有代表;再次是将那些预期中可能工作不好做的农户纳入进去,先给他们把"高帽子"戴上;最后是将那些特别积极、有魄力的人选进来。拟好这个名单后再开全体会议通过。这份名单各方面因素都考虑较为周全,在群众会议上一般不会产生异议。讨论通过之后,理事会就开始运转,它做出的决定就代表全体村民,其他人不能有异议。

成为理事会成员的条件有几个可以讨论的地方,一是房头确实要有代表,不能一个房头把事情全做了,不同房头内部较大的五服也要有代表,但不是每个五服都需要有代表。如果较大的五服没有代表,他们中就会有人有意见,认为忽视了他们的势力,他们为此可以做钉子户。由于这些五服人数较多,他们做钉子户后,如果将他们撇开,让其他村民来搞事务,会使得费用奇高,承担不起来,还可能造成宗族分裂。而较小的五服不一定需要代表,是因为他们在村落里和公共事务中兴不起风浪,将他们排除在外,村落的公共事务也照样搞得起来。小五服会慑于宗族力量而不敢做钉子户。二是即便是选入理事会的代表,也不一定是房头五服里面的"明白人",而有些特别积极的人选进来也不一定是大房头大五服的人。在这里,"代表"就是代表而已,代表某个房头五服里面出了这么一个人,意味着宗族尊重了你这个房头或五服的人头和势力。譬如水村理事会就有一个不到二十岁的小伙子,他被选进来,与他那段时间在家有关系,也与他所在的是一个大的五服有关。还有一个被选入的也是一个大的五服代表,虽然他在家庭里是老大,但他一般不问及家族五服的事情,更不是在五服里一言九鼎的人,选他进来是因为他跟那几个召集人关系较好。

所以,理事会选代表更多的时候是"意思一下"而已,真正最基础的工作是为数较少的那四五个积极分子。这些积极分子背后都有大的房头五服和多个兄弟做支撑。之所以南方宗族村落选代表不是选

"明白人",而是选"名分",与宗族认同具有整体性有关。一方面是宗族认同高于房头五服的认同,湾子的利益高于房头五服的利益,在宗族村落具有政治正确性。理事会一旦被村民会议认可,他们就有做其他任何房头五服内农户工作的权力,而不一定需要房头五服内其他人做中介。加上并不是每个房头五服内都有"有说分"的人。另一方面是,这个代表并不是为了能让他们去做工作,而是意味着他同意了的事情就代表其房头五服都同意了。只要做通了他一个人的工作,那么就等于做通了其房头五服内所有人的工作。如果其他人还有异议,要做钉子户,那么这个人和理事会都可以去做工作,如果工作依然做不通,就可以在此人的许可下使用非常手段。再一方面,理事会是在使用权力,而不是私人暴力,更不会被认为是其成员背后的房头五服的势力,而是宗族的公共意志。

* * *

孝昌的宗族较虚而亲房本门较实,那么就必须找到能真正代表亲房本门的人来做"代表",且每个亲房本门同等重要,也就都需要派出代表,其代表必定就是其亲房本门内部的"明白人"。南方宗族村落宗族较实而房头五服较虚,那么房头五服的代表也更多的是名分,并且不是每个五服都要派出代表,只有那些强大的房头五服才会有代表。(2018.9.12)

"乡贤"归根的难处

一

新"乡贤"经验是浙江的经验,2018年中央一号文件《中共中央、国务院关于实施乡村振兴的意见》强调要"积极发挥新乡贤作用"。有人说乡村振兴很重要的是要留住农村的人气,而光靠农民又无法建设好农村,还需要从城里引进新的力量,新"乡贤"就很重要。新"乡贤"是从村里出去到外边工作的人,他们有外边的生活经历,有知识、资源和社会关系等,可以将这些资源纳入乡村振兴之中。新"乡贤"进村是基层统战工作的重要方面。浙江在这方面工作做在前面,其他地方也有类似的经验。它有两种基本的形式,一种是仍然在职的新"乡贤",他们在村外仍有自己的工作,乡村两级通过各种形式将他们组织起来,以充分利用他们手中的资源,他们要么在乡村治理中出钱出力,要么出想法、做工作。另一种是退休的新"乡贤"回到村里来生活,乡村两级通过相关组织形式和政策措施,能让他们留得下,起得了作用。比如有的乡镇通过村民代表会议的形式给返乡新"乡贤"批宅基地,让他们能够在乡村待得下。同时通过设立顾问委员会等组织让他们有发挥作用的空间。

在浙江这两种形式的作用都发挥得淋漓尽致,一方面使得乡村治理获得了更多的治理资源,另一方面这些新"乡贤"也获得了家乡党委政府和群众的尊重,他们也有热情和积极性参与家乡建设。二者相互促进,形成良性循环的基层统战生态。这些新"乡贤"在农村有一定的根基和权威,能够动员一定的群众,他们又拥护党及农村政策。基层党组织便可以通过他们深入农村群众和动员群众。但是,并不是所有农村都可以像浙江农村这样能够将新"乡贤"返乡政策实行得好。

二

浙江农村能够将两种类型的新"乡贤"都组织起来、和他们建立统一战线,发挥他们的功能,与浙江地区农村的社会结构有关系。

浙江农村是以姓氏为基础形成的聚居村落。过去一个聚落一般为一个宗族,宗族里有祠堂。现在宗族姓氏的认同已经淡化,宗族作为一个统一体不复存在,宗祠也纯粹成了历史文化概念,不再具有凝聚族人的功能。但是从宗族走出去的人对村落和宗亲仍有较强的情感,他们希望自己的村落能够建设得更好,自己的亲人能够生活得更好,也有为家乡贡献自己力量的想法。同时,在浙江农村地区,市场经济发展较早较快,农民较早地加入到了地区工业化发展的进程之中。最近二十来年,当地农村的社会分化十分显著,形成了高度的阶层分化,既有较多由亿万富翁组成的条件好的农民,也有由务工群体组成的条件较差的农民,中间还存在大量务工和经商的中等条件群体。财富占有成了当地农民分层的主要依据,拥有财富也成了权力和权威的象征。

那么，既然他们对家乡有感情，又有财富等资源，就可以将他们引入乡村治理之中，让他们成为乡村治理的正能量。财富跟权力还不一样，权力可能随着职务、年龄等变化而变化，而财富则可以在年老之后依然拥有。所以当地农民企业家即便在退休之后，依然是财富的拥有者，他们进村之后还是会受到村民的尊重，因而依然能够发挥相应的作用。

在中国的北方农村地区，走出村庄的农民即便介入村庄事务也不会成为新"乡贤"一类的人。北方村庄是多姓杂居的聚落，姓氏内部尚有一定认同和行动能力，姓氏之间则在村庄内竞争各种有形和无形的资源，尤其是在政治权力的竞争上是非常激烈的。因此姓氏之间的政治生活往往是竞争关系，而不是伙伴关系。走出村庄的人也更多地被看作是姓氏内部的人，而不是村庄的人，他们对姓氏的感情超越了对村庄的感情。他们的资源即便是进村也是服务于姓氏而非村庄。如果他们被当作新"乡贤"请进村里，往往被认为是介入姓氏之间的竞争，增加本姓氏竞争的力量，而不是为整个村庄服务。因此，他们的进入会为其他姓氏者所警惕乃至排斥。也因此，在北方农村一般较难出现所谓的新"乡贤"。他们有本事走出村庄，但相对较少用自己的资源服务于村庄。

三

在南方宗族村落，一个或多个村落为一个单姓宗族聚落，虽然房分或五服内的血缘认同是最强的，但是整个宗族的认同作为笼罩性力量和政治正确可以抑制房分或五服之间的竞争。宗族成员对宗族和村落有较深的感情,对于走出的人也有较大的期待。读书走出村落,不仅仅被看作是个人和家庭努力的结果,而且被看作是整个宗族和村落培养的结果。所谓"鱼大塘里出"就是这个道理。因此一旦出现有本事之后代,宗族就有要求回馈的权利,后代也有回馈的义务。这样,那些走出去的人就会成为村落治理的"第三种力量",只要村庄搞事业,他们就会捐钱捐物,或者出谋划策。如果不履行这些"义务",不仅自己被村里人瞧不起,他们在村落里的亲属也会被人数落。这些人介入村落和宗族的治理被认为是理所当然的,既是义务也是权利,不会像北方村庄那样被认为是介入村庄政治竞争。这种村落内部借助走出去的宗亲成员力量进行治理的现象,从走出去这些人的角度来看,需要满足这样的条件,即他们有能力支持家乡建设,包括拥有权力、社会关系、金钱等资源。拥有这些资源最丰富的时候是退休之前,退休之后这方面的资源就少了,村落对你的期待也就较少。

我的一个受访对象,老家在浙西的衢州,农村社会结构跟江西一样,属于南方的宗族村落。家乡对走出村落的子弟有较高期待,后者也期望对家乡做更多的贡献。这个受访者之前一直有个想法,他们家乡环境非常好,森林覆盖面积广,没有受过工业污染,打算等到自己退休之后就回老家造个房子养老。但是最近几年在老家看到的一个人的遭遇却打消了他这个念头。

此人十几年前是他们市某个局的局长,属于村里走出去的权势地位较高的人,在村落广为人称颂和推崇。村里人在八九十年代买火车票都是通过他走特殊渠道。家里有什么事情要办也首先找到此人。此人每次回老家,村民都会去他家凑热闹,嘘寒问暖,还邀请他到自己家去吃饭。每次村民都是排着队请他吃饭,到哪家去吃饭都由他母亲来安排。此人在任的时候，可谓受到村民极大的尊重，他们家也是门庭若市。他也有回老家退养的想法。他在退休前同他妹妹家商量，由妹妹家将房子建好，其中一层作为他退休后的住处。退休后他果然回到老家生活，但是境况却发生了翻天覆地的变化，村里人并不像他在任时那样尊重他，连他妹妹的后辈也对他有意见。至于请他吃饭的人基本上没有了，还有人背后说他坏话，甚至说他是贪官污吏。这给他的退休生活蒙上了阴影，使他不得不再次搬回城市居住。该局长的遭遇给了这位受访人很大的冲击，他突然发现了人情冷暖、世态炎凉，打消了回老家退养的念头。

四

新"乡贤"与过去的乡绅所处的环境有很大的差别。乡绅一般是致仕的官员，在朝的时候有权有势，能够为家乡做些贡献，还乡之后仍然还有体制性身份和相应的待遇，在朝中还有一定的威望，依然能够荫庇左邻右舍。乡绅还是文化群体，他们掌握着其他农民所没有的文化权力，在回乡之后还能够负责乡村的教化和文化传承，因而他们有一定的文化权威。因此乡绅在乡村依然处在社会上层，他们能够满足村落和当地社会对他们的期待，对乡村社会的教化和治理有着举足轻重的影响。

然而新"乡贤"所处的环境已经发生了较大的改变。首先，在中西部乡村新"乡贤"一般与权力联系在一起，在他们有权力的时候尚有能力给家乡做些贡献，退居二线或退休之后，满足乡里对他们期待的能力下降。如果进村做新"乡贤"，则会完全丧失影响力。待在城市与村庄和村民保持一定的距离或许还有"美感"。其次,农村传统文化、礼仪逐渐消亡,新的文化取代旧的文化,仪式性活动也不再复杂,一般的人就能够应付,因而在文化上对新"乡贤"的需求不大。三是现如今信息发达、资源多元,农民的需求能够从多方面被满足,他们对新"乡贤"的依赖程度降低。衢州这位受访对象介绍说,他们县八九十年代在北京市有一个副师级的军队干部,当时是整个县里的红人,县里官员只要到北京办事都得上门拜访求助。而那个时候他给县里做得最多的事情是购买火车票,那是一票难求的时代,能够及时搞到火车票,对于官员和商人来讲都是极大的资源。还有一个事情就是指点村民如何去各个部门办事,一个指路的角色。现在高铁出行方便,网上随时能够买票,同时电子地图的精确位置,使得上述两个方面的需求都能够被满足,对相关社会关系的依赖程度就不高了。所以,在宗族性村落,新"乡贤"在有权力的时候尚能够给予村民一些帮助,退休之后就很难发挥作用了。与浙江沿海农村以财富为基础的新"乡贤"不同,许多南方宗族村落以权力为基础的新"乡贤"只在工作期间可以发挥作用。

* * *

归纳一下,在浙江以财富为基础的新"乡贤"有影响力,也能够回应基层治理的需求,在一定程度上具有群众动员能力。在北方农村走出村庄的人回不了村,一回村要么是为了派系斗争,要么被认为是来搞派系斗争的,因此难以出现"乡贤"。在南方农村则是这个人一旦回村就完全没有了影响力和价值,因此也难以发挥新"乡贤"的作用。这些人要想为村里做贡献,或者保持一定的影响力,就得与村庄保持距离。(2018.3.14)

基层找谁做工作

一

农村基层工作中,有一项重要工作是做农民的思想工作,以使农民将思想统一到乡村组织上来,配合基层干部的工作。做农民的思想工作是走群众路线的一个部分。我们在浙江农村调研时发现,由于浙江省对农村社会的改造工作一直以来就项目繁多,包括征地拆迁、公共基础设施建设和改造,这些都需要占用农民的土地,与农民直接打交道。为了便于做农民工作,乡镇的联村工作一直就做得较实。他们不仅熟悉村民的基本情况,对村庄历史也非常熟悉。他们平常与农民建立感情,等到要做工作时就好做了。

有个联村干部说,你要征用农民的土地,讲理讲法他死活都不同意,但是当你跟他说我们还一起抽过烟呢,农民的思想立马就转变了。"一起抽过烟"就意味着双方有私人交情,在工作中就不能"公事公办",要相互给面子。这是一种将政策变成感情、将公共事务转变成私人关系的工作策略。

乡镇干部对农民的熟悉和感情联系程度不及村组干部。在农村工作中,大量细小琐碎的基础工作都是村组干部做的。只有少量农民的思想工作村组干部做不通,才交给乡镇干部来做。乡镇干部以政策、感情和面子做工作,有一些可以做得下来,有一些仍然做不下来,就需要找另外的人来做工作。在各地农村访谈,我们发现基层干部一般找跟农民能说得上话的亲戚朋友来做工作。这些人上场后工作基本上就做通了。

这些被请来做工作的人具备两个条件,一是这些人乃农民的亲戚朋友,二是这些人能够跟农民"说得上话"。前者是指他们与农民相熟,这是基础性条件,使他们能够顺利进入做工作的现场,与农民建立信任关系。后者意味着这些人跟农民在社会关系上有某种"势能",能够给农民施加社会关系上的压力。

在具体做工作中,这些"说得上话的亲戚朋友"讲的道理一般包含三个方面,首先是他们与农民之间的私人感情,把"自己人氛围"烘托起来;其次是讲政策和公共的大道理,就是办好事对大家都有好处;最后是讲小道理,这个事情同意之后对农民家庭有什么好处。实际上后两个道理乡村干部都谈过,农民自己也很清楚,关键是谁来讲的问题,这就需要有第一个方面的环境营造。

在不同的农村地区,由于社会结构差异很大,基层干部找的这些"说得上话的亲戚朋友"就可能千差万别。不同地区的基层干部各有自己成熟的套路。

二

江汉平原是典型的中部农村,社会结构较为松散,血缘地缘的连接纽带不紧密,核心家庭之上缺乏更高层次的较强的血缘认同单位。

该地区被称为原子化地区,人们与其他家庭建立联系的方式是"赶人情"。由于血缘认同不强,每个人除了核心家庭之外,没有其他的支撑力量,每个核心家庭的力量都差不多,在日常生活中都要依赖其他人,都要小心翼翼地维系与他人的关系。因此,农民对走人情就很在意,轻易不会中断与他人的人情往来。在日常生活中,农民也不会对其他人讲狠话,而是讲道理。

在荆门、荆州等地农村调查发现,在原子化社会结构中生长出来的某些强大的个体,如身材高大、性格强悍的人,他们不需要依赖社会结构,反而社会结构需要他们,他们就可以对其他人不客气,可以破坏公共规则,这就是所谓的强人,或"狠人"。原子化的社会无法规训这些人,个体家庭对这些人只能敬而远之。他们是村里的"大社员"。在收取农业税费的时代,这些大社员很容易成为"钉子户",基层政府有时候对付"钉子户"的办法就是让这些人担任村干部,让他们去对付那些没有担任村干部的"钉子户"。

原子化的个体家庭不能联合起来,基层干部在做工作过程中,就可以对农民逐一进行。大部分农民家庭是普通农民家庭,既不威猛也不强悍,不会成为"钉子户"。能够做"钉子户"的是那些村干部也奈何不了的小精英,包括"大社员"、有点儿文化、有点儿脾气浑不吝的人。他们做"钉子户",村干部做不了他们的工作,就得基层干部去做。基层干部一般是找人来做工作。他们有时找的是有狠气、有拳头的人。这些人在当地颇有社会关系,跟政府有关系,跟农民也相熟。农民平时跟这些人没有什么交集,但是在征地拆迁中,基层干部就会找这些人去做农民的工作,或是将这些人选为村组干部,或招进拆迁队。这些人上门做工作也讲熟人社会感情和大小道理。农民看到的是他们背后的势力。农民担心的是,如若不听从他们的安排,就会受到威胁,这些人在政府工程落地和征地拆迁中由此攫取了利益。

在江汉平原农村,强人成为农民"说得上话的亲戚朋友",其成立的前提是个体家庭不能联合起来,该社会结构中生长出来的强人就可能主导和玩转该结构。一些当地基层干部正好利用了强人与原子化社会结构这层关系去做工作,完成任务。

三

浙江东部农村的民营企业家聚集,许多村都有数个到十数个不等的中等规模以上的企业。由于浙江城乡一体化程度较高,以及这些企业高度依赖当地形成的产业链,当地农民企业家一般都不离村,属于在村富人。他们参与村庄的人情往来,甚至主导农村的消费水平和时尚。除了中等规模以上的企业以外,当地农民还兴办了大量的小微企业和家庭作坊,它们是中上规模企业的下游企业,对上游企业较为依赖。同时大量的农民在本地企业务工,青壮年农民则主要在本地企业中下层管理岗位工作。浙江农村基本上实现了农民的本地化就业。

拥有中等规模以上企业的农民企业家在当地镇域范围内交往广泛,形成了一个巨大的关系网络。这些农民企业家办酒席一般在50桌到100桌之间,规模最大的超过200桌。他们把只要能扯上关系的企业家都拉进自己的人情圈。农民企业家的社会关系是生产性的,相互之间有较紧密的利益关联,在能够帮上忙的地方可以给予帮助。不仅农民企业家之间联系紧密,甚至这些企业家二代之间也有庞大的朋友圈。这些企业家除了在经济上占据了当地的优质资源外,他们还通过村两委、党代表、人大代表选举获得当地的政治资源。

这样,这些农民企业家相对于其他农民就有以下优势,一是小微企业和作坊主在产业链上依赖他们,二是其他农民在工作机会上依赖他们,三是他们有政治资源,意图分享村庄资源的农民依赖他们,四是他们内部关系较为紧密,而条件较差的农民则是一盘散沙。

基层干部要解决"钉子户"和上访户问题,一般就找农民企业家去做工作,乃至支持他们竞选村干部。对于那些在经济上、就业上和政治上依赖他们的农民来说,工作较易做通,而对于那些与他们没有直接社会联系和利益瓜葛的农民,他们也有一套行之有效的方法。因为农民在本地就业,即便不在本村的企业就业,也会到镇域范围内的企业就业,而镇域范围内的这些企业家都是相互联系的,如果某农民做"钉子户",乡村干部便可通过企业家的关系网络去做这家"钉子户"的工作,毕竟该农民的儿子或媳妇的就业是依靠这个关系网络的。或者让该企业的职工去做他们亲戚的工作。这些农民企业家甚至可以影响"钉子户"和上访户子女的婚姻问题。

在浙江农村,农民企业家成为基层干部,做农民工作中"说得上话的亲戚朋友",与当地社会结构原子化程度较高,而企业家又在当地社会结构中占有资源优势有关。农民企业家总体性占有资源,构成对其他群体的庞大压力,其他群体迫于压力而放弃对抗。

四

苏南地区承接我国上海、台湾地区以及日韩等国家的产业转移,工业发达,城乡一体化水平高。与浙江农村不同的是,苏南模式经历了乡镇企业和园区经济两个发展阶段,农民私营经济并不密集,本地农民企业家较少。由于本地较早进行工业化和城市化,农村土地国有化程度较高,农民离土之后地方政府承担了他们的养老、医疗等保障。20世纪八九十年代离土的那一拨农民除少数承包转型的乡镇企业、做门市、办厂等做了老板之外,大部分都进入乡镇、外资、园区等企业就业,从事体力劳动,少数人从事中上层管理工作。在体力劳动岗位就业的农民一般做些纯体力活,这一代人能吃苦耐劳,工资也就不低。这一代农民除了在村里建有两层半的楼房或别墅以外,一般在乡镇或县城也买了房子。即便过去没有买,待到子女结婚双方家庭也会合力给子女买商品房。这一代农民有养老保险,退休后有退休金,他们在有劳动能力时积攒财富,每个家庭都有一到三套房子。由于城乡一体化的发展,他们在县乡村的房子具有相同的实用价值。从这些收入和保障来看,这些农民属于典型的中等收入群体或中产阶级。这样的家庭在苏南农村占家户总数的80%以上。他们的家庭环境和家庭收入使得他们的子女从小就在城市过着中产阶级的生活。

待到这一拨农民逐渐退休,他们的子女进入劳动力市场。一方面父辈不希望他们的子女再经历他们所受过的苦,不愿意他们的子女从事他们过去从事的脏乱差累危险的体力活。于是这些岗位大量地被外地农民工获得。另一方面是他们的子女从小生活在中产家庭,过惯了体面生活,也不愿意去干体力活。因此这些中产家庭的子女只愿到那些文字、行政、管理等岗位就业,包括企业中上层管理岗位,但这些岗位较少且有学历要求。那么,除少部分考上了当地的公务员外,大量初高中、大专和一般本科院校毕业的中产家庭子女到哪里就业去了呢?

苏南地区属于发达地区和人口流入地,老旧的社会治理事务成倍增长,新兴的社会治理问题不断涌现,就使得该地区的社会治理较为复杂,需要新增大量的机构和人员来接管这些事务。但是基层的公务员和事业编制又是有限的,于是在财政充裕的情况下当地基层就大量招聘社会用工。例如,每个行政村和社区都有数个社会用工岗位;乡镇部门不仅设置齐全,且编满岗满,还招聘有少量社会用工;招聘社会用工较多的单位是城管综合执法局、综治中心及办事大厅。一个普通乡镇的社会用工足有上千人。

有趣的是社会用工岗位不仅工资达到了当地的平均水平(但较工厂技术工低),并且属于组织部门考核聘用,有社保医保,还有长远预期和晋升空间。长远预期是指没有犯错误一般不会解聘,晋升空间是指这些社会用工被分成不同等级,对应不同的工资级别。也就是说,他们的编制虽然不是公务员或事业编,但也相当于政府、事业单位的正式工作人员。这些岗位的工资虽然不及厂技术工人工资,但是工作体面,按时上下班,有周末和年假,还有一定的管理权限。这些年轻人一般一对夫妇一年有 10 万—15 万元的收入,但他们一般都花光没有积蓄。之所以能如此,与他们背后的两个中产家庭有关系。

由于这些社会用工对当地中产家庭来说较为体面,因而当地年轻人和中产家庭也较为看重。又因为这些岗位较多,当地中产家庭几乎都能与这些岗位扯上关系。因此,当地基层干部在做难做的农户工作时,首先让村组干部做些基础性工作,主要就是梳理该农户的社会关系网络,看他们家的亲朋好友有没有在政府事业单位工作的。于是很容易梳理到这些社会用工头上来。他们也就成了当地做工作的主力人员。譬如,某农户是钉子户,而他的侄子在乡镇城管队做协管队员,政府叫侄子去做叔叔的工作,如果叔叔不听从侄子的意见,侄子有可能就要丢掉这份工作,那么叔叔在权衡利弊的情况下就会妥协。

苏南乡村地区社会结构的突出特点是中产家庭较为普遍,而他们子女的工作关系又多与政府有关系,基层干部自然会将这部分人推向做工作的第一线。

五

湖北孝昌农村的社会结构是分裂的宗族。因为宗族分裂,宗族内部竞争压力很大,推动当地年轻人外出闯荡。当地人在八九十年代就已外出做建筑工作或做小生意,经过二三十年的拼搏,有一拨人成为大老板和小老板。这些老板在不同的村分布有多有少,但基本上每个小组都有两三个到四五个年收入数百万以上的大小老板。这些老板在外开公司赚钱了,有回馈家乡、造福桑梓的意愿,但因为其所在的宗族是分裂的,所在的小组也分裂成不同的亲房本门,而宗族或亲房本门又组织不起来,因此无法承接这些老板的资源,也无法赋予这些老板以荣耀和价值体现。

在基层能够承担这些任务的只有乡和村两级组织。而对于乡村两级来说,他们要在乡村搞建设需要资源,除了向上争取资源外,这些老板的资源也是他们所需要的。于是二者一拍即合实现了资源与组织的对接。小老板由村级组织对接,由村级组织赋予他们荣耀感,大老板则由乡镇来对接,由乡镇赋予他们荣耀感。这些对家乡有贡献的大小老板被孝昌县党委政府称为"四有人士"。一般来说,四有人士的资源最终都会进入他所在的村组。小组有公益事业就由村组出面向四有人士纳捐,村里办公益事业就有乡村两级组织出面向财富较多的四有人士纳捐。这些四有人士或多或少都会贡献自己的力量。有的四有人士在赚钱后还主动问村干部有什么事要做,他来捐钱。

这些四有人士对宗族和亲房本门有认同,他们与乡村两级干部又有良好的社会联系。那么,村组在搞建设中一旦出现"钉子户",村组干部首先是通过"钉子户"亲房本门的"明白人"去做工作,如若做不通就找在外的四有人士出面。这些四有人士一般都是在经济上、官场上和文化教育上有成就或有一定职务的人,他们回应过村民的期待,在村民中也有威望和影响,由他们出面做工作成功的概率要大些。

孝昌农村分裂的宗族使得当地农村出去的四有人士不仅与村民有较深的联系,而且与乡村两级组织也有较好的关系,他们也就成了基层干部做农民工作的必备人选。

我就曾陪同孝昌县王店镇齐岗村村支书一起跟该村施家湾两位四有人士吃饭。事情是齐岗村要在施家湾修一条路,但是施家湾一些对村干部有意见的人出来阻挠,村干部就邀请了施家湾两位在孝昌县工作的四有人士出面做工作。一位是孝昌县一中的纪委书记,另一位是在县局做副局长,两人在施家湾说话都有分量。

六

总结一下,基层干部做农民的工作要调动一切可以调动的资源,但最重要的资源与当地农村社会结构有关系。做农村工作要抓住农民的"软肋",农民最在意谁,而政府又能调动谁,如果二者能够结合起来,那么这个人就是打开农民那把锁的钥匙。浙江农民在本地企业工作,在意的是老板对自己的态度,农民企业家就是做农民工作的首选。江汉平原农村农民各自为政,无宗族可依靠,强人就会派上用场。苏南农村中产家庭在意的是子女体面的工作,而体面的工作掌握在政府和事业单位手里,充任这些岗位的人就可以成为做农民工作的人。孝昌农民对四有人士有认同有敬畏,而四有人士又与政府关系好,四有人士出面做说服工作最好不过。

但是,政府寻找跟农民"说得上话的亲朋好友",对于基层党委来说终究是工作的策略,是通过私人力量解决公共问题的方式。基层党委走群众路线的实质还是要通过组织建设,通过与农民打交道,讲清政策大道理,改造农民的思想而做通农民的工作。这样每做通一个工作,都不是通过私利救济,不是个案,而是通过一户农民的工作,教育和改造一群农民,使农民的思想真正统一到党和政府的工作中来。通过找"说得上话的亲朋好友"来做工作,每个工作都是个案,不仅起不到改造和教育农民的效果,反而会放大农民对政府的抵触情绪,降低基层工作的公共性,增加基层工作的难度。(2018.8.30)

村庄竞争

新乡贤的资源由谁来承接

一

所谓新乡贤是指心系乡土、有公益心的乡籍社会贤达,他们在文化、经济、政治等方面有一定成就和一定影响。乡村振兴需要钱,更缺推动振兴的人。2018年的中央一号文件强调要发挥新乡贤在乡村振兴中的积极作用。我们在农村里调查发现,那些通过考学、当兵、招干、做生意走出村庄的成功人士,他们或是在职人员,或是已退休赋闲,他们在不同领域有一定成就,掌握不同的资源,因为他们对乡土有感情,希望为家乡的发展贡献一定力量,他们所拥有的资源就可以参与乡村的建设和振兴。基层政府是乡村建设和发展的重要主体,在不同农村地区,新乡贤与基层政府的关系有不同的表现。在孝昌农村,新乡贤与基层政府非常亲密,而在南方农村,新乡贤与基层政府基本上不发生实质性关系。之所以会有这种差别,与新乡贤所秉持的资源由谁来承接有关系。

新乡贤对家乡有感情,他们建设家乡的资源主要是输入他们所在的村组。从性质上讲,新乡贤的资源有四种类型:一是物质资源,新乡贤可以给村组治理提供货币和实物支持;二是文化资源,新乡贤可以给村组治理提供相关的政策建议;三是组织资源,新乡贤在村组治理中进行组织说服工作,使政策贯彻更为通畅顺达;四是人力资源,从不同的方面不同渠道直接参与村组治理。其中提供最多的资源是物质资源和组织资源。无论是哪种资源,都需要有对接的渠道和承接的实体,否则这些资源就无法抵达农村。从调查来看,承接资源实体主要有两种,一种是基层政府,一种是宗族房头。

二

在孝昌农村,一般一个湾子或多个湾子居住的是一个姓氏,同一姓氏内部还有一定的认同。在每一个小组,同一姓氏内有数个五服到十服大小的"亲房本门",这是孝昌农村最基本的认同与行动单位。一个亲房本门的户数一般在十几户到二三十户不等,少数村民小组由一个亲房本门构成。由于宗族有认同但没有实体的组织形式,也没有诸如宗祠、祭祀等组织活动,每个亲房本门都是一个强认同单位,但是在亲房本门之上并无能够将这些零碎的亲房本门给统合起来的宗族组织。因此,孝昌农村的宗族是分裂的,没有统合的力量。但是因为农民对宗族血缘有认同,尤其是对所在湾子有较强的情感,因而那些早年走出村庄在外地有一定成就的四有人士,有较强的回馈乡里的意愿。这些人秉持的资源及其心愿需要农村有承接的力量。同时,这些成功人士无论是在哪个行业获得了成功,早年走出村庄到外闯荡,心中都是"憋了一口气",如今已出人头地,自然要在村组里彰显一番。

然而由于当地宗族本身是分裂的,它们没有组织能力承接成功人士的资源,也就无法满足他们"衣锦还乡""光宗耀祖"的心愿。村民小组一般以自然湾为载体,农民一般对自然湾和村民小组有较强认同,但是自然湾也没有诸如"自然村领导班子"之类的组织设置,村民小组倒是"三级所有,队为基础"中最基础的基层自治末梢,但是湖北省取消村民小组,孝昌有的村民小组虽然还保留建制,但是也没有组织建设的能力。因此,在孝昌血缘认同的亲房本门、宗族房头没有组织载体,也就没有自身的公共事务要做,不能承接四有人士的资源。村民小组取消或者组织能力有限,多数也无法承接这些四有人士的资源。要想接取四有人士的资源,至少也得由村一级组织出面,如果四有人士的资源足够多,就得由乡镇来组织承接了。即便是由乡镇来承接的资源,也多用于四有人士的家乡所在村组。

一方面四有人士有向家乡输入资源的意愿,同时也有在家乡获得认可和承认的价值诉求,另一方面当地乡村组织也希望能够引入这些资源用于乡村治理,而当地乡村只有乡村组织能够承接四有人士的资源,也只有他们能够给予四有人士足够的面子和风光。这样的各有所需便一拍即合,形成紧密合作。乡村组织若没有四有人士的资源,很多工作很难做成,四有人士在其亲房本门有一定的威信和号召力,政府邀请他们出面做亲房本门的工作较容易做通;很多工程尤其是进组入户的公共工程(如修广场、安路灯、通组路等),在国家尚未普惠的情况下需要四有人士的支持。而宗族房头和亲房本门没有自己的公共事务和组织能力,四有人士纵使有很强的回馈乡里的愿望也没有渠道,从而无法从为乡里办事中获得成就感。因此,四有人士对乡村组织有一定的依赖性,他们必须通过乡村组织才能将自己的资源输入到村组,也只有通过乡村组织对自己的认可才能获得足够的体面和荣耀。乡村组织也在积极挖掘他们的正面作用。

乡争

在孝昌农村,每到春节、清明节等四有人士集中回乡的日子,乡镇和村委都会组织本乡本村的四有人士座谈,宴请他们。乡镇座谈和宴请的对象是在本乡镇有一定知名度和影响力的四有人士,由乡镇党政办组织,党委书记乡镇长出席。在村一级则是宴请本村回乡的四有人士。座谈宴请的功能在于制度化地与四有人士联络感情、沟通信息和畅谈发展。待到村组需要四有人士相助时,便可以与之径直联系。由乡村两级组织将乡村的四有人士组织起来,召开座谈会和宴会,乡村主要领导干部出席,有较强的正式性和仪式性。村两委代表的是全村官方,乡镇党委政府代表的是全乡镇的官方。由官方出面和招待自己,对于四有人士来说也是一种较高的礼遇,说明自己的成绩得到了家乡官方的认可,从而能够使其获得较强的满足感和荣耀感。有的在外闯荡赚钱了回乡后还会专门找到村书,问村组哪里需要搞建设他们可以出点力的。孝昌某村有一个外出闯荡成功的四有人士,对村里建设的支持非常积极,后来他做生意亏了,村里几年没有找他,他也没有回村。之后他的生意起死回生,便又回来找到村支书要给村里支持。一方面,乡村对他们的礼遇会通过各种渠道传达到他们的村湾和亲房本门那里去,后二者也会脸上有光,对四有人士也就更为尊崇。四有人士在家乡也就更有地位。乡村组织的礼遇从另一方面来说是在"抬"四有人士,把四有人士抬得很高,他们在村民中的威信就更高,待到日后乡村组织需要他们做群众工作的时候,也就更为容易。另一方面,加强了感情沟通,乡村组织需要四有人士支持的时候,他们会更加积极慷慨。

总的说来,在孝昌农村,新乡贤与基层组织是相互依赖的关系,新乡贤天生是基层组织的经济资源和支持者,而不是对立面,也不需要花太大的力气去争取他们的资源和支持。基层组织搭建平台,正中新乡贤下怀。基层组织给面子,新乡贤给资源,村组得实惠。

三

与孝昌农村分裂的宗族结构不同,南方农村的宗族尚能够组织起来,也有自己的公益事业。南方农村属于自己的公益事业有几种情况,一种是修宗祠、祖坟和祭祀。这些公益事业一般在湾村和村组范围内,但也有不少是超出村组范围的。比如说,一个姓氏的宗祠,有总祠和分祠之分,分祠一般在湾村或小组内,总祠则要超出湾村,有的总祠可能在全乡范围。修建总祠就不仅是总祠所在的湾村农民要出钱出力,分布在其他湾村的同姓也要出钱出力。修建分祠则主要是湾村内的人出钱出力,同姓氏的其他湾村的人则只有在吃竣工酒才会出份子钱。祭祖有祭祀自己五服或房头的祖坟,也有祭祀整个宗族的祖坟,还有祭祀地区的总祖坟,捐赠范围和人数也相应不同。

另一种是修建湾村的公路,如果公路是湾村的,那么这个湾村的人就要出钱出力,如果修建的路是同姓周边数个湾村的,那么整个同姓宗族的人都要出钱出力。公益事业在不同的范围内,就在相应范围内组建相关的理事会。如有湾村修建宗祠理事会、修路理事会,也有全宗族的理事会。理事会一旦通过就表示全宗族成员通过,就有决定和执行的权力,乃至有使用非常规手段的权力。

无论是多大范围的公益事务,只要是与宗族、湾村有关系,那么那些从宗族、湾村走出去的人就得捐钱捐物,乃至出谋划策。与走出宗族的这些人对接的是相关理事会。本湾村、宗族的小组长和村两委干部一般会在理事会之中。那些走出湾村宗族的人被有的学者称为"第三种力量",即乡村治理中乡村组织、村民之外的另一种力量。这些人对宗族有较强的情感认同,宗族对他们也寄寓很高的期待。这些走出去的人之所以能够走出农村,被认为不只是个人的本事,而与整个宗族的培养有关,甚至有人认为与宗族祖坟葬得好有关。这些走出去的人也希望为家乡做一些贡献,尽微薄之力,希望通过为家乡做事得到家乡人的认可。湾村宗族在公益事业中多向这些成功人士纳捐,使事情办得更好,同时也减轻农民的负担,以及他们做工作的负担。同时,这些外出人士的行为也起一种表率作用,他们在外都能够积极支持家乡建设,在家乡的人就更应该表现出积极主动的一面。

由于宗族是有组织性的,所以湾村或宗族自身就能够承接"第三种力量"的资源。当地搞公益事业,湾村就不需要通过乡村两级组织出面去承接这些资源,第三种力量也不需要通过乡村组织对接村民。理事会与第三种力量直接对接,第三种力量的资源下到理事会,理事会代表给予第三种力量荣耀感和成就感。譬如,某湾村修建分祠,建好后邀请同姓同宗其他湾村的第三种力量回乡吃酒席,这个电话只需该湾村理事会拨打就行,不需要政府出面,也不需要第三种力量所在湾村理事会出面。名为吃酒席,实为纳捐。第三种力量受到邀请,自然不排斥,而且还有种荣耀感,认为这是本宗族里的"好事",要参加庆贺。而他被邀请,也有一种满足感,至少人家是看得起你才会下邀请信。吃酒席就要带礼金,第三种力量的礼金比较高且一般会上刻石,修路亦是如此。

由于宗族自身有承接能力,以及第三种力量能够在宗族里获得价值感和存在感,他们就不需要与基层组织打交道。基层组织也不需要出面接应第三种力量。双方没有依赖关系。所以二者一般不会发生实质性关系。但是由于南方宗族是一股有组织的力量,它们平常与政府亦无多少关系,二者如果要发生关系,那也是宗族作为群体力量与基层政府产生矛盾之时。这个时候本与第三种力量没有关系的基层政府组织也不会求助于第三种力量。相反,第三种力量还可能被宗族邀请出谋划策与基层政府讨价还价。

如果说在孝昌基层组织对四有人士的资源还具有动员性质的话,那么在南方农村,第三种力量与基层组织的动员就没有关系了,第三种力量参与农村事务纯粹是宗族组织内部的私事。第三种力量在没有基层组织动员的情况下,很难成为基层组织在农村做工作的积极和支撑的力量,甚至有时可能成为基层组织的对立面。所以,从政策建议的角度,南方农村基层组织理应将这些第三种力量组织和动员起来,纳入基层组织的工作范围,以使他们成为基层组织可以争取的力量。

* * *

新乡贤确实是乡村建设中可利用的一股力量。在新乡贤参与村庄建设中,既不能将乡村建设完全托付给新乡贤,乡村两级组织依然是主体;同时亦不能对新乡贤"放任自流",要强调基层组织在其中的主体性,加强对新乡贤的组织和动员工作。只有经过基层组织的组织和动员的乡贤才是新时代的新乡贤;不经过基层组织的组织和动员,乡贤介入农村治理是一种私人治理的逻辑。经过基层组织的组织和动员的乡贤,他们在乡村建设中才会有正确的认识、正确的方向、正确的方法和积极的动力,他们的资源才具有公共性,才是活的资源,才是能够撬动乡村的力量。基层组织是新乡贤的组织依靠。(2018.9.15)

面向年轻人的村庄竞争

一

在孝昌农村调查,我们有个强烈的感觉是年轻人面临着巨大的压力,而中老年人却生活得相对比较悠闲。中老年人不是没有承担过压力,而是子代成年之后他们就退出村庄竞争的舞台,不再被他人评头论足,这之后他们的子女就要承担起参与村庄竞争的家庭重任。

齐薇薇的姑妈是个聋哑人,嫁在邻近镇上。姑父是一个没有什么本事但孤僻自负的人,家庭条件一塌糊涂,还经常打牌输钱。齐薇薇很心疼自己的姑妈,参加工作后每年回家都要去看姑妈,给姑妈买些衣物,但是不给钱,怕给了钱也是让姑父拿去打麻将了。她姑妈家前几年还住在黢黑低矮要坍塌的木房子里,家里的近亲每年去拜年都不在姑妈家吃饭,将礼物放下就走了。齐薇薇说从她记事起就没有在姑妈家吃过饭。不是姑妈不会做饭,也不是姑父不留客吃饭,而是亲戚朋友都看不起姑妈一家,去她家走亲戚只是走一个过场,完成任务而已。亲戚朋友的这一态度给姑妈家的独子留下了很深的印象,等到他成年之后便一直在外务工,多年都不回家,亲戚朋友很少知道他在做什么,偶尔回家来一般也不到亲朋好友家串门。有时会到齐薇薇家来看望大舅大舅妈，但齐薇薇也不会问及他的工作和婚姻情况，怕带来尴尬。前两年，齐薇薇的这个表哥不仅风光地带着女朋友回家了，还在村边的旱地上盖了栋两层半的新式楼房，据说还分期付款在孝昌县城买了套商品房，一下子在亲戚朋友中引起了轰动。次年春节，亲朋们第一次拜年留在了她表哥家吃饭，据说她表哥表嫂炒菜很带劲，她的姑妈虽然不会说话，但是心情也很激动。这次拜年饭意味着她表哥家第一次回到了亲朋好友主流之中，得到了大家的认可。后来齐薇薇的这家表哥表嫂为了还房贷、生养小孩，依然在外拼搏，受到亲朋们的赞许，甚至成了亲朋教育其他年轻人的榜样。

齐薇薇有个堂弟，也是家里的独子。这个堂弟家的条件在齐薇薇的几个叔叔和堂叔叔中算是一般的，父母都是普通的打工一族，家里有一栋两层的老式楼房，但整体条件较齐薇薇姑妈家好很多。这个堂弟大专毕业后到天津跟齐薇薇的三姐夫学修手机。这个堂弟虽然在电修方面不是很有天赋，但人很踏实，虚心好学，勤勉有加。出师不过两三年据说就要在天津买房子，还经人介绍谈了个孝昌本地的女朋友。这也成了齐薇薇亲房本门的一段佳话。

齐薇薇的弟弟大学毕业后就在父亲的工程队里负责管理工作，工作不可谓不勤勉，也不可谓不上进，但是在父亲的庇佑下干活，在当地人看来总觉得对年轻人的成长不好，应该放年轻人出去自己闯荡，闯荡不成家里才是最后的兜底。齐薇薇看她弟弟这几年好像也比较消沉，有种小富即安的感觉。她弟弟本身看着其他同龄人都在外边挣钱娶老婆买房子，几个姐姐还经常对他旁敲侧击，因而也承受了较大的压力。今年她弟弟在家人和亲朋的支持下终于走出了家门到外边去闯，第一步是去了成都一个表姐家开的烧串店做学徒，学好后因缺少前期投资成本转而回到孝感一家房产中介上班。据说上班非常卖力，头几个月业绩都是公司第一名。

在孝昌农村，像齐薇薇的表哥、堂弟和亲弟弟那样，许多年轻人都是憋了一口气外出闯荡的，怀揣一股"不成名誓不还"的气概。之所以如此，一方面与当地农村社会的面子竞争非常激烈有关系，另一方面则与当地农村代际关系中父代对子代只承担有限责任有关系。前者意味着每个家庭都要承受巨大的来自社会性竞争的压力，后者使得家庭的竞争压力集中在了年轻人身上。

二

孝昌农村的面子竞争很激烈，有两个重要原因，一个是当地农村经济上的分化并不是太大，呈中等分化状态。孝昌农村人多地少，人均耕地面积只有几分地，土地也不肥沃，而且丘陵地区水利依赖于堰塘，干旱年成容易带来旱灾。因此分田到户后就有很大一批年轻农民外出就业，主要是做与建筑相关的手艺活和体力活，以及在武汉、广州、北京、天津等大城市，或东北等地做小生意，如卖百货、服装、收废品等。做建筑等行业的小生意比纯粹务工赚的钱要多些，早期外出闯荡的那一批人中，有一部分人不断做大做强成为富人，更多的人则每年收入十几二十万元。后面的年轻人一般也是在做建筑或其他领域的小生意之间挑选，而很少到工厂流水线上去。因此，当地普遍的收入水平在十万元左右。这个收入也成了当地农村的中等收入线。除了少数高收入群体和少数吃低保的农民群体外，大部分农民的家庭年收入都在十万元左右，因而当地农民的收入水平较为平均。正是因为存在一个中等收入线的普遍标准,每个家庭要达到这个水平都不是太困难,因而为了达到或超过这个收入水平线,农民家庭就会调动家庭资源参与竞争。水平越是相差无几,竞争就越可能发生并且越激烈。

另一个重要原因是当地社会结构的分化。孝昌农村同姓血缘的认同相对于南方宗族性村落要弱很多,没有较强的宗族认同,也不存在统一的宗族共同利益。但是在同姓内部五服左右的亲房本门的认同却较强,只要是亲房本门的事务,内部成员都会无条件地支持和参与。其中最主要的有两点,一是红白喜事帮忙,二是遭遇欺负时一致对外。亲房本门作为一个有较强认同和行动的血缘集团,区别于其他的亲房本门。在一个同姓血缘内部,一般有十来个乃至二十几个这样的亲房本门。大的亲房本门有二三十户,小的只有数户至十几户。亲房本门之间在村庄社会生活中展开竞争、相互较量,它们之间比较的除了人数多寡之外,还包括日常生活中,如亲房本门内部各家庭的生活条件包括买车、建房或在外买房的情况等。这是村庄内部的比较和竞争,它带来的压力必然会传导给各个家庭成员,逼迫这些家庭成员即便是为了亲房本门的荣耀也要争一口气。为了不给本亲房本门丢脸,他们就不能懒惰成性,而是要拼搏,否则就会被其他亲房本门瞧不起,说某门某房出懒汉、光棍最多。如果某门某房出的大学生或老板多,在当地也会被人赞许。但是亲房本门的比较和竞争还没有达到北方农村小亲族竞争那样激烈的程度,还没有达到合纵连横激烈竞争的程度。

同时,在亲房本门内部也不像在宗族性村落内部那样具有一个笼罩性的组织和规范体系,无法规范和约束本血缘集团。各个核心家庭之间虽然有血缘上的认同,但是相互之间的独立性较强,当这些家庭之间出现差距之后，会因为血缘较近而形成较大的比较与竞争的态势。这些竞争在日常生活中会体现得较为明显，如衣食住行娱等。亲房本门内部在这些方面的差距越大，就越会带来明显的比较，进而激发相互之间的竞争。比如齐薇薇一个堂叔，没有驾照，却在赚了钱之后一定要买一辆三十多万的车放在家里。后来他女儿有了驾照后这辆车才派上了用场。之所以如此，其中既有告诉村里人自己赚了钱的意思，也有其他兄弟都买了车，自己也不落后的意思。齐薇薇的母亲在亲房本门的比较中更表面化。齐薇薇的父亲在八个兄弟、叔伯兄弟中最先买SUV，她母亲习惯于用"有车"在村里和本门中炫耀。后来齐薇薇的一个叔伯兄弟也买了辆车，开到他们家来拜年，她母亲看到后直接当着侄子的面说他的车没有自家的好。齐薇薇听了之后觉得自己的母亲很丢脸，恨不得找个地缝钻进去，但她母亲却很坦然。

较之与村庄其他亲房本门的比较和竞争，亲房本门之内各家庭之间的比较和竞争有以下特点，一是相互之间的血缘地缘更近，起点更为一致，出现了差别使人更为敏感；二是相互之间在日常生活和人情往来上更加密切和频繁，譬如春节、清明节、老人生日等都要相聚，红白喜事都在一起，这些场合都带有一定的公共性和仪式性，因此对每个家庭来说都是一些展示的机会；三是亲朋之间的信息更为灵通，谁赚钱、谁没赚钱会在第一时间传递出去。因此，亲房本门内部的相互比较和竞争会比与其他村民的比较和竞争更为激烈，乃至更为表面。

那么，在孝昌农村，一方面亲房本门之间有较强的竞争，另一方面亲房本门内部的竞争亦较为激烈，就使得在该地各核心家庭既要为亲房本门的荣耀而战，也要为核心家庭的面子而战，因此村庄面子竞争十分激烈，各个家庭都承受了巨大的压力。

三

孝昌农民家庭的巨大竞争压力，按理说应该是由家庭劳动力去承担。但是在孝昌农村，中老年人并没有为此承担太多的压力。无论家庭压力多大，他们都会处之泰然，认为这是年轻人的事情，他们有能力就为年轻人多做些，没有能力就少做些。他们对子代分担着较少的压力。他们对子代的主要责任只承担到子代成年，使其成为农业和市场中的劳动力为止，即把他们养育大了，主要责任就完成了，剩下的就是子代自己的事情了，大不了就是为子代带小孩。这与南方宗族性村落父代到子代结婚后就"退休"有较大的相似之处，唯一不同的是，孝昌农村的父代在子代成婚之后并不能彻底退休，他们仍然有在有劳动能力时通过劳动自食其力的社会压力。农村社会普遍认为这个时候他们有劳动力，就应该自食其力不要向子代要。如果有劳动能力却要子代养活，就会被人瞧不起。而在南方宗族性村落的中老年人，只要子代成婚了，他们就可以退休了，农村社会对他们没有自食其力的要求，子代供养是理所当然的。如果他们仍然在劳动自食其力，农村社会认为他们很为子代着想，如果他们到了六十多岁还在劳动干活，周围人就会劝他们少干点活多享点福。在孝昌农村虽然中老年人有劳动自食其力的压力，但是他们没有为子代继续创造财富的压力。

这是一种对子代的相对有限的责任，主要表现在以下几个方面：一是父代对子代的婚姻责任不强。父代有能力就为子代成婚准备条件，如介绍对象、准备婚姻相关的物质财富，没有能力就不准备。婚姻是子代自己的事情。孝昌县花园镇孙湾村有个五十多岁的男子,有三个儿子,老婆在小孩还小的时候就去世了,他含辛茹苦将三个小孩带大。如今三个儿子都过了结婚的年龄,但他本人似乎到了退休的阶段,不再像以前那样干活了。人家提醒他说他三个儿子还没结婚,要为儿子结婚做点什么。他说,我都没再婚,他们急什么?在孝昌农村,从道理上讲子代结婚是父辈的责任,但是在实际生活中往往是子代承担了较大的责任,父代做些辅助性的工作。当然也有一些富裕家庭,为子代结婚要准备上百万的经费,包括买房子和给彩礼,这是因为有条件。二是父代对子代进城的责任较小。在孝昌,现在要能够娶上本地媳妇,就得在县城有套房子。当地农村判断年轻人是否有出息的标准,很重要的一个就是能否在城里买房子。齐薇薇的小姑姑嫁在旁边村落,家庭条件不太好,小姑姑二十多年来在亲戚面前都抬不起头来,说话都不太大声,甚至不敢跟齐薇薇母亲她们一桌打牌。前几年她的女儿在上海打工找了个四川的男朋友,结婚不久女婿就在孝昌县城买了套房子,她便底气十足了,在亲朋面前的精神状态和说话口气完全变了样,乃至梳妆打扮都较之前精神了。父代在子代进城这事上的态度也是能支持就支持,不能支持也怪不到自己头上来。相反,待到子代参加工作之后,就有赡养父代的责任。如果父代生病或不能挣钱养活自己,那么子代就得早早地赡养父母。三是父代在子代成婚立门户之后就不再承担家庭的人情往来,而由子代自行承担。

在这种代际关系状态下,年轻人就要担负起家庭的责任,包括赡养父母、参与村庄社会性竞争、进城和抚育后代等。社会性竞争主要就是读书和赚钱,农村成年人不再读书了,家庭社会性竞争的任务就主要是赚钱,赚钱又不能明确地告诉他人自己赚了多少钱,而需要有些显示度的东西,主要是穿着打扮、轿车档次、建房买房(位置、档次)、打麻将等。为了获得这些有显示度的东西,为了达到人家有自己也要有甚至超过人家的目标,在没有父辈支持的条件下,年轻人就必须带着一股劲外出拼搏。(2018.8.29)

信仰的分化

一

河南周口、开封等地农村的基督教传播比较迅速。2008年左右我在开封南马庄调研时,半个月时间就有几个农民丢掉香盆改信基督教。其中的一个访谈对象是不到30岁的年轻男子,得了一种怪病,左手有点僵化不太灵活。他在当地找了医生而没有效果,也没有钱到大城市去治病。因为残疾至今未婚,他在家里开一个小超市,服务对象是庄子里的小孩。信教的人来劝他信,也跟他母亲做工作,说信教了就能治好他的病。他母亲抱着一线希望加入了基督教,也带着他参加相关活动。他说他似信非信,但是感觉比之前过得惬意,因为那些信教的人大多对他很关心,很热情,他自己也没有因为家里穷和自身残疾而自卑。

与此同时,农村传统信仰形式的话语体系虽然没有以前那么强烈,但是依然非常兴盛,不少家庭初一十五在家里烧香敬神,周边各种庙会香火旺盛。这几年在中原农村的调研我们还发现,越是富裕的家庭越与基督教不沾边,他们除了保留传统的民间信仰形式之外,对制度性宗教,如佛教也愈发热衷和虔诚。他们不仅在家里举行定期的仪式,还会不远万里到大宗寺庙敬香修行。

农村多种信仰形式并存,呈现出条件差的农民加入基督教、条件好的农民倾向于佛教、广大中间农民依然信奉传统民间信仰的多元宗教生态,这表明河南一些地区的农民信仰出现了明显的分化。农民信仰分化跟农民社会阶层分化及其竞争加剧有关。

二

河南地区的村庄是典型的小亲族社会。小亲族是认同度相对较高的血缘集团,不同的小亲族之间在狭窄的村庄空间里对各种有形无形的资源展开竞争。在小亲族内部则有互助合作的义务和传统。小亲族要想在村庄竞争中超越其他的姓氏集团,得到相应的身份和位置,就得充分调动其内部小家庭参与竞争。譬如小亲族竞争要想获胜,很重要的一点是要有足够多的已婚男丁,因而小亲族就会要求小家庭生育尽量多的男孩,并帮他们成婚。而没有生育男孩的家庭,其在小亲族内部就会受到其他家庭的歧视,尤其是妇女难以在妯娌群体中立足。不能给儿子结婚成家的父母在小亲族内部和村庄里也没有地位。那些兄弟多、又成婚了且有男嗣的男子则在小亲族和村庄里有面子和底气。小亲族参与村庄竞争强化了父母对子代婚配的责任。在全国男女性别比失衡和农村女性外流的大背景下,农村本地婚姻市场竞争激烈,这给男方父母带来了更大的压力,他们要很早就为子代准备结婚所需要的物质条件,包括建房、彩礼和其他支出。

除了为子代成婚这些主要的社会性竞争项目外,家庭经济和生活条件也是农民家庭竞争的重要项目。更何况家庭经济条件的好坏在很大程度上决定了一个家庭能否给子代成婚。家庭经济和生活条件包括住房条件、出行条件、家用电器、赶会购物等,这些方面在村庄里都具有较高的显示度,容易被众人评头论足。家庭收入虽然较为隐性,但只要看你是在做什么工作,打工还是做生意,大工还是小工等,对你家收入就可以估计个八九不离十。村庄是熟人社会,经济的分化也是在熟人之间发生的,因而哪家过得好,哪家过得差,自己在村庄中属于哪个层级,每户人家心底都有底。

在小亲族内部还相对团结一致对外的时候,其内部家庭之间还能够相互帮助和提携,相对较困难的家庭会得到其他家庭的照顾和理解,乃至共同为其儿子成婚贡献力量。但是,与农村经济分化相伴随的,还有一个显著变化是,小亲族内部血缘被割裂,各小家庭之间的独立性越来越强,而相互之间的连接纽带越来越弱,自己人的认同度降低。这样,小亲族内部小家庭之间不仅在生活、生产和社会层面展开比较和竞争,而且针对共同的财产竞争更为激烈,谁都想多得共有财产,谁都不希望对方占便宜。因此,血缘越近,竞争就越是激烈,兄弟家庭之间的竞争最为激烈。

小亲族逐渐分化之后,在村庄中就形成了这样的局面,一方面是小亲族仍有一致对外竞争的行动能力,另一方面则是其内部竞争亦尤为剧烈。这样就会使得小家庭既要参与村庄竞争,为小亲族获得面子而努力,又要在小亲族内部进行比较和竞争,为小家庭的脸面而奋斗。所以,小家庭之间的竞争就会非常激烈,带动竞争的标的也就不断往上攀升,给小家庭带来的压力越来越大。

三

小家庭要想在竞争中取得胜利,达到乃至超过当地的平均标准,就得充分调动和合理安排家庭资源。在中西部地区,劳动力是家庭参与竞争最主要的资源。劳动力素质较高,能够被充分调动起来,且得到合理的配置,那么就能够在竞争中占据优势,否则就会吃亏。

小亲族之间竞争越激烈,小亲族分化越彻底,那么村庄内家庭之间的竞争就越剧烈,给家庭带来的压力也就越大。各家庭就越要将家庭劳动力充分调动起来。首先是年轻人的劳动力要充分调动起来,年轻夫妇要有较强的参与竞争的意识,其中最重要的又是年轻男子。年轻男子是家庭最主要的劳动力,他要是强壮、精明和能干,就能够支撑起三分之二个家庭,乃至整个家庭。年轻妇女要么是外出务工,要么是在家务农和带小孩。其次是老年人的劳动力,老年人要自食其力,还能够为子女做贡献。最后是青少年劳动力,小孩到了初中以后就成了半个劳动力,如果读书不行或预期考不上好学校就可以早早地退学参加家庭劳动和外出务工,这样既可以节约上学的费用,还能给家里增添一笔不小的收入。

当前农村家庭主要的收入来源于务工和务农两个部分,农村大部分家庭在充分调动劳动力的情况下,能够实现这两部分收入的结合,获得农村中等水平的收入,完成给儿子成婚的人生任务,实现家庭再生产。也就是说,大部分农民在村庄竞争中能够达到村庄的标准,获得他人的认可和承认。

但是,在激烈的竞争中总会有部分家庭被甩到后面,成为竞争失败的人。这些家庭因为各种原因在经济和生活条件上,无法达到村庄标准,沦落为村庄的边缘家庭。这些原因包括年轻男子愚蠢懒惰、家有病人或残疾、无法打理家庭等。这样的家庭要么难以在当地为儿子成婚而使儿子打光棍,要么结的是外地婚。这样的家庭被村庄边缘化,得不到村庄主流价值的认可,被人家瞧不起。他们在村庄生活中感到巨大的压力,怎么努力都无法改变现状,越来越羞于参与村庄社会交往,在他人面前感到低人一等。久而久之他们就会被村庄所遗忘。在这些家庭中,要么夫妻俩都已认命,甘于生活在村庄边缘,要么是男子"没材料"或没上进心,而妻子有竞争心,因而会导致长期的剧烈的夫妻矛盾。

还有一部分被甩出去的人是农村中等收入家庭的老年人。这些家庭在参与村庄竞争中压力巨大,劳动力被充分调动了起来。但是如果家庭中的老年劳动力不能被调动起来,就可能成为家庭参与村庄竞争的累赘。这就很可能会使这些家庭中的代际关系和婆媳关系较为紧张,导致老年人被年轻人的家庭所嫌弃。

四

被村庄竞争甩出去的那些家庭无法在村庄中获得以下需求满足,一是社会交往的需求,他们自己不参与村庄主流交往,既是不好意思,也是不敢,怕跟主流交往受伤害。农民之间,尤其是农村妇女之间在一起的交流都是家长里短的事,落后者很容易在不经意间听到其他家庭好的一面而受刺激。所以他们索性就不参与这些交往。二是社会价值的需求,只有达到了村庄主流的经济社会标准才能得到村庄的认可,获得他人的尊重,主体才会觉得有面子、有尊严,没有白在世上走一遭。但是这些被甩出去的人正是无法达到标准的人,他们因此难以在村庄中获得价值认可,从而可能怀疑人生和生命价值。三是社会互助的需求,这些被甩出去的人缺少村庄社会交往,跟亲戚交往也少,因而亲朋较少,在他们需要求助时难以得到他人及时的帮助。四是社会流动的预期,这些被甩出去的人希望改善家庭状况,至少能够让子女比他们过得好,包括考学、就业和婚配,但是他们没有可以凭借的资源,在村庄中只能望洋兴叹。

而对于被排斥的老年人来说,他们自认为在有劳动能力的时候为儿子家庭贡献了,待到自己没有劳动能力的时候儿子媳妇就应该给予自己反哺,包括充足的物质赡养和精神关照。但是他们的子女在拼命地为孙辈奋斗,在时间、精力和物质上对老年人都难以顾及,家庭资源没有向老年人流动。为此老年人会跟年轻人产生矛盾。但是在家庭代际关系重心向年轻人倾斜的情况下,在代际矛盾和婆媳矛盾中受气的往往是老年人。他们一想到自己付出那么多,儿子媳妇却这样对自己就气不打一处来。

而基督教信徒会主动传播教义、吸收信徒。农民基督教信徒在村庄熟人社会中对其他农民的情况较为了解,知道哪些家庭有什么问题,需要得到什么帮助,他们就会有针对性地去游说。对于被甩在后面的条件差的农民来说,基督教正好能够满足他们的这些需求。首先是基督教内部人员之间联系较为紧密,活动较为频繁,能够满足条件差的农民的社会交往的需求,使他们获得村庄里难以获得的人际关怀和温暖。其次是基督教提供给信徒一个与村庄主流价值体系完全不同的价值目标,那就是所谓的"为上帝做工",而不是为现实功利而活着。这样就使得条件差的农民可以放弃原来那套难以实现的价值目标,在基督教里获得所谓的自我实现。再次是信徒之间相互帮助和提携是常态。我们调查期间常有外村外乡的信徒来庄子里帮忙收麦子,相互借钱和做家务也很频繁。最后是信徒家庭之间相互通婚而不需要房子和彩礼,同样基督教信徒的丧礼也较村庄丧礼便宜,减轻了条件差的农民家庭的负担。另外,信徒的子女还可以被送去读专为他们开办的学校,毕业后到农村教堂工作,前者不需要学费,后者有固定工作,这对农民家庭来说也是很吸引人的。因此,基督教不仅满足了条件差的农民家庭的价值需求,还解决了一些现实问题,他们才会进入教会且不愿退出。

对于被年轻人排斥的老年人来说,教会首先给他们做思想工作,给了他们一个台阶下,不再跟年轻人吵架。其次是给他们一个相互交流、相互慰藉和打发时间的人群和场所。最后是有些信基督教的人向老年人承诺只要信得真就灵,而且比烧香拜佛还灵,所以老年人也愿意丢掉香盆而信主。基督教对于老年人而言,扮演的是民间信仰和老年人协会的双重角色。

五

在村庄中还有少数条件好的农民,他们不是从"半工半耕"中获得收入,而是通过开店、办厂、跑供销、搞运输、做管理等方式赚取了较农村中等水平线更高的收入,但他们依然生活在村庄中。他们是村庄竞争的佼佼者,在生产、生活和社会交往中的诸多需求都可以自行解决,如他们在村庄中的房子最豪华,还带有高大的院墙,他们的儿子在本地婚姻市场中占据比较优势;他们生病了可以得到当地最好的医治;可以将小孩送到城镇最好的中小学(幼儿园)就读;他们的家庭收入主要依靠年轻男子的技术技能,对家庭劳动力的调动不那么迫切,尤其是对老年人的劳动力无需调动,因而家庭关系尤其婆媳关系较为和谐。

这样的家庭,基督教一般渗透不进去,他们除信奉传统民间宗教之外,对佛教也颇感兴趣。这源于他们躲避风险、寻求安全的需要。一是通过信佛求得更大的生意,二是通过信佛消除做生意中的风险,三是通过信佛寻求生命和财产安全的保护。他们不仅在特定的时刻在家里做法事,有的家庭还会邀请和尚或道士过来,或者到远处的名山大庙去烧香拜佛,来年还要还愿。条件好的农民在村庄竞争中要超越基本的标准,引领新标准,就得寻求不同于其他农民的信仰形式。佛、道信仰和消费正好满足了他们的这种心理。

村庄中的广大中等收入群体,虽然很羡慕条件好的农民在家里做法事、到胜地烧香,但他们的经济上无法达到这一层次。他们依然信仰传统的民间宗教,在信仰上的消费没有条件好的农民那么高。中等收入群体的农民家庭能够满足基本的生产生活需求,对基督教的信仰需求并不强烈,因而当信徒来传教时,他们一般不去理睬,但是也不排斥或否定基督教。有的中等收入群体因为有所求如生育或升学,听说基督教比较灵验,就加入进去,进去之后听说不准烧香拜佛或者发现并不灵验,就退了出来。也就是说,中等收入群体的农民对待基督教比较功利。这源于他们没有加入基督教时的心理和价值需求。

但是农村中等收入群体的家庭收入并不稳定,他们很可能因为某种变故而跌入底层,如残疾、生病、灾害等,导致家庭陷入困境。基督教徒就可能借机渗透,给这样的家庭带来帮助和精神支撑,其家庭成员可能会对基督教产生兴趣。

六

伴随着村庄竞争越来越激烈,竞争标的不断抬高,农民家庭的负担越来越大,村庄内部关系和家庭内部关系会越来越紧张,一方面会有越来越多的家庭被竞争甩到后面,成为边缘家庭,另一方面也有越来越多的老年人被家庭所排斥,成为边缘人。在民间宗教信仰层面,这些家庭和老年人会更多地倾向于基督教,竞争成功的农民则倾向于佛、道教的信仰及消费,达到村庄普遍标准的中等收入群体会继续信仰民间宗教,他们偶尔会对基督教感兴趣但也会很快退出。村庄竞争越激烈,农民的信仰分化就越大,竞争标准越高,要达到就越难,就会有越来越多的农民被竞争甩到后面。

农民宗教信仰分化背后其实是农民社会分化的投射。农民分化是信仰分化的前提。在过去农民分化不大的时候,农民对信仰的需求是一致的,都是为了满足基本的生产生活。但是一旦农民分化之后,不同的农民家庭对信仰的需求也就发生了变化。这些变化又与村庄竞争有关系。村庄竞争使得不同层级的农民对宗教有了不同的需求。民间不同的宗教信仰形式会给予农民不同的需求满足。佛、道教满足农民对富足、稳定和安全的需求,传统民间信仰满足生产生活的诸多基本功能,而基督教则可以提供给农民不同于村庄主流的生活方式、社会关系和价值实现形式。这正好对应不同条件的农民的不同需求。

(2018.3.10)

农民打麻将的三重境界

一

我们在湖北孝昌农村调查,发现当地农村打麻将的氛围很浓厚。只要是在村的成年人都要打麻将。年轻人聚在一起打麻将,七八十岁的老年人也打麻将赌小钱。即便是在外做生意,只要有孝昌本地人聚集的老乡聚会必定要打麻将。湖南师范大学博士小薇的奶奶八十多岁了,每天都要到别人家里去码牌。小薇的妈妈只要工地上的事情不是很忙,就要到村里固定的人家去打麻将,小薇每年都要给母亲一两千元钱打麻将。小薇每次从武汉回娘家,头几天她母亲会很热情地下厨做饭,好吃好喝招待,三天后她母亲就"消极怠工"了,因为要外出打牌。小薇的三姐一家在天津做生意,夫妻二人都很喜欢打牌,跟在天津的孝昌人隔三岔五聚在一起打牌,晚上打到很晚才休息,第二天上午很晚才起床照顾生意。小薇去他们那里看到这个状态就跟三姐说不要这么"堕落",年轻人要做些积极的事情,比如看书、旅游。但是三姐从来就不听,回到老家也是在麻将桌上打到昏天黑地。

二

孝昌农民打麻将有三重境界,一重是打发时间。丧失劳动能力的老年人除了上街逛之外，没有其他的事情可以做，他们坐在一起打麻将、聊天或看别人打牌，都可以打发时间。但是如果他们待在家里，就可能被年轻人嫌弃，尤其是可能跟儿媳妇发生冲突。儿媳妇在忙，而老年人干坐着，儿媳妇看不惯，老年人也觉得过意不去。老年人干脆就到麻将室（或经常打麻将的人家家里），让年轻人眼不见心不烦。年轻人也乐意老年人到麻将室去搓麻将，让他们锻炼手和脑子的活动能力，对身体也是有好处的。

在村的中老年劳动力或半劳动力，因为务农具有季节性以及大量机械替代人工，务农时间大大缩短，农闲时间拉长。而本地零工市场又相对较少，这就给他们留下了大量的闲暇时间。另外，当地社会文化中，父代对成年子代的责任是有限的，一旦子女外出务工，父代对子代的责任就减少，子代的社会压力传递不到他们身上，父代劳动力投入到市场的意愿降低，他们劳动力投入的目的不是创造更多的财富，而是自给自足。于是他们很可能在有劳动能力的时候也过着"三天打鱼两天晒网"的日子，闲下来的时间非常多。农村其他的文娱活动较少。妇女傍晚还可以去跳广场舞，男子则没有可去之处。每个村都建了图书室，但是基本上没有农民去看书。打麻将就成了他们大多数人的选择。过去几年麻将是在农民家里打，或在小卖部打。这几年许多村庄在人口相对聚集的地方都开起了麻将室。我们调查的孝昌县花园镇香花村，一条街上竟然有七八家麻将室。麻将室为了招揽生意，每天八九点钟就打电话给本村农户，叫他们来打麻将，有的还到家里来请，一次不行就请两三次。许多农民碍于面子就去了。还有的农民因为人家上门来请，还觉得有面子，否则为什么有的人从来没被邀请过呢？

从打发时间的角度,可以总结出孝昌农民爱打麻将与以下几个原因有关:一是农闲时间加长,农药、机械减少了农民的劳作时间,复种面积大量减少,农民普遍种一季,也使得农民干农活的时间大量缩短。二是父代责任较弱,子代成年之后父代退出村庄竞争,村庄竞争压力向子代集中,父代没有向子代输入资源、减轻子代负担的压力。相反,子代有赡养父代的责任。三是孝昌当地农村务工机会较少,有少量务工机会也被一些留在农村的青壮年劳动力占据,迫使中老年劳动力过早地退出农村零工市场。老年人的半劳动力则除了种点地外,更无其他就业机会。这样大量在村的劳动力和半劳动力就被闲置了下来。

三

第二重境界是沉浸其中。调查中发现,有些二三十岁的年轻人由衷热爱打麻将。他们不是没事可干,也不是为了赌博赢钱,确实是享受打麻将过程中全副身心地沉浸其中的那种感觉。香花村有一对二十多岁的年轻夫妇,男的在本地务工,女的在家带小孩。女的带着小孩到麻将室打麻将,一打就是通天到黑,还让她婆婆送饭。更多的时候是将小孩丢给婆婆,自己一个人去打麻将。男的在附近务工,三天两头不上班也到麻将室打牌。两口子都对打麻将上瘾了,公婆怎么说都不行。之前是女的一人打,男的专心务工,男的劝不住女的之后,自己也去打,一打就不能自拔。这样一来这个家庭就成了村里最破败的家庭,女的不干活,男的务工三心二意也赚不到多少钱,靠父母种田和打零工维持家庭的生计,但小夫妻俩仍然对打麻将无法抗拒。

打麻将当然是想着要赢,于是要全身心地投入进去。但赢本身不仅仅是"钱"的问题。打麻将不仅仅是靠运气(丢骰子赌博是运气),其本身还是一种个体的创造性活动,个体通过将自己的思考投入进去,进行头脑风暴和思维组合。如果赢了则说明自己的思维到位了,创造有了结果;如果输了,则会总结经验教训,思考如何在下一盘中赢回来。输赢皆是一种思维活动。打麻将总是有输有赢,逼着你不断地去思考和创造。对沉溺于打麻将的人来说,打麻将的过程就是思维创造的过程,每一局麻将的结果就是思维创造的结果。每个人都想在其中创造好的结果,以体现自己的水平和能力。打赢了意味着思维有新的创造,会给人以极大的激励和刺激,期待下一盘的挑战。打输了意味着思维过程存在问题,亦会给人以正向激励,期待在下一盘中纠正问题。每一盘麻将都是一个艺术作品,做好与没做好都会刺激人们再做一个,每次都期待下一个会做得更好。这就是为什么这么多人喜欢每天都去打一下麻将,一天不去就手痒。小薇回娘家后,母亲就要照顾她的饮食起居,每天要做三顿饭,每顿还得准时准点。这就会耽搁母亲打麻将。连续三天不去打麻将,母亲就会不舒服,心里就很烦躁,就算丢掉手中的家务活也要去打一场。

四

第三重境界是村庄面子地位的竞争。在村庄中,打麻将不是个体的游戏,而是一项社会活动。社会活动涉及的是社会交往和社会关系。在熟人社会中,社会关系是先赋性的,如一个家族的人、一个村的人或在天津称"一个县的人",不需要通过打麻将来构建或强化社会关系。但是经常在一起打麻将的几个人的关系确实要较其他人好一些。

打麻将不能不打钱,有打大的,也有打小的。只要有这个等级区分,就会在打麻将的人群中形成分化。打与不打也有个区分,经常打和偶尔打也是区分。当大家都认为打麻将是合群的表现时,某个人不去打麻将,而他又没有其他忙的事情,那么这个人就会被认为很怂、很蠢、太老实或者太抠门。大家自然就不会与之交往,那么此人在村落里就会越来越边缘化,越来越没有朋友。经常打麻将的人要比偶尔打麻将的人有面子些,经常打意味着打得起、输得起,不在乎输赢。打大的要比打小的更有面子,能打大的说明有经济条件,也有底气,这样的人够朋友,大家就愿意跟这些人交往。如果有钱而不打大的,大家就会认为此人抠门小气,跟他打麻将没有意思,久之就不再跟他打了。而相反有的人是没有钱但喜欢打大牌,这样的人自然"惹人喜欢",朋友也就多。

孝昌农村打麻将的场所很多。除了固定的农民家里和麻将室之外,春节、清明节亲朋聚在哪里就在哪里打。红白喜事的时候,酒席一过,主事的人就要安排亲朋打麻将。主事的人要有这么一个本事,熟悉主家亲朋中谁能打大牌、谁只能打小牌、谁没钱但又喜欢打大牌,要懂得安排,安排错了亲朋就会有意见。节日或酒席后的牌桌最是热闹,因为此时亲朋好友从各地赶回来相聚,打麻将既是休闲娱乐,又是展示自己在外边闯荡成果的机会。这个时候谁都不想落后,即便没有赚多少钱,也不可能不上牌桌,借钱也要上牌桌。如果一两次认怂那么后面再想翻本就难,因为一次不上桌,两次不上桌,后面就不会有人招呼你打牌。所以酒席或年后走亲戚,一场牌桌下来一个人输赢数千上万是非常正常的事情。输了钱赢了面子,输不起才是丢面子。

小薇总是劝说她三姐不要再打牌,更不要请人家到自己家里打牌,这样会带坏小孩的。小薇认为小孩在麻将的氛围中长大不好。但她三姐三姐夫处在孝昌县这个社会氛围之中,如果他们不打麻将,就跟不上那一波人的节奏,就无法进入人家的圈子。更重要的是就会在这个圈子中没有面子,被认为是"怂人"。他们回老家之后也要在老家人那里展示自己在外一年的风采。所以每次回老家,她三姐都要穿金戴银,打扮得光鲜亮丽,把自己搞得非常精神。小薇看后总是说三姐很俗气。但是在他们老家的那个氛围里,只有这样才能告诉人家你在外边混得不错,人家才能看得起你。相反,没有外表的显示度,就会被人家看低看扁,而牌桌上的行为是最有显示度的。(2018.9.14)

修路改变观念

一

贵州镇远县报京村的纪检委员是个有头脑、会经营,还能够反思的人。纪检委员本人干了很多的事业,比如他是村里的邮政代理,还负责收缴电费,跟人合资搞了台搅拌机,他老婆在街面上开了家商店,这些事业虽然每项单独没有多少收入,但是加起来就处在寨子里的上游,年收入差不多十几万元,好的年份超过 15 万元。他们家还是寨子里少数几户在县市买房子、供小孩读书的家庭。与之形成对比的是寨子里大部分外出务工的人家,不仅三天打鱼两天晒网,天天梦想找到来钱快、来钱多的企业,还一发工资就请客大吃大喝,三天两头往家里跑。回到家里的人不勤快,妇女名为在家照看小孩,实为跟小姐妹聊天织布,既不打理家庭,也不为未来打算计划。一到有什么事情需要大笔开支就向亲戚和银行借贷,借了之后才急着到外边找钱还债。所以纪检委员对寨子里的人评价不高认为他们没有长远眼光,只在乎眼下的生活,没有拼搏精神,安于现状,得过且过。他总结说,最根本的原因是观念陈旧,长时期没有改变,这几年因为修了通寨公路之后才有所变化。

我们很好奇的是，报京村一带在20世纪80年代中后期就开始有人外出江浙和广东打工，而寨子通路是近年的事情，为什么外出打工没有改变寨里人的思想，而修路却可以。

按照常理，人们在封闭的村寨生活，信息较为闭塞，对外边世界不够了解，没有对比就无法发现差距，人们会满足于自己的生活而不自知。一旦外出之后，接触了外边梦幻的世界，尤其是这个世界与自己成长生活的村寨完全不同时，会在内心产生极大冲击，生发改变生活状态的冲动。进而会在某些人的带动下发生改变，逐步地就在村庄范围内发生化学反应，人们传统的自我满足的生活方式得以改变。但是，事实并非如此，报京村这二三十年经历了两代农民工，第一代农民工是较纪委委员稍大那一拨四五十岁的人，他们逐步地要退回农村，而他们的子代已经成长为第二代农民工。两代农民工的外出务工生涯竟然没有对村寨生活产生变化，而一条公路修建，也就短短几年时间就让人们心中泛起了涟漪。

之所以会发生这种不可思议的情况，与农民的比较对象发生了改变有关系。

二

我们在长三角和珠三角跟来自全国各地的农民工访谈，了解到贵州的农民工非常显眼，很有特点。在这里，贵州农民工是指贵州偏远山区的农民工。贵州农民工在务工地除了务工之外，还会在闲暇时到田地河滩抓青蛙玩，不是一两个人玩，而是一群人都抓着玩。他们还到山上逮鸟，买只鸟笼养着，像对待自家小孩那样悉心呵护鸟儿，还隔三差五就聚在一起斗鸟赌鸟,最能斗的鸟儿最值钱。未到镇远调查时,我们觉得打工地的贵州农民还真会自己找乐子,在繁重的体力活、沉闷的流水线工作之外自娱自乐,也不失为一种自我调节的好方式。在报京村一带了解后才知道,养鸟斗鸟是当地的生活方式,几乎每家每户都有数只鸟笼,鸟儿是他们在山上抓的,每到赶集的时候就会有专门斗鸟的地方,十里八乡的农民都聚在一块儿斗鸟。养鸟除了要花费大量非闲暇时间和精力外,还要有现金支出,一只鸟儿一年吃掉不低于2000元的鸟粮。有的农民上山种地、工地务工也将鸟笼带着。我们在报京一带调研发现,家里鸟笼最多的是苗族家庭,其次是侗族家庭,汉族家庭鸟笼少。一般来说,鸟笼的数量与村寨或家庭的贫困程度是成正比的。

在务工地的农民工除了养鸟、抓青蛙以外,还延续了在村里不存钱、爱花钱的习惯。贵州农民工经常换工作,只要感觉老板对自己不好,就把老板给炒了;还经常往返于老家与务工地,一回就是几个月、半年时间。这使得他们无法在务工地和工厂有足够长的务工时间,难以得到技术和工作经验的积累,工资上不去,收入较低。但是他们却经常在一起聚会,一发工资就要外出聚餐,大半月的工资就花完了。他们不仅在村寨的生活经常借钱度日,在务工地也经常借钱,借钱吃饭、借钱购物、借钱买票回家等。

这说明,贵州农民工在务工地的生活方式是村寨生活方式的继续,他们生活所面对的群体也是老家的伙伴。他们把老家的生活方式、交往对象、社会关系和思维方式都带到了务工地。他们虽然身处外边的大世界,与原有的生活完全不一样的世界,但这个世界不是他们的生活世界,不会成为他们的"比较对象"。他们所身处的世界,就如他们在村寨看到和想象的一样,事实上离他们很遥远。外边世界的生活方式、思维方式、行为逻辑和社会关系等,都被他们屏蔽掉,被挡在他们本地生活圈之外。

他们的生活圈依然是村寨的生活圈,每个人的周边游离的都是他的村寨小伙伴。他的村寨小伙伴也跟他一样,感受不到来自外部新世界的冲击,因而也不会有什么变化。不仅在务工地接触到的人跟他们是同质性的,没有可比性,而且他们回到村寨的时候,村寨的生活跟他们的生活也是一致的。这便是说,当你看到周边的一切都没有变化的时候,你就不会有变化。

这里有个前提,人们的比较对象是自己很近的人,比如自己单位的人、自己村寨的人、村寨周边的人。人们不会跟与自己无关、距离遥远的人进行比较。人们在村寨生活的时候,当村寨里的邻居、同姓兄弟、其他姓氏的人以及再远一点的周边村寨的人开始建筑木质房之外的砖瓦房时,旁边的人认为住得蛮舒服,那么后者也会开始做。这些人经年累月过一样的生活,就觉察不到变化,就会将这种生活理所当然化。

同样的,到了务工地之后,他们依然成群结队,延续了他们在村寨的生活方式,那么他们虽然也要接触其他人,但这些人却是"陌生人",不会成为他们的比较对象,他们仍然跟村寨出来的人比较。一比较,发现跟自己是一样的,就会更加坚定自己生活方式的正确性和其他人生活方式的错误性和不可理喻性,或者其他人的成功是偶然的,是陌生人的成功,与自己没关系。在长三角调研时,贵州农民工在谈到他们为什么没有存到钱时说,他们要是像河南人那样节俭,早有钱了。他们对河南人的节约习惯不以为然,而依然认可自己的大方,认为大方花钱才能结交到朋友。

三

2014年春节前夕,报京村发生了一次火烧连营的大火灾,共烧掉了300多栋房子。在重建过程中,国家也给他们修建了几条进寨子的公路。这个寨子才结束了没有通寨公路的历史。这样不仅外边的大小车子可以进来,寨子里的人跟周边的接触也多了起来。之前从来没出过寨子的老年人也可以轻松地到达周边的村寨,之前只有赶集才出寨门,现在随时可以外出了,之前赶集需要走几十里的山路,一两个小时才能到达,现在上车十几分钟就到了。通公路不仅仅是方便了,而且更重要的是,他们跟周边村寨和城镇之间人员往来频繁了,接触多了,信息的沟通就成了即时性的了。一个很简单的例子是,村寨里的人到周边村寨和城镇建筑工地上务工,当天就可以返回,空间距离缩短了,外界信息流通时间也缩短了。

一旦空间距离缩短,之前被认为是遥不可及的外边世界,就不再是"外边世界"了,而是变成了跟村寨连为一体的自己的"本地世界",也就是说自己的村寨与所接触到的村寨可以进行比较了。之前的外边世界,搞得再好也与自己无关,现在它们的一丁点变化都将牵动自己村寨的全身。所以,一旦这些地方有信息进来了,大家就会将之与自己村寨进行比较,看看人家好在哪里,自己的差距在哪里。这种比较多了之后,村民的观念就会开始变化,就会用比较对象的行为来参照自己的行为,也会摸索着改变自己的行为。

在教育方面就很典型。当村寨自己只有几户到县市区买房送子女读书的时候,并没有给其他村民带来示范效应。人们认为这几户人家是有钱没处花,能读书的小孩到哪读都一样,读不出来的小孩到哪儿读都考不上学。但是,当村寨跟周边村镇的人接触多了之后,人家大部分农民都将自己的子女送到外边去读,最差的也要送到乡镇中小学去,有条件的人家幼儿园就把子女送到县市去了,而且发现在外边读书的小孩在谈吐和见识方面确实跟在村小读书的小孩不同。这种信息不断汇聚之后,人们开始认可将小孩送到更好的学校读书会得到更好教育的观念。有了这个观念,就得有相应的行为支撑。要想把小孩送到县市读书,就得在那里租房子或买房子,这个时候就要求年轻夫妇在外边要攒钱,工作再不能三天打鱼两天晒网和赚三块花两块了,打工赚钱就要有所计划了。

还如,在村寨外边看到人家靠土地流转、搞果木合作社发家致富了,也想着在自己村寨里复制这种经验。我们调查的时候村里的几个干部下一步就想着搞土地流转做点事,经验就来自周边村寨有人在承包土地搞果木种植。周边的"外边世界"的村寨里的人靠着各个方面的打拼开始有钱了,建砖瓦楼房,买小汽车,把家里装得豪华靓丽,小孩送去县市上学,等等,这些信息一点一滴及时汇聚到报京村,村里人也开始跃跃欲试,过去那种"脚踩西瓜皮,滑到哪里算哪里"的思想逐渐不再有正确性,人们开始提倡勤劳致富。因为一比较,他们才发现自己有多落后,落后的原因在哪里。以前觉得自己饿不着就不错了,现在发觉人家早已过了饿不着的阶段向着小康之路迈进,而自己却还在满足于最基本的温饱生活。

更为直接的是,通寨的路修好后,外边的货物可以很方便地运输进来了,包括生活用品和建筑材料。比如报京村旁边的苗寨建筑,以前没有通路时,只能在山上采集木料做木质"吊脚楼"。通路之后,水泥、钢筋、瓷砖、搅拌机等都能够运输进来,有些家庭开始建水泥楼房。一家建了之后,其他家庭看着就会羡慕、比较和效仿,建水泥楼房的风气很快流行。建水泥楼房不像建木质房那样,可以慢慢建个几年甚至上十年,必须在短时期内建起来。这就需要农民有足够的资金,这就要求农民去打工挣钱。

四

在外人看来,"懒惰"与"挥霍"是报京村贫穷落后的根源,但其实这其中也是传统乡村文化与现代都市文化的一种差异的凸显。纪检委员说报京村人在做工上怕吃苦,不能耐高压,一觉得累了、困了就吵着要休息,老板一批评就受不了。这样的人是不讨老板喜欢的,当然就赚不到钱。这种观念在打工地是改变不了的,需要通过村寨与外界频繁地沟通才能逐渐改变。

没有比较永远不会有改变。有比较才会发现自己的差距,才会受"内伤",才会有改变的动力。当地农村妇女还沉浸在织布纺衣当中不能自拔,相互比较谁做得好,但一件衣服一做就要三五年时间,将大好的劳动力都用在一件民族服装上。要顺其自然改变这种状况很难,靠出去打工改变也不可能,很多在外打工的年轻妇女之所以返乡就不再出去了,是因为她们需要回来织布纺衣,否则过节、走亲戚就没有穿的,人家就会笑话。而能够快速改变这种观念的办法是,当地能办一个纺织厂,招收当地女工,如果她们每个月能赚个两三千元钱,这些人很快就会被吸引到工厂里去,而放弃在家织布。因为厂子开在家门口,那么妇女们比较的对象进厂赚钱了,贴补家用了,如果自己还在家织布纺衣,就等于有了机会成本,在机会成本面前她们就会放弃在家纺织。

五

上述关键一点是农民的比较对象是谁。农民不会跟与己无关的外界比较,而是跟身边的人进行比较。只要身边的人不改变,他们就会自得其乐,沉浸在田园牧歌之中而对外部世界无感。只要身边的人有哪怕一丁点变化,他们都会立马感知出来,这是他们的敏感点。身边人一改变,他们就要效仿乃至想方设法弯道超车,你一旦改变,其他人也同样感知,进而形成循环上升的比较与竞争,推动农村的改变。

这些分析能够解释为什么在偏远的高山农村,即便他们的劳动力已经纳入了全国统一的劳动力市场,他们也在全国劳动力市场上竞争了,但却无法改变农村的相关观念和行为。周边没有改变,比较对象没有改变,就不会有比较的差距,也就没有改变的压力、动力和目标。

通路及其他信息渠道的沟通,是让村寨与其他周边村落进行密集沟通的重要方式,它将村寨之前不纳入比较范围的村落也被强制性地纳入了进来,使得村寨的比较对象扩大,与村寨异质性的东西被纳入了比较的视野。这会对村寨构成冲击,从而强制村民改变观念。

(2018.2.25)

时空压缩的农民分化

一

农民分化的内涵非常丰富,从社会学的角度主要包括血缘地缘关系的解体和农民经济社会分层。前者属于横向分化,后者乃纵向分化,两个方面交织在一起相互促进。横向分化会促使农民相互比较和竞争,从而加大相互之间经济社会的差异,纵向分化则进一步瓦解农民之间的血缘地缘关系。农民分化的要义是不把其他农民当自己人,还要与他们有差别。

农民分化是现代化的产物。西方社会在现代化过程中也经历过市民从血缘地缘的依附关系向直接面对国家的个体化过程。西方社会分化的过程是市民社会形成的过程。中国农民的分化与西方市民化过程有一些相同之处,如从依附性关系到自由个体身份的转变。但也有它自身的特点,主要是在空间上农民分化局限在村庄内部,在时间上农民分化集中在这二三十年,因此可以说中国的农民分化是在时空压缩条件下发生的。这些特征必然使得农民分化有别于西方市民社会的形成和中国城市市民分化的社会影响。

二

就空间来说,农民分化是发生在村庄中的,而村庄是熟人社会。农民分化是熟人社会的分化,它既是对熟人社会的反叛,会分割熟人社会和改变熟人社会的某些特质;同时,又会受到熟人社会的影响和制约,使它不同于陌生人社会的分化。

农民分化之后,人们从之前互帮互助、互相体谅和欣赏的关系,转变为同生活于一个狭窄空间的比较与竞争关系。农民个体家庭会把对方从未分化之前的自己人,转变为分化之后的竞争对象。在狭小的村庄环境中,熟人社会对农民分化及其后果有以下影响:

一是农民分化是自己人的分化,分化之后的竞争就是自己人的竞争。无论是血缘关系还是地缘关系,农民都对彼此赋予了自己人的权利义务关系,前者是先赋性的权利义务关系,后者是通过人情构建起来的权利义务关系。当农民分化之后,超出个体家庭之外的权利义务关系淡化,之前由血缘地缘关系连接起来的认同单位被分割为个体家庭,导致了自己人之间的竞争。自己人关系的最大特点是相互之间的起点较一致,不仅经济社会条件是一致的,身体条件也差不多。这就造成了一旦家庭之间的经济社会条件出现差别,即便是很微小的差别也很容易被人察觉到。自己人关系越近,越容易被拿出来比较,被评头论足。因而越是自己人关系,分化之后就越容易相互比较,越担心与对方有差别。因为一旦有差别,在起点条件一致的情况下,落后者就会被他人认为是无能和懒惰,他们就会感到耻辱,就需要调动资源改变状况。越是血缘地缘关系相近的家庭,越容易以对方为参照系,希望较对方不差或超越对方,相互之间的比较与竞争就会很激烈。

二是农民分化是看得见的分化,分化之后的竞争是面对面的竞争。农民在村庄生活,相互之间知根知底,分化之后不仅知道自己处在村庄社会的哪个层级,也知道对方处在什么样的位置。哪个家庭发生了什么样的变化都会在第一时间知道,自己家发财了、赚钱了也无法藏着掖着。在村庄里,由于相互之间的信息是透明的,互动是在场的,分化之后的比较与竞争是面对面的。这意味着个体家庭之间的竞争是赤裸裸的,也是残酷的,让相互熟知对方底细和套路的人在大庭广众之下打擂台。但是谁都输不起,谁都会竭尽全力拼到最后。

三是农民分化是共同体里的分化,分化之后的竞争是不可逃避的家庭竞争。每一个村庄都是一个集生活、生产、信仰和交往于一体的共同体,共同体主导价值标准只有一个,不存在多元化的价值标准,人们将主导价值标准作为生活目标,以此安排自己的劳动力。只有达到了村庄主导的价值标准,才会得到村庄认同,获得自我实现。分化之后农民竞争的标的就是村庄主导的价值目标。那些不能达到该标准的家庭会承受巨大的压力,在村庄中被人看不起,进入不了村庄主流社会生活。村庄价值标准的主导性和单一性,使得分化之后村庄竞争具有不可逃逸性,每个家庭都必须参与村庄竞争,并达到村庄普通的标准,否则就会被认为是失败的家庭,被村庄给边缘化。

村庄里的分化使得农民之间的竞争非常激烈且不可逃避。这样的竞争给村庄带来了双重影响。从正面来说,它充分调动了农村劳动力,提高了农村劳动力的市场化程度;改变了农民的生活方式,提高了农民的现代化程度;推动了农民的城镇化,提高了农业的现代化水平。从负面来说,村庄竞争会进一步撕裂村庄社会关系,家庭之间的关系从之前温情脉脉变得冷酷无情；对于落后而又无法改变的家庭是非常残酷无情的，使得这样的家庭在村庄中无法获得其生活所需和价值依撑；在分化较大的村庄容易形成上层农民与下层农民的对立，可能会造成较大的社会矛盾和治理方面的困境。

三

农民分化除了空间是被压缩在村庄之外，在时间上也被压缩在最近二三十年，特别是近二十年。西方社会的分化经历了一两百年才形成了市民社会。在其分化过程中，出现的许多问题都可以通过时间来解决，或者是问题会较为缓和，也容易解决。中国农民的分化集中在这二十年间，也就是一代人的时间，那么问题的出现就是爆炸性的、剧烈的，很难在这么短的时间内解决。这样有以下几个表现：

一是时间短，角色难调整。分化之后，农民在较短时间内形成明显的经济社会分层，进而又使得行为规则发生改变，还有角色和身份也在发生改变，使得农民在短时间内无法适应。这种不适应包括条件差的农民有时对条件好的农民的看不惯，容易犯"红眼病"，甚至把自己的落后归结为对方领先的缘故，生发怨恨等负面情绪；条件好的农民的角色也没调整过来，喜欢在村庄里炫富，在条件差的农民面前显摆，招来后者的忌恨。

二是时间短，分化不彻底。比如社会关系分化不彻底。血缘地缘关系虽然瓦解，但它在很多方面仍发挥着作用，并在某种程度上冲淡了农民的经济社会分化，缓和了农民层级之间的关系，也缓和了一定的矛盾。还比如价值观分化不彻底。村庄主导价值观在较短时间内仍然起作用,没有形成多元化的价值观,这对于落后的农民来说是不利的。

三是时间短,竞争太激烈。短时期内的剧烈变化,条件差的农民无法调整自己的心态,拼了老命跟人家比较,希望追赶上,但是对他们来说太难,因而心理负担就会很重。这会带来许多社会问题,比如过度压榨自身劳动力;太看重现阶段的成功与否,将资源和劳动力都集中在参与竞争上,会忽略村庄的道德伦理,包括忽略对老年人的赡养。

四

时空压缩的农民分化是中国农民分化的特点,是中国社会发展的缩影。中国的发展本身也是在时空压缩中进行的。在快速发展中必然会出现诸多的问题,中国不可能像西方那样将问题都拿到殖民地和第三世界国家去消化,只能在内部自我消化。广大农村就是消化问题的一个场所。农村快速发展和变化也是如此,它一定会出现诸多问题,无法将这些问题外部化,就只能在家庭内部去解决,包括过度自我压榨和忽略老年人。

农村资源较少,分化的农民越是集中在村内竞争,就越会出现许多问题。农村的发展与稳定不在农村内部,而在于大量劳动力的转移和农民城镇化,以使农民分化能够突破村庄。即便出现一些问题,也可以通过时间和空间来解决。(2018.3.11)

村庄竞争、资源调动与压力的承受者

一

中国正经历快速发展,各行各业欣欣向荣,都还有巨大的空间和机会,不同层次、不同群体的人的位置都没有固定,条件好的人没有感觉已经稳坐钓鱼台,他们依然在努力构筑庞大的关系网络和获取更多的资源。条件较差的人也没有认命,他们拼命地往上爬。这既给中国营造了巨大的社会活力,也给中国社会带来了普遍的竞争压力。

农村区域广阔,社会差异巨大,不同农村地区的农民所承受的压力有所不同,社会压力的来源、缓解压力的资源和压力主要承受者也有差别。农村竞争压力推动了农民家庭调动劳动力参与竞争,为中国社会各行各业供给了大量能吃苦耐劳、勇于付出的劳动力,为中国社会的飞速发展做出了贡献。

二

在中西部农村,村庄竞争的压力主要集中在中年人和老年人身上。在2000年以前,中西部农村的农民主要还在土地里刨食,家庭之间的经济水平都相差无几。这之后,农村青壮年劳动力大量外出务工经商,农村家庭收入来源多元化,经济水平的差异逐渐凸现。经济条件好的家庭在消费上也与其他家庭拉开距离,引领村庄标准。其他相对落后的家庭自然不甘落后,他们也鼓足了干劲奋勇直追。村庄竞争愈发激烈。

在村庄你追我赶的竞争中,每个家庭都不敢懈怠,要努力在各种消费中达到或超过村庄一般标准。这些消费主要包括人情酒席、小孩读书、买房结婚等。在人情交往中,礼金随着社会经济发展而水涨船高,少于一般标准就不好意思。小孩读书以前在村小镇中读就可以了,现在发展到县城私立小学就读,还要有人陪读;儿子结婚费用是最大的家庭支出,买房和彩礼是其中的大头,前者的竞争是房子要买到城镇,后者则是越来越高,买不起房子、出不起彩礼的则没法给儿子成婚。

涉及农民人生任务的竞争尤为激烈,给农民带来了巨大的压力。他们就得把家庭的主要资源放在这些方面的竞争上。在中西部农村,农民家庭的资源除了土地、劳动工具之外,就只剩下劳动力了。土地和劳动工具在各农民家庭中都差不多。劳动力具有再生产性和无限性。那些劳动力多,且被充分调动起来的家庭,能够迅速增加家庭收入。譬如家庭的青壮年劳动力都外出务工,老年人在家种地看孙子,这就会使得家庭有务工和务农两笔收入,还减少了养老和带孩子的费用,这一增一减就可以为一个家庭积累不少财富。这样的家庭将这笔财富用于小孩读书和结婚,就很容易完成任务,达到村庄标准。如果一个家庭的劳动力没有被充分调动起来,或者有病号,家庭的收入少、支出多,就没有足够的财富用于竞争,他们完成人生任务的质量就不高,在村庄中就没面子。

　　劳动力资源成为中西部村庄竞争的基础,农民竞争的是对劳动力的调动。村庄竞争越激烈,就越要充分调动家庭劳动力。中年人是村庄竞争的主体,要为赶人情而奔波,要为子女结婚积攒财富。在他们完成子女结婚的任务后,还要偿还子女结婚时留下来的债务,为子女看孩子,他们还得拼命地干农活或者外出务工。家里的老年人则在有劳动能力时尽量自给自足,不开口向子女要,或者帮子女照看小孩,甚至给子女输入资源,比如给进城的子女搞些柴火、腊肉等。所以,老年人的劳动力资源也很重要,可以给子女搞些事情,增加子女的劳动力投入;还可以自己照顾自己,减少子女在老年人身上的资源和劳动力投入。不仅进城的年轻人和奔波的中年人有压力,老年人也不能精神放松,他们也要为子女着想,想着怎么为他们减轻负担。如果不能给子女创造点什么,就认为自己"没用了",还平添子代负担,心理就会有愧疚感。老人们认为子女自己一大家子已经负担够重了,顾不了自己是正常的。如果子女还惦记着自己,那么他们就更觉得过意不去。所以,老年人在自己能劳动挣钱的时候,还没有心理负担,一旦自己生病、丧失劳动能力,就会有心理负担。

　　中年人一般在子女结婚后还需要用十年左右的时间来还债,在这期间他们要么在农地里忙活,要么在外务工,平时确实无暇顾及老年人。他们也不希望把自己的资源都用到老年人身上。这样一定会减少其他地方的开支。他们甚至认为老年人比他们活得好,不仅不需要像他们那样一大把年纪还要拼命劳动、到外边奔波,而且还有新农保,一个月七八十元钱至少柴米钱不用操心。

　　由于村庄竞争太激烈,有些中年人承受了太大的压力,他们"只顾低头拉车,忘记了抬头看路",从而撕裂了村庄许多美好的事物,包括对老年人的孝道和村庄社会关系。村庄成为"竞争社会",不利于竞争的会被否定,有利于竞争的被肯定。老年人如果有劳动能力而不给子女帮忙,还要向子女要吃要喝,这样的人会被认为只知道自己享清福、不知道体谅子女。老年人一旦不能创造财富,还要子女照顾就成为巨大的负担,会倍感压力。

与传统规范要求人们将资源更多地向老年人配置不同,"竞争社会"是向下一代看,资源的分配也是由上往下流,而不会倒流到老年人身上。村庄竞争的压力被中年人和老年人给承担下来了。

三

浙江农村的市场化开始较早,当地农村城市化程度较高,城乡在交通、生活方式、环境、公共产品和服务方面已经一体化。因此,无论是作为亿万富翁的农民企业家,还是作为打工或自雇一族的低收入群体,都没有搬出村庄。富裕农民虽然在城市或镇上有房产(套间或别墅),中等收入农民一般也在县镇上有房产,但他们在村里还有房子。中等收入农民一般在村里的别墅区有小栋别墅,而富裕农民则在村旁边有独门独院的大别墅。低收入农民的房子或是老村落的低矮平房或老旧祖宅。富裕农民和中等收入农民虽然主要的活动范围在村外,但每天还得开车回村。低收入农民要么在村里开小作坊,要么在本镇范围内的工厂企业务工,下班后也得回村休息。因此,当地村庄不像中西部村庄那样空心化了,依然是村民生活和交往的主要场所。当地村庄还是熟人社会,没有因为城市化而变成了陌生人社会。

由于熟人社会依然存在,那么熟人社会的一系列特征也就必然还会发生作用。其中最重要的是各群体共享一套价值体系,共同参与村庄社会竞争。也就是说,虽然大家的经济水平不同,但只要没有搬出村外,就得在其中进行比较和竞争,达到村庄主流标准才能被人们所认可。由于当地富裕农民还留在村庄,他们的生活水平和消费能力自然就成为村庄的标准,其他农民家庭只有达到了他们的平均标准才算得上体面,否则就会觉得没面子。

富裕农民引领的标准并不是一成不变的,而是在不断地翻新花样,因为他们要在村庄当中表现出跟其他人不一样来,这样才能体现他们高人一等的价值。中等收入农民虽然在收入上不能与富裕农民相比,但是他们勉强能够赶得上富裕农民的消费水平,或者在表面上一样。低收入农民即便咬紧牙关,也很难达到富裕农民的水平。富裕农民办酒席一般是数十桌到一二百桌不等,酒席的档次在每桌五千元以上,人情礼金从一千元起步。低收入农民不可能办得起这么大规模和档次的酒席,但是他们想着维护最低限度面子的办法是,酒席档次不降低,但是缩小规模,如办二三十桌,或者数桌,这样至少让来吃酒席的人不觉得被怠慢。他们在人情礼金上也达到平均水平,但是减少外出吃酒席的次数,缩小人情圈。

不同农民阶层间的差距越来越大,富裕农民不断刷新和抬高村庄竞争的标准。这给中等收入农民和低收入农民带来了压力。中等收入农民尚可调动资源尽可能达到村庄标准,而低收入阶层则离标准越来越远,他们在诸如建房、嫁娶、小孩读书方面,都无法赶上富裕农民的水平。因而他们在村庄中承受了巨大的压力。

但是村庄是熟人社会,一方面,低收入群体不可能不与富裕农民和中等收入农民去比较,因为他们的起点是一致的,现在一个是亿万富翁,一个是打工仔,差距之大,令部分低收入农民羞愧难当。另一方面,即便低收入农民主观上不与富裕农民去比较,但是村庄的价值目标是共享的,低收入农民不可能自己定义自己的价值目标。只要他们还生活在村庄当中,就得朝着这个目标努力,否则就会被村庄边缘化。

以上说的是,由于资源禀赋的差异,浙江农村地区的社会压力通过村庄比较和竞争的机制,主要集中到了低收入农民身上。在各阶层中,富裕农民不仅拥有广阔的政商社会关系,还通过各种方法影响村庄政治权力,他们的这些资源都是可再生资源。他们在村庄比较和竞争中利用这些资源引领村庄标准,在村庄中获得极大的声誉。中等收入农民则一方面作为富裕农民企业的下游企业主,与富裕农民有生意上和人情上的往来,另一方面他们在村庄政治中作为富裕农民的帮手而能够在村庄资源中分得一些利益。中等收入群体在比较与竞争中也有资源可以调动。低收入农民不仅少有政治、经济资源,而且他们的社会关系网也在缩小。

那么,低收入农民是否可以充分调动家庭劳动力参与竞争?这种方式是徒劳的,起不到作用。因为该地区农民已经充分市场化,他们在市场中竞争资源。市场资源的特点,一是足够大、足够多,就看你在市场中掌握的份额,二是市场资源与政治资源、社会关系资源和文化资源相生相伴,具有再生产性,一种资源可以转化为另一种资源,得到一种资源意味着总体占有资源。市场资源占有的多寡与劳动力多少和被充分调动与否关系不大。因此,在该地的村庄竞争中,比拼的是市场资源的占有量,而不是劳动力的充分调动与否。

调查发现,确实有低收入农民为买房子而昼夜打数份工的案例,但是这无益于缓解他们的竞争压力。因为每年多几万元钱对于竞争的胜败无济于事。况且许多低收入农民一旦为子女建房或买房了，就逐渐退出与富裕农民的比较和竞争，甘过条件差的生活。因此，当地村庄竞争的压力主要集中在低收入农民中的中青年人身上，而不会传递到老年人身上。

四

珠三角地区宗族比较发达，大宗大族过去有自己的族田和以祠堂、庙宇和学堂为代表的公共财产。族田的收入用于宗族公共基础设施建设、公共活动、学堂教育以及贫弱救济。我们调查的中山沙溪镇刘氏宗祠就有数千亩土地。围绕宗祠形成的经济被称之为"祠堂经济"。1949年以后，土地和公共财产归公。集体时代土地属于"三级所有队为基础"，土地和劳动力掌握在生产队。到70年代末，大队要发展工业需要调配生产队的劳动力，这些劳动力在大队工业部门干活，但是要回到生产队去计工分。由于各个生产队的土地和经济水平不一样，工分就会有差异。在大队干同样的活，到生产队领的工分却不一样，这样就不利于调动务工农民的积极性，不利于大队工业的发展。于是大队就将生产队的土地都收归集体，由集体来计工分，但派工还放在生产队。由于本是同宗同族，有较强的宗亲观念，土地权属上收比较容易。分田到户之后，土地分到农户个体家庭，但是由于珠三角靠近港澳，与境外联系比较紧密，又是改革开放的桥头堡，外来"三来一补"企业进入该地区，农民自己创业搞手工业和到企业打工挣的钱比务农收入要高。于是到1985年之后就有很多人把土地扔给了集体，由村集体统一发包出去，到 90 年代末村集体将全村土地收归后都发包了出去，收取租金。同时，从 80 年代末开始，集体开始在公共土地上办厂接受"三来一补"企业，收取资金。到我们调查为止，沙溪龙瑞村每年集体土地和厂房的租金收入有 7000 万元。

龙瑞村每年用 5000 万元来给村民发福利，包括每人每年的分红 11000 元，还有四十岁以上的村民买社保，另外每年要投入几十万元发展小学。村民到了六十岁以后就可以领社保，每人每年有 1 万元左右。如果一个家庭有一对老人、一对年轻夫妇的话，光是分红和社保收入就有多达 6 万元（分红 4 万，社保 2 万），这对于一个在当地有房子、不需要交房贷（房租）的家庭，即便不干活也能生活得下去。同时年轻夫妇就近上班，每人每个月三四千元，两人加起来就差不多 10 万元的年收入。如果还有房屋出租，那么每年也有大几千上万元的收入。这样的家庭收入足可支撑一家人在当地过上体面的生活。

龙瑞村在沙溪镇算是集体经济比较好的村庄，其他村庄的分红从几百到几千不等。但是龙瑞村在珠三角又不算是最好的村，在广州、深圳、珠海和东莞等地，村集体分红有的多达每人十几万元，一个家庭有四五个股份，一年的收入就有五六十万元，根本不需要其他收入也能过上体面的生活。龙瑞村集体经济的发展是珠三角的缩影。那里过去是祠堂经济，现在很容易转变为集体经济，都是地租经济，不属于创业型资本经济。

在龙瑞村，因为村集体收入占了农民家庭收入的很大部分，构成了农民生活来源的重要基础，少了集体分红和集体购买的福利，农民家庭生活的质量会受到极大影响，生活将失去保障和安全感。因此农民对这一块收入看得很重，也看得很紧。在那些分红还不够多、尚不构成家庭收入主要来源的村庄,农民在与其他村的对比中也寄望于集体分红和各种福利。为此,村集体每年的主要工作就是要千方百计地增加集体收入。村民看到每年的分红都在增长就认为村干部有能耐,如果分红减少就会对村干部有意见。在村干部换届选举中,村民对村干部的考量标准也主要是分红的增加量。这样村干部就有极大的压力去增加集体收入。

在深圳等地,城市发展较快,每一次城市拓展迭代都意味着不仅城市基础设施在更新换代,而且意味着农民参照的生活标准在向城市中上阶层靠拢。因此农民为了达到中上层市民生活的标准,就会要求分更多的红,村干部的压力就越来越大。村干部为了增加集体收入,就会要求政府对集体经营部分收取的税收减少,通过村民向政府施加压力,甚至组织村民上访。地方政府迫于村民的压力就会向村集体留存和输入更多的利益,包括默认集体土地可以建商品房、出租房等。中山龙瑞村还没有发展到深圳的地步,但是村集体的压力着实不小。在沙溪镇有的村庄,迫于村民增加分红的压力,村集体通过举债的方式借钱给农民分红和购买社保。在东莞因为中小企业破产数量增加,集体地租收入锐减,村集体也只能借钱分红。同时因为集体收入减少,村庄各种社会矛盾集中爆发,村集体除了借钱之外,还有一个举措是加强村组党建工作。

在龙瑞村,村干部对村集体土地和厂房规划经营得较好,每年的分红都在增加,村民对村集体和村干部都较为满意。但是村干部仍然有压力,他们除千方百计地增加集体收入外,还有些保留措施,一个是一开始将厂房租金定得相对较低,以后再逐年增加,从而使得集体收入和分红能够逐年增加。如果租金一开始就定很高,后面增长的空间较小,村干部就没有回旋余地。另一个是每年集体留存一部分资金,以备后面可能的经济下行、租金降低之时仍可以使村民分红不降低。

由于村集体给予了村民生活的基本保障,甚至是优质生活的基础,村民没有生存的压力。从调查来看,龙瑞村年轻人的唯一压力是小孩就读好初中的压力,其余的如建房、结婚、买车、小孩上小学等,都不需要他们操心。只要夫妻俩都在本地上班,工资虽然不太高,足可应付些许压力。因此他们对自己的晋升和创业发展的动力不足。年轻人有份工作,相对体面就可以了。而老年人则生活得很悠闲,早上老爷子到店里吃茶点,老太太去买菜。过生日、过年节都有聚会和旅游。村民除了创业做老板的少数人之外,大部分的家庭收入都差不多,相互之间缺少中西部地区激烈的比较和竞争。即便家庭条件稍微好些的农民,也不会看不起其他村民。这与浙江地区富人看不起穷人形成对比。这可能与这个地方农民的优质生活都源于集体的分红有关系。而浙江农民的分化则是源于个体差别,富人多是通过自己的努力致富的,因而对没有致富的人就有种道德优越感。

在我们调查的深圳某些行政村,由于集体分红十分可观,农民不需要在市场上获取收入,也就不需要再到市场上去竞争。因而他们就不会为了在市场上竞争成功而提升自己的能力,也就是在他们的劳动力再生产中,小孩的教育没那么关键,他们不会在这方面全力投资,更不会在这方面进行比较。所以,深圳农民生存在集体中,缺少在市场上谋生的技能,更不习惯于给人家打工。为了有更好的生活,他们主要不是提高自己的市场竞争力,而是给村集体施加压力。

综合来说,珠三角农民的收入既不来源于对劳动力的调动,也不来源于市场竞争,而是来源于均分的集体经济。因而他们的生活压力不来源于村民之间的相互比较,而来源于与城市更新、扩张之后市民生活平均水平之上的比较。这些压力也不由中青年人来承担,更不会传递给老年人,而是由村集体来承担和化解。

而在苏州农村,土地成为地方政府征用地,集体没有资产,地方政府给农民都买了社保,农民的收入需要自己打工获得。地方政府不仅要进行大量的土地开发,还要花费巨资给农民买社保,于是大量举债。地方政府承担了巨大的压力。同时,当地年轻农民要进城享受中产阶级的生活,其父母到了五六十岁还打几份工,老年人承担了年轻人的压力。

* * *

总结上文,主要讲了三个地方的三种竞争方式。第一种是依靠劳动力的竞争,需要充分调动和配置家庭劳动力,因而所有劳动力都会承受竞争的压力,而中年人承受的压力最大,老年人也会感受到子代竞争的压力。第二种是依靠市场的竞争,它与劳动力的多少没关系,与家庭是否掌握了优质的市场资源有关。依靠市场资源参与村庄竞争会形成较大的阶层分化,竞争的压力集中在条件差的农民身上。第三种是依靠集体经济的竞争。在城市化程度较高、集体经济发达的地区,农民的比较对象是市民中产阶级,而他们又不主要依靠劳动力和市场资源,而是依靠集体分红过上城市中产阶级的生活。因而比较的压力就不会在劳动力身上和老年人身上,而是在村集体身上。(2017.9.12)

收 入 结 构

地租经济与农民工的社会融入

一

当前农民工研究中有三个主要倾向,一是对返乡农民工的研究,探讨的是农民工外出务工的动力、返乡的逻辑以及返乡后的状况,"拉力"和"推力"是其主要的理论构建,还有就是"半工半耕"理论。二是对工厂政体的研究,主要以工厂、宿舍和工地等空间政治为基础,分析当代资本对工人新的剥削形式和农民工新的抗争形式。三是对农民工城市融入问题的研究,从城市各项体制入手探讨农民工融入城市的藩篱问题,将农民工的城市融入视为城市政治问题,其中城市户籍制度及附着于其上的福利制度是广受批评的对象。

从笔者及所在团队对农民集中流入地的调查来看,在既有研究中,农民工在城市的生活与社会交往是一个理论研究的盲区,农民工与当地社会、居民和政府的真实关系很少见到有专门研究。另外,户籍制度在中小城市已经放开,户籍制度之上的社会福利被剥离,农民工社会融入问题更多的是经济问题,而非制度问题。最终不能在城市立足的农民工,我们觉得要关注他们在城市务工时的生活,关心他们务工生涯最基本的尊严。而是否有尊严,与他们在务工生涯中与当地社会的关系好坏有关。

根据在广东中山农村的调查,我们发现经济形态与农民工社会融入有较大关系。以地租经济为主的地方,农民工与当地社会亲和,社会融入较好,政府鼓励农民工与当地社会融合;而资本经济为主的地方,农民工与地方社会疏远,社会融入较差。

二

珠三角是中国最早引入外资和"三来一补"企业的地方。不仅地方政府是引进外资的主体,当地农民也有许多华人华侨亲戚,村子和村民也在招引外资。中山龙瑞村现有三千多人,但是它在境外和海外的同宗同族人却有五千到七千人,华侨华人超过了本村人。龙瑞村在八九十年代引进的几大服装公司都是本村华人企业家。华人来投资有三种方式,第一种是村镇买土地给企业主,由企业主自建厂房,所有权归企业主;第二种是村集体出租土地给企业主,企业主自建厂房,在规定的年限内村集体不收取租金,但年限之外厂房所有权归集体,企业主要向村集体缴纳租金;第三种是村集体建造厂房出租给华人企业主,按年收取租金。一般以第三种形式居多,第一种次之,第二种最少。由于出租土地风险较小,且华人华侨投资越来越多,村集体通过各种渠道修建的厂房也越多。逐渐地村集体就不再经营土地和手工业企业,当地农民手工业创业的也逐渐减少。到我们调查为止,当地农民创业成功的属于少数,每个村还留存少数由本地人经营的制衣厂,大部分厂房都出租给外商和外地人办厂。我们在沙溪镇看到,一般沿街面的楼房都在五六层左右,除第一层用作商用,其余楼层都是厂房。龙瑞村的厂房等物业面积在沙溪镇是最大的,年租金在两亿元左右,除去相关管理成本和留存,村里给村民分红的资金达七千万元。

珠三角的经济主要是外来资本创造的,本地人创业的较少,而本地集体经济则主要来自外商投资于土地上的租金。除乡镇有部分租金收入和土地财政之外,省市政府并不靠土地财政吃饭,而是靠密集的工商业税收。土地增值收益的百分之七八十被村集体或村民拿走了。我们将地方经济建基于集体土地或农民宅基地之上的经济形态称之为"地租经济"。

从调查来看,地租经济包括两种类型,一种是以珠三角为代表的集体出租土地建厂房、筑巢引凤收租金的地方经济,资本家获得企业利润,村集体和农户获得地租收益,地方政府获得税收;一种是以浙江店口为代表的农民创业企业,建基于宅基地和集体土地之上的经济形态,地租收益和产业利润都留在农民手中,地方政府得到税收。这两种类型的地租经济的总特点是,土地增值的主要收益不掌握在政府手中,当地农民、村集体和企业都依赖于集体土地。

地租经济有以下收益分配主体:

第一个是农户。在浙江店口,农户可以在自己宅基地上开作坊、办厂房,获得产业利润和租金收入。在中山农村,农民主要通过出租房屋给农民工或者出租店面获得租金收入,也有少部分农民自建厂房或出租厂房获益。对于中山农民来说,更重要的一份收入是来自集体物业收入的分红,一般占其收入的一半以上,在深圳等地则是主要收入。

第二个是村集体。村集体通过出租土地、厂房等物业获得巨额收入,村集体除了将这部分收入用于农民分红、购买社保医保之外,还用于村公共产品供给。

第三个是地方政府。地方政府虽然不占有土地上的收益,但是它可以收取企业税费。当地工商业越发达,其获取的税收就越多。

第四个是工商业企业主。浙江店口的工商业企业主就是当地农民,中山的工商业企业主是外商和外地人,他们都获取企业利润。

地租经济的以上利润主体,除了它们之间相生相伴之外,都无一例外地与外地农民工相生相伴,是一种高度的共生关系。

对于农户而言,首先是他们的房屋或厂房出租收入来自农民工。在龙瑞村,几乎每家每户都有这部分收入,少则一年几千元,多则两三万元。这部分收入对于当地居民过上城市中产阶级的生活有很大的助益。其次是当地农户在集体的分红也与农民工的创造有关。对于村集体来说,虽然它们的直接物业收入来源于工商业主,但是工商业主的活需要农民工来做。同时,农民工在当地生活,也拉动了当地的消费。虽然村集体与农民工不直接发生关系,但是一旦切断了农民工与工商业主的关系,集体收入就要减少。对于当地政府来说,农民工活跃了当地经济,留住了工商业主,为当地创造了税收收入。由于当地政府不掌握村厂房之外的土地或物业,不能通过大规模征地拆迁来建造工业园区创造收入,只能依赖于集体物业上的工商业税收。对于工商业主来说,农民工则是直接的利润创造者,没有农民工,其工商业就无法运转。在浙江店口,农民作坊主的企业利润依赖于农民工创造,而且他们的房屋出租收入也来自农民工。村集体的厂房出租收入也与农民工息息相关。因此,各方与农民工的相生相伴关系更密切。

农民工是地租经济中很重要的一环,缺了这一环,其他环节就勾连不上,各利益主体的利益就要受到损害。按照这个道理,各个利益主体都不会排斥农民工。

三

农民工进入当地社会,也给当地社会带来了一些问题,包括管理、治安、环境等方面。流动人口管理问题是个大问题,包括暂住证、计生、出租屋等。治安问题主要包括偷盗、打架斗殴、吸毒、群体性事件等。

环境问题主要有生活垃圾、家居用品摆放和流动商贩问题,这几个问题都需要较好解决。更主要的环境问题是由于农民工在当地聚集,在村里面租房居住,就会在他们聚居的地方形成与生活、生产和交往有关的产业链,也就是一些非正规经济,诸如小饭店、副食品店、五金店、装修店、服装店等。这些非正规经济对于城市管理者来说会造成两大问题,一个是加大了管理的成本,还可能造成治安纠纷,另一个是影响城市面貌,有"小散乱污"的感觉,对于城市更新和升级改造也不利。

这些小店面对于农民工来说不仅是生活所必需,因为它们便宜,可以降低农民工在当地的生活成本,而且还增加了农民工的就业渠道。经营小店的农民工一般都是举家过来的,他们在这里开店既能赚到钱,而且家庭不因外出务工而不完整。我们在浙江店口和中山沙溪都看到非常繁荣的非正规经济。在沙溪有专门的川菜馆和江西菜馆,江西菜馆专门供应江西上饶人,上饶人在这个地方比较集中。在四川菜馆经常看到一群四川口音的人在聊天。这些菜馆每餐都是爆满,我们做调查时去吃饭都要等半个小时到一个小时才能轮得到。在附近，贵州人开的鞋店很多，除了农民工爱穿的鞋子外，还有贵州人经常穿的当地款式的鞋。还有的外地人租一两间门面，搞起了五金加工。在中山则有的外地人租门面做制衣店。

农民工生活聚居地因为人员聚集而会形成一个生活一体化的市场，这个市场不可能是像企业、超市那样正规的、"高大上"的，而是非正规的、低端平民化的。这些非正规经济的存在，对农民工来说有极大好处，第一是便宜，譬如到江西菜馆吃饭一人一顿也就十元到十五元，还有免费汤喝，店家是同乡很随便。降低了农民工的生活成本，农民工就可以节省更多的钱，他们就更会在这个地方待下去。第二是方便，非正规经济具有多样性和可选择性，一脚踏出门就可以买到自己想要的。我们在江西菜馆吃过多天的饭，每餐都有许多叫外卖的，送到各个出租屋。第三是增加了农民工的就业。第四是给了外地同乡一个能够聚在一起的环境，犹如再造了一个江西村、贵州村，让他们生活在这里没有外乡感。在这个地方已经有三代农民工了，一代在这里打工了二十多年，二代在这里长大继续留在这里打工，三代在这边读书，对家乡没有概念，估计也会留在这边。第五是有利于不同阶层的打工群体进行交流，农民工的阶层界线在这里较为模糊。

四

农民工给当地社会带来了利弊两个方面的影响，在对待农民工问题上就有两种治理思路，一种是对农民工采取排斥政策，即从管理方便、城市更新、环境优美、企业规范等角度入手，取缔农民出租房和非正规经济,同时也对小企业、小作坊给予查封,使小散乱污工商业变成规范化的工商业。另一种是加强和创新管理,加大对农民工社会融入问题的研究和投入。

不同的地方管理者会因为自身利益而选择以上两种不同的治理思路和策略。假设珠三角地方政府和村级组织采取第一种措施,会出现什么样的情况:

首先取缔出租房,农民的房租收入就没有了,农民工就得到工厂宿舍居住。而拥有工厂宿舍的工厂和企业一般属于大工厂、大企业,这一般不在村镇,而是在大工业园区。而且一旦到工厂宿舍居住,农民工就无法一家子都到打工地来,影响家庭生活,或者在城市租高档小区套房居住,这样农民工就不会在打工地聚集,但会极大地增加外出务工生活的成本。

其次取缔村镇里的非正规经济,亦减少了农民工就业机会和对出租房的需求,使得当地人的出租收入大减。

再次是取缔中小工商业,尤其是小作坊和小厂房,就会使得村集体的物业收入减少,进而降低农民的分红和其他福利,以及影响集体对村公共物品的投入。

所以,从农民和村集体的角度来讲,管理者们不会选择第一种治理策略,而会选择第二种策略以千方百计地留住农民工。

从政府的角度来讲,镇政府虽然拿到的土地增收较少,但是若村级物业上的工商业稳定的话,一来政府可以获取稳定的税收,二来村集体掌握土地增值收益,就可以自行提供公共物品(包括安全和教育),政府在这方面的投入降低,同时农民有了出租和分红的收益,也减少了当地农村的不稳定因素。而如果采取取缔非正规经济和排斥农民工的政策,那么村集体和农户收入减少,政府的税收也减少,会导致多方不利的局面。因此地方政府也会加强管理,留住农民工,而不是一劳永逸地取缔非正规经济和驱逐农民工。

浙江店口镇政府推动"新店口人"的策略留住在店口的农民工,尤其是拥有一定学历和技能的农民工。中山沙溪镇也推行"新沙溪人"的政策,通过积分入户的手段将达到条件的外地人永久性地留在当地。对于不能长久留在当地的农民工,政府也出台相应的政策让他们享受当地的一些福利。村集体对留住农民工更为积极,在入学上,本地人和外地人子弟都可以在本地小学入学。每年暑假村集体有十几个项目的活动会邀请外地农民工子代参加,如书法培训、武术指导等。村里的广场主要有两个广场舞队伍,一个是纯农民工的,一个是当地人和农民工混合的。广场上还设有乒乓球台和电影场,专供外地人使用。

本地农户也采取积极措施留住农民工。当地农户称,现在农民工对环境的要求提高了,套间要求有空调,否则再便宜都难以租出去。于是他们就将出租房重新装修,安装上空调、洗衣机等。同时,本地人在情感上也不排斥外地人,不认为外地人就素质差,甚至他们认为没有外地人,自己的生活水平就要下降。房东和租客的关系十分融洽,房东不随便涨租金,有的租金甚至十年都没有涨过。房东和租户一旦时间长了就会有人情上的往来,房东办酒席,会邀请租户,租户有人情也会跟房东说一下。社会关系上、人情上的往来进一步拉近了双方的距离。

对于外地人来说,他们在当地不仅有同乡亲朋,面对当地人也没有低人一等的感觉。他们的主体性很强。从四川来当地十几年的一个中年妇女说,要不是我们外地人,他们这里也发展不了这么好,本地人也没这么好的生活。他们认为这里的一切都与他们的创造有关系。该妇女十三四岁的儿子在当地出生和成长,对四川老家没有感情,说不想回去。该妇女也说自己不想回去,因为回去没有活干,赚不到钱,在这里赚钱的机会多。有一对来自上饶的中年夫妇,他们的儿子媳妇都在这边打工,他们在这里二十多年了,租了两间对门的房子,一间他们夫妇住,一间儿子媳妇住。中年妇女没有打工,只有儿子媳妇和老公在打工,她专门照看孙子和做饭。她说自己不想回老家,每次回去要花很多钱,尤其是一回去就会有人请吃酒席,在这边酒席少,花销少。

这两年广东省在推广村委会"特别委员"制度,就是选拔一些具有广泛社会关系和参政议政能力的农民工进入村委会,担任特别委员,可以参与村委会议事,提出政策建议,村委会也可以通过他们联系广大农民工。我们调查了两个村的特别委员。龙瑞村的三个特别委员是当地农民工中的精英分子,其中有一个是来自湖北的音乐酒吧的老板,80后;还有一个是包干全村环境卫生的中年农民工。他们在农民工中都有一定威望和号召力。农民工有什么问题可以通过他们反映上去,村集体有什么决策要贯彻到农民工群体中去,也可以通过他们。在另一个村,三个特别委员,其中一个是村里的卫生员。虽然他们不是农民工中的精英,但作为代表仍具有一定的代表性和沟通能力,可以作为中介协调农民工和村委会间的矛盾。

可以说,中山和店口的镇村两家都在积极地投入资源加强对农民工的管理,千方百计地改善农民工的生活和居住环境,给予他们在务工地最基本的尊严。而农民工也较为彻底地融入当地社会生活中去了。除了集体经济之上的社会保障之外,外来农民工与当地农民几乎没有任何差别。

五

与地租经济相对的是资本经济。资本经济是由大资本、大企业和大工厂构成的经济形态,它是地方政府招商引资的结果,并依托于大工业园区。工业园区属于政府征地,其土地不再是集体性质,当地农民与工业园区没有关系。农民被征地后,由地方政府进行补偿和购买社保,村集体没有自己的物业收入,即便有物业收入的集体也得将租金上交给乡镇政府,村集体的运转和公益事业由乡镇政府承担。资本经济的利益主体,第一个是企业老板,获取企业利润;第二个是地方政府,获得土地增值收益和收取税收;第三个是当地农民,获得部分增值收益。一般工厂都安排有农民工的集体宿舍,在工业园区周边也会形成农民工聚集的租房市场和非正规经济。

由于地方政府的税收来源于大企业,集体不需要通过物业获取收入,当地农民从农民工那里获得的出租收入也较少。但是农民工的聚集却可能给当地政府的管理带来困难,非正规经济既破坏整体环境,还可能带来治安问题。因此地方政府就乐于取缔非正规经济,包括出租屋、小商店、小作坊和小工厂等,把城市搞得正规、漂亮,问题更少。而村集体也与农民工及非正规经济没有利益关系,也认为非正规经济在管理上是个麻烦,因此也乐于配合政府取缔非正规经济。当地农民的利益与农民工的关系也不大,没有集体分红,也没有普遍的租金收入。他们与农民工的关系不那么紧密,甚至主观认为农民工的到来打搅了他们生活,搞坏了当地的环境,抢走了他们的就业机会。因此,政府和村集体取缔非正规经济他们也举双手赞成。

在管理上,地方政府因为给予了当地人与户口相关的极大的福利,主要是社保,因而他们极力排斥外地人加入本地户口,不主张外地婚,更不可能制定加快农民工融入的政策。当地政府制定针对农民工的政策目的是将农民工从当地赶走。只有进了工厂的农民工才不会被赶走,但一旦他们从工厂失业,就无法在当地非正规经济部门就业。

六

由于非正规经济的大量存在,外地农民工通过经营非正规经济,有一部分人就成为农民工中的"上层人",这些人与其他农民工聚集在一起,对其他农民工有引领和导向作用,他们可以作为"以外管外"的人,用以连接当地集体、政府与农民工。如果没有非正规经济存在,或者说取缔非正规经济,那么,农民工就只能从事工厂工作,农民工中生长不出领袖来。而外地人的一些商会、老乡会,也是企业的"上层"精英的游戏,与农民工没关系。而如果有哪些从农民工中生长出来的精英,他们既与商会有关系(介入其中),又与农民工有密切联系,那么也可以沟通各方。

本文的主要逻辑如下:地租经济——农民工与当地农民、集体和政府的亲密关系——政府制定留住和改善农民工的政策——创新农民工管理——非正规经济得以保存——生长出农民工精英沟通上下左右——生活成本低、工资要求低——经济上、文化上、社会上有融入——外地人本地人相互认同。(2017.9.13)

求解餐桌上的大量浪费现象

一

我们餐桌上有大量的浪费现象,这似乎是个顽疾,媒体多年来一直未停止过呼吁节约粮食,甚至央视都制作了反对舌尖上浪费的公益广告。几乎每年三月份召开"两会"时都会有代表委员提相关的议案。但餐桌上的浪费现象却仍没有得到有效控制。浪费现象较为严重的地方,一是私人家庭用餐,饭后有大量剩余,二是学校食堂,三是大小餐馆。无论在哪里吃饭,其中请客吃饭时浪费量是最大的。

首先想到的是我们的物资大为丰富了。在八九十年代以前,粮食、蔬菜、肉类等供给严重不足,大部分人还没有解决温饱问题,根本无从浪费。现在物质丰富了,以前那种勒紧裤腰带过日子的生活一去不复返了,就要好好享受生活了。于是就从一个极端转到了另一个极端。这似乎有一点道理,但仔细对比,像中国的香港、台湾早就脱离了物质贫乏的地区,为什么舌尖上的浪费现象相对较少呢?

还有一个直观的感觉是就餐习惯的原因。西方人是个体中心主义,就餐习惯于自助,各吃各的,自己吃多少就拿多少。而中国人是集体中心主义,喜欢炒一大桌子菜大家一起吃。所有人的筷子都在一个碗里捞菜吃,才显得亲密。家人吃饭时如此,招待客人吃饭时亦如此。但是我发现中国人吃自助餐时也有大量的浪费,包括食堂吃多少打多少,浪费并不比集体就餐少。

曾有一个学生回答我说是因为不好吃才剩下来了。这是有可能的,在菜馆点的菜没有预期的味道,家里炒菜食材不新鲜或炒过火变了味道,或者在食堂吃饭打的菜难吃。但为什么你点的(炒的、打的)菜总是不好吃。菜不好吃剩下来的浪费是偶然现象,但我们餐桌上的浪费却仿佛是必然现象。

还有较为显而易见的原因是中国人好面子。这是文化原因,也好理解,比方说你的老同学从外地来玩,你招待他们吃饭。四五个人一桌你不可能按人头只点四五个菜,而会习惯性地多点一两个菜。事实上这一两个菜会被剩下来。请客吃饭的人多点了菜,显示了对老同学的热情大方,自己觉得有面子。老同学也感觉自己受到了款待而有面子。大家都在一个文化理解中,会不知不觉地认可多点一两个菜的行为。但问题是,好面子是东亚文化圈里的共性,韩国、日本和新加坡等国家及中国港澳台地区也好面子,但是为什么这些地方不但没有浪费现象,甚至很少请客吃饭,而是普遍实行 AA 制。我在读博士的时候曾经受邀参加香港某高校的一个会议,该高校一个系主任从事的研究跟我们来自内地的三个学生的研究方向相同,便请我们到校内餐馆吃午餐。我们赶到餐馆时系主任已经点了菜,上来三道菜后便陆续地吃。按照我们内地的就餐习惯,我们来自内地的三个同学边吃边等第四个、第五个菜。但是等到最后也没有再上菜,才知道系主任只点了三个菜。相信另两个同学跟我一样没吃饱。后来才知道香港这边一般不请客吃饭,只要是请你吃饭就算是对你非常热情了。

与之对比的是,香港、台湾学者来访华科时,我们不仅请他们游黄鹤楼、逛东湖,还每顿都请他们到高档或有特色的饭店吃饭。另外,香港、台湾等地就餐实行 AA 制,是因为他们与西方接触较久,习得了西方的生活方式。因为 AA 制确实不涉及面子问题,能吃多少点多少,很少有浪费现象。

还有人会将餐桌上的浪费与公款吃喝联系起来。世界上最大的大款也大不过公款。公款吃喝中浪费现象确实很严重。他们点得再多也不心疼。点得越多,自己吃的种类就越多。点得越多,就越显得自己的地位高,招待的客人就越有面子,关系就处得越融洽。但是明目张胆、大张旗鼓开着公车去公款吃喝的,在八项规定出台以后就禁绝了。这方面的浪费少了。但是我们私人就餐、请客吃饭的浪费现象仍然大量存在。

还有人认为除了好面子之外,中国的就餐有着更为丰富的文化内涵,或者请客吃饭承载着太多的与"饿"无关的文化意涵。包括请客吃饭是为了拉关系、走后门、谈生意、表谢意、致歉意等。在这种场合,一方面不往多的、好的、贵的点,就不能显示出诚意,另一方面宾主双方都在觥筹交错,没有时间吃菜饭,被剩下的自然就很多。

另外还有人将这个问题往道德品质上靠,这也不是没有道理。如果道德品质好,就不会随便浪费,或者一不小心多点了,还有打包的好习惯。

总之以上分析都有一定的道理,但如盲人摸象,摸到了现象的一个方面。下面我来讲另一个容易被人忽略的方面。

二

先来讲两个我经历的事情。我是 2007 年读博士的,开始的时候学校每个月发 700 元生活补助,到毕业那一年涨到了 1500 元。学校在暑假两个月不发补助。有了这笔费用,我不仅能够在食堂吃饭,还买得起水果和到外边请客吃饭。读博士期间,我有一个习惯,就是从食堂吃完中餐后会拐到旁边的水果店买水果。我比较喜欢吃一种叫作芦柑的橘子,因为好剥也很甜。那时芦柑的价格是 5 角钱 1 斤,我一般每次都买上七八上十斤,拿到办公室和师弟师妹一起吃。隔一两天买一次。大家都觉得我很大方。其实 10 斤也才 5 元钱。博士毕业以后,进了博士后流动站,我的习惯依然没有变,每次吃饭后依然要拐到水果店买水果。但是我不再买那么多了,而是每次买两三个,边走边吃,到办公室刚好吃完。按说我博士毕业以后工资要比博士生补助高不少,更加大方才对啊。但是此时大方不起来了,因为 2010 年后水果的价格疯涨,芦柑从之前 5 角钱 1 斤涨到 10 元 3 斤,到现在差不多 5 元 1 斤。如果我再每次买 10 斤就得花上 50 元,是之前的 10 倍,自然慷慨大方不起来。有人总结说,之前买水果论斤买,现在买水果论个买,还有论片买的。吃都快吃不起了,哪还能浪费。

还有一个是请客吃饭的事。在我读本科的时候,我们宿舍有十个兄弟,都喜欢踢足球,每到周末就要出去跟外校的人踢比赛。完了之后在一起吃饭。我们那时没有 AA 制,听说过,但从来没有这么做过。每次十个人吃饭都由一个人轮流付账。除周末外,平时也经常三五成群的有人请客吃饭。我们吃饭的地点当然不高档,都是学校或周边的小店,点一个辣椒炒肉末一般是3元钱,如果在那家店里包餐(每天两顿在那里吃,每个月150元),就2.5元一个菜。有鱼有肉的所谓大菜一般也只要8元到15元钱。我们每次点几个小菜,再配一两个大菜,也才十几二十元钱,人多也不超过30元。米饭是免费的,随便吃。到现在一个青菜也要20多元,有肉的菜就得要三四十元,大菜硬菜都上百元一个了。在武汉,两三个人到餐馆吃饭,动不动就要一两百元,好一点的则要两三百元。作为湖南人喜爱的剁椒鱼头,十年前在武汉艳阳天最便宜的时候是28元一个,后来涨到38元、58元,再是78元、98元,到现在158元、188元了。作为学生已一般不敢随便请客吃饭了。就是高校老师,也不能经常请人到外边吃饭。在学生群体中,交际还是要的,搞活动到外边吃饭就只能实行AA制。AA制作为一种就餐制度,不是所谓文明社会的产物,而是因为请客吃饭请不起给倒逼出来的。请客吃饭都快请不起了,你还浪费得起吗?

三

所以,中国餐桌上有大量的浪费现象,究其原因是农产品便宜。相对来说,中国大陆的粮食、蔬菜、水果、肉类等涉农产品还相对比较便宜,人们不仅吃得起,而且还浪费得起。在十年前还没涨价的时候就更浪费得起。同属东亚文化圈的韩国、日本少有浪费现象,也基本不请客,主要原因是他们的涉农类产品太贵了。相对来说我们的则太便宜了。

求解餐桌上的大量浪费现象

就日本来讲，日本的平均收入水平是我国东部沿海城市如上海、宁波等地的 10 倍，但是它的蔬菜价格却是这些地区的 20 倍到 50 倍，肉类和水果则更贵，有时会是我国东部地区的 70 倍到 100 倍。在某种意义上，日本人在吃的方面是很"穷"的。

韩国跟日本是一样的，许多涉农类的产品都比中国大陆贵很多。有些网友在网上留言称，"电视剧里经常看到，韩国人全家分一个梨吃""韩国电视剧里去人家探望拎了一片五花肉，主人家里开心得跟什么似的。"经常能看到网友分享经历说韩国人来中国前一脸鄙视，来了之后被堆成山的肉吃到跪下唱《征服》。很多中国人提建议说，以后款待日本韩国朋友，不用带他们吃山珍海味，首先请他们大口吃瓜，再请他们大口吃肉。既不用花费太高，又能挣得面子。在某种程度上我国台湾和香港地区也是一样"农产品较贵"的地方。

日韩及中国台湾地区的涉农类产品之所以很贵，有很多影响因素。如他们有农民协会，协会保护会员农产品的价格不下跌。只要这一年丰收，预期某类农产品的价格要跌时，就毁掉一部分，以保障市场上价格的平稳。农会的农产品都是供应市场的，农民自己也要到市场上去买。

还有一个重要原因是劳动力价格。劳动力市场有体力劳动与脑力劳动之分。在他们的劳动力市场上，纯体力劳动力的价格要比脑力劳动力的价格贵。脑力劳动力如白领的工资水平就远不如客车司机。所以凡是由纯体力劳动力创造的产品，其价格就比流水线上生产出来的要高，并随着劳动力价格的上涨而上涨。电子产品的价格一降再降是因为它是流水线上生产出来的。农业是消耗大量体力劳动的领域，它的诸多环节都不能用机械替代,必须使用纯体力劳动力。譬如,摘苹果不能使用机械;将遮阳袋套到苹果上不能用机械替代;涉农类产品如鲜果蔬菜的搬运需要劳动力;湖北潜江的小龙虾需要人工刷洗;湖南平和红薯干需要人工来切,等等。而上述地区的劳动力价格又相对较高,劳动力成本被置入到农业产品的价格之中,就会使得农产品的价格也相对较高。劳动力价格越高,涨得越快,农产品的价格也就越高。最近三十多年日本的涉农类产品普遍涨价数倍,有的农产品甚至涨价十余倍之多。但是鸡蛋价格的涨价幅度却不大,因为鸡蛋一生下来就通过流水线打包运到市场上去了,所用人工较少。

四

那么同样是劳动力在种菜、种水果、养猪,为什么日韩及中国台湾地区出品价格就贵些,而中国大陆的就要便宜些呢?难道只是中国大陆的劳动力要便宜些?直观来说中国大陆的劳动力价格确实比这些地方的低。中国大陆是农民在干农活,是妇女、老人和小孩这些劳动力和半劳动力在搞农业。他们不是劳动力价格低,而是他们在农业上的劳动力是不计价的。也就是说,我们父母在家种菜,他们干一天活之后不会像城里的工人那样计算"今天我能挣多少钱",而是等到菜种好之后,把菜挑到市场上去卖,今天卖了100元就认为自己赚了100元,明天再挑过去没有卖掉,他们也不会说自己亏了,而是挑回来自己吃或给猪吃。无论这个菜投入了多少劳动力,他们都不会把劳动力的价算进去,而是卖了多少钱就认为自己赚了多少钱,没卖掉也不会觉得亏了本,反正自己吃也是吃。其他农产品的劳动投入也是不计价的。而农产品的生产成本主要包括生产资料投入、劳动力投入和土地租金。现在劳动力不计价,土地又是承包地,也不用支付成本,生产资料中有一部分是农家肥投入,也不计价。这样中国农产品在生产环节的成本就很低,最终折射到消费环节它的价格也相对比较低。这就是过去几十年中国农产品价格低的重要原因,2008年以前白菜几角钱一斤,猪肉不到10元钱一斤,水果几角钱一斤。因为农产品的价格太便宜,我们不仅吃得起,请客吃饭请得起,还浪费得起。我们浪费的恰恰是我们父母辈的劳动力。

但是农民并不是一成不变的,他们在向外流动,外边的信息也在不断地向农村流入。大量农民工外出务工,劳动一天就赚一天的钱,没有劳动这一天拿不到工资。这样他们就开始有了劳动力的价格意识,也就是有了自己劳动力一天能赚多少钱的意识。有了这种意识之后,情况就开始发生变化,他们就越来越觉得浇菜、养猪、种水果划不来,划不来就不种了。贺雪峰教授在湖北建始县调查时有一个经典案例,说的是这个地方以前都种油菜,该县是油菜大县。他调查的那个村子在前几年修高速公路,村里的男女劳动力都到工地上务工,男的100元一天,女的80元一天。两年之后高速公路修好了,男女劳动力没工可务回来了。回来之后他们就不再种油菜了,因为他们算出种油菜的用工数量,再乘以在工地上务工的收入,再与卖掉油菜的收入相比,发现种油菜不仅不赚钱,还要亏本。不种油菜后,大量土地荒废掉,他们大部分人也没外出务工,而是在家打麻将。也就是说,农民在有劳动力价格意识之后,他们就会形成干农活的机会成本意识,当机会成本高于农业收入时,他宁肯打麻将也不再干农活做"亏本"的买卖。

农民不种菜(水果、养猪)之后，市场上需求是一定的，甚至因为饮食结构的改变对蔬菜水果的需求更大，那么谁来供应这个市场？农业公司。农业公司的老总是不会去干农活的，即便干也干不过来，因此他必须雇人干活。他雇的还是那些农民，但是这个时候与他们自己种地不同了，他们此时是来赚工价的，老板必须支付他们工资。他们干一天活就要支付他们一天的市场价格的劳动力工资。请的人越多，劳动力价格越高，支付的就越多。这样，在生产环节农业生产成本就成倍增加，其他环节的劳动力价格也相应提高，那么在消费市场上农产品的价格就必然升高。也就是说，农业劳动力的市场化程度越高，劳动力的价格就越要计入农产品价格里面去，农产品的价格就越高。这就是2008年以后中国蔬菜、水果、肉类等价格持续上涨的原因。因为在这以后，国家政策鼓励有条件的农民退出农产品的生产环节，而鼓励农业企业进入农产品生产环节。这样就进一步推动了农村劳动力的市场化。

蔬菜从两三角钱已经涨到两三元至五元钱1斤，猪肉每斤稳定在15—20元，牛肉涨到了五六十元1斤。苹果从之前几角钱涨到了七八元上十元1斤。西瓜也从一两角钱1斤涨到了一两元钱1斤。差不多普遍涨了10倍。这样，我们在买水果的时候，在请客吃饭的时候，就得掂量着自己的口袋了，水果从之前论斤买变成论个买就很正常了。请客吃饭的次数减少了，点硬菜不会那么爽快了。本科生研究生手里没钱，但还是要外出交往，AA制流行了。同时，要是浪费的话就会觉得可惜了，打包就可以成为习惯。餐桌上的浪费现象就减少了。还可以继续想象，当我们蔬菜水果肉类的价格再翻一番，苹果从现在10元钱1斤变成20元1斤，牛肉从50元1斤涨到100元1斤，蔬菜从5元1斤涨到10元1斤,西瓜变成5元1斤,届时西瓜就可能普遍论片买了,请客吃饭少了,AA制在中国全面铺开,餐桌上也就不再会有浪费现象。

五

中国农民个体家庭搞农业有很大的优势,供给充足,价格便宜,可谓是"物美价廉"。之所以能如此,一个是与中国家庭联产承包责任制有关系,农民家庭从集体手中承包土地,有除买卖之外的处置权利;二是家庭经营农业权责利明确,不存在监督难的问题;三是家庭经营可以做到精耕细作,农业单产量较高;四是家庭劳动力不计价,可以无限投入;五是中小规模经营,不需要请工,节省了用工成本。当前中国有两种家庭农业经营形式,一种是老人农业,由一对中老年人经营的农业,一般是数亩到一二十亩之间,一种是中年夫妇经营的家庭农产,经营规模在三十亩到一两百亩不等。二者的亩产量都要高于大规模种植。

过去三十多年我国农产品之所以一直在一个相当低的价格水平上运行,就与一家一户的农民在经营有关系。农民经营农业对中国过去在低成本下高速发展起着极大的基础性作用。逻辑是这样的,农民的劳动力不计价,农产品的生产成本就较低,它们到城里的销售价格也会相对较低,城里的市民的基本生活成本也就较低,他们向单位、老板索要的工资就不会太高,可以忍受较低的工资。那么单位的压力就不会太大,它们就可以把更多的钱用到基础设施建设、科技研发及其他基础事物上。尤其是工人向老板索要的工资较低,国外的老板就很喜欢,那么大量的国际资本就向中国涌入,推动中国经济建设。在

乡争

2010年左右，华中科技大学刚留校的博士一个月的工资只有2200元。但是彼时讲师们还活得很开心，既没有闹着要加工资，也没有在网上吐槽"青椒"日子苦。很重要的原因就是生活成本不高，当然还有一点很重要是那时还有校内福利房。

当农民不种菜之后，农业公司在种，劳动力的工资算进了菜价中，菜价就会涨，在城里工作的那部分人的生活成本见涨，他们就无法再容忍低工资了，就向老板索要高工资。但是老板是要赚钱的，你索要的多，他们支付不起，就不在中国生产，就将工厂迁到东南亚、非洲地区。"民工荒"问题也涉及劳资关系问题。这个问题大部分的回答都是我国出现了劳动力紧缺，是由计划生育带来的结果，其实不然。它不是因为真正缺少务工的农民工，而是因为招聘老板提供的工资待遇达不到农民工的要求，农民工宁可不就业也不去吃那个亏。于是一方面工厂招工难，另一方面农民工没有就业。根源就在于工人索要的或期待的工资太高，这又与其生活成本上涨有关。其他薪资人员也都如此。在华中科技大学，才过不几年，物价飞涨，生活成本急剧上涨，新进博士的工资涨到了一年二十几万元，但依然觉得手里紧巴巴的。

* * *

总结起来，农民家庭耕作劳动力不计成本，可以无限投入，使得农产品不仅产量高，而且价格便宜，既让中国人无所顾忌地吃，也维持了中国人请客吃饭的习惯，还能让中国人浪费得起。农民家庭耕作支撑着中国数十年在低成本线上高速运行，对中国的发展可谓功不可没，足见家庭耕作之重要性。(2018.5.11)

经济作物与农村中等收入水平

一

我们在怀化的麻阳农村做了个农业产业的小调查。怀化跟贵州黔东南靠近,麻阳县以前是归属贵州铜仁地区管辖,后划归到湖南。麻阳县既有苗族等少数民族同胞,也有大量的汉族人。

从县城开车到龙家堡乡,虽然只有15公里路程,但是路不好走,要翻山越岭,水泥公路窄且错车的地方少,经常要让车。我们行走的时候车还不多,要经常停车、倒车来错车。之所以不把路修宽一些,是因为地盘就那么宽,路经过的地方,要么是两山之间,要么是悬崖边上,要修更宽的路就要削山和架桥。这里山与山之间的间距较小,没有一块平地。一路上没有聚居的村落,比较大的聚居区也只数户人家。农户的房子散落在道路旁边,有的房子是单独的平地,有的房子是吊脚楼式的,房子向悬崖外伸出很大一块,然后用柱子撑着。公路两边的山上都开满了梯田,以前种水稻和玉米等,现在都改种橘子树了。除了房子和种满树的地方,还有一些过去用于防火的小水池。龙家堡村在一座山顶上建的房子,这个山顶稍微平一些,有十几户人家,其中有四户开了商店还置有麻将桌。

乡争

在这么恶劣的地理条件下，能够种庄稼的地少，能够养活的人也不多。越往山上、山窝里走，条件就越恶劣，这个地方过去必然是贫穷的。但是这三十几年发生了翻天覆地的变化，尤其是近十几年，这个地方的人变富裕了。这里不仅村村通路，而且这几年通组通户的道路都已经硬化，电信、饮水等工程也陆续完成，一般农户已经用上了WiFi，与外界的沟通一点都不迟钝。交通方便了，各家各户都买车了，停车场就成了问题。县城的规划已经落伍了，农村的车进城很难找到停车的位置。农户家停车倒车的地方很窄，以前没有车进去，没有预留车的位置，现在车能到家门口了，但是倒车错车又成了问题。

更重要的变化是，麻阳人变富裕了。在房东家我们能够感受到一股富裕的气息。我们在他们家待了三天，在村子走走，没有一个人提到"精准扶贫"的问题，更没有人抱怨自己的家乡。他们更多的是对自己的文化和器物甚为自豪。还有这里的人很勤劳，不像西南地区有些农民那样散漫、对国家的依赖性很强。这里人家家户户都靠种橙子发家致富。他们用勤劳的双手种出了全国闻名的冰糖橙，冰糖橙给他们带来了滚滚的财源。

二

据说麻阳县最早大规模种冰糖橙是在20世纪80年代中期。本来该地区就有小规模种植冰糖橙的，当时有领导访问麻阳时吃了冰糖橙觉得口味独特，就指示要大量种植，于是就有了当地种植冰糖橙的大跃进。县乡政府运动式地要求各村种植冰糖橙，并对不同乡镇下了指标，要求锦河两岸的土地全部种上冰糖橙。龙家堡乡也种植了大量的冰糖橙。

麻阳县不仅"逼民致富",还在冰糖橙种植成规模后进行了大量的宣传造势。麻阳冰糖橙逐渐在全国有了名气,越来越多的外地客商到麻阳来收购橙子。冰糖橙在 90 年代末给当地人带来了大量财富,据说每斤达到了五六块钱的收购价。2000 年以后,外地冰糖橙陆续出现,麻阳冰糖橙有衰弱之势,价格越来越低,许多农户砍掉橙子树外出务工,没有砍掉树的也丢下不管。这种状况引起了麻阳县委县政府的重视,它们又开始大量投放广告。从十年前开始,麻阳冰糖橙的经营开始走向正轨,政府也开始对冰糖橙进行免费改良品种工作。在这十年中,麻阳冰糖橙的价格既没有暴涨,也没有暴跌,维持在相对均衡的水平上。最差的一次也是在 2015 年冬季雪冻的时候,收购商进不了山,橙子卖不出去,许多橙农干脆不摘果子,免得亏了人工费。其余年成,只要冰糖橙收购价达到一元一斤就可以赚一半的钱。这几年政府在宣传上继续加大力度,除了每年举办采摘节之外,还努力搭建电商平台,在淘宝上输入冰糖橙就可以跳出"麻阳"字样。

当地政府在冰糖橙发展的历程中扮演着联通市场的角色,包括品牌打造和宣传,还包括基础设施建设。品牌和基础设施建设是市场的主要构成要件,它们对于个体橙农来说是无法完成的。只有国家才能承担得起这些巨额成本。品牌打造联通的是市场信息,将麻阳冰糖橙的信息辐射到全国各地,形成广而告之的效应,包括产品、比较特色和价格等。再大的农户也无法支付起这笔广告费用。基础设施联通的是消费者和供给者,主要是道路建设。常说的"要致富,先修路"就是这个意思。过去农民出山只有人扛马驮,缺点是运量少、速度慢和成本高,无法使橙农形成规模效应。道路建设也不是农民能够承担得了的,需要政府予以支持。八九十年代至前些年修建的是泥巴路,能够通三轮车和小四轮,极大地降低了运输成本和时间成本。前些年加宽和硬化了道路,便于大批量的运输。

信息和道路的联通,将麻阳山区跟全国市场连接起来了,麻阳的冰糖橙才有了销路。全国市场的联通既有好处,也有坏处。好处是麻阳冰糖橙不仅有本地市场,还有全国市场的消费,市场前景广阔。坏处是要在全国市场上跟其他地方的冰糖橙竞争,这样获得的就不再是超额利润,而是全国的平均利润。这也就是为什么麻阳冰糖橙只在20世纪90年代末有过超额利润,之后的利润就不那么高的缘故,因为全国其他地方的冰糖橙产业发展起来了。

三

麻阳的气候、土质适合种冰糖橙,它甜度非常高,甜中带点儿酸,很适合人的胃口。在全国平均利润下,麻阳的橙农能够在当地获得中等水平的收入。因为拥有全国市场,销路较广,当地大部分农民都种植了冰糖橙。一般一家在10亩上下,1亩地能有个6000—8000元的收入,10亩地的纯收入为6万—8万元。个体家庭的产量越高,收入就越高。过去一亩水稻田最多赚四五百元,如今种冰糖橙的收入是种水稻的10倍到15倍。龙家堡乡基本上能够种橙子的地方都种上了橙子,水田、旱地和林地都开垦出来种橙子。水稻、玉米和油菜已经很少见了。

除了冰糖橙的大块收入外,麻阳橙农还有务工的收入。冰糖橙所耗费的人工较少,一般是开年后施一次肥,在挂果的时候打两次农药即可,最后在收获的季节工作两个月。在其余时间,一对橙农夫妇就可以女方在家照顾家庭,男方外出务工,中间回来两次打农药。就拿房东家来说,他家种了十几亩橙子,一年的收入在 10 万元左右,农闲时间外出做建筑,爱人在家看家和照顾老人。做建筑的收入不同年份不等,一般有个三四万块钱,下雨多的年份也有 2 万左右。除去生活、人情和用工开支,他们家一年的纯收入可以达到 6 万元。而他们这里的橙农即便不外出务工,家庭收入也普遍可以达到 4 万到 6 万元。

由于农民都在种冰糖橙,土地流转少,他们村较少有较大的规模种植户。即便临近地方有些三四十亩橙子树的农户,他们所要花费的人工费也较多。规模一大不仅要承担较高的人工费用,而且还要承担较大的市场风险。对于种植 10 亩左右的橙农来说,基本上不需要负担人工费,一对夫妇加一匹马就行了。这样即便橙子价格再低(5 角钱一斤),也可以保本不亏,家庭还可以有务工的收入。

据房东介绍,只要橙子的价格上了 1 元每斤,就可以赚一半。种植面积一旦铺开就需要大量的人工成本,如果橙子的价格过低,就难以承受。房东的一个堂哥说,他 2017 年的冰糖橙就以 7 角一斤的价格全卖掉了,怕后面价格再跌。即便这么低的价格卖掉,他也至少每斤赚了 2 角到 3 角钱,10 万斤的话也可以赚两三万块钱。他们家还有四五万斤的脐橙没卖掉,等来年可以卖到一元八角到两元多钱一斤,这一笔收入也在七八万元。

在当地,只要有劳动力的家庭,都可以种植年收入在 6 万元以上的橙子树,收入水平完全可以达到当地的中等收入水平。有了这个收入水平,又不用承担较大的经济风险,他们就不仅可以完成劳动力的再生产,还能在农村建两层半的砖瓦楼房,买得起十几万元的小汽车,送小孩读书也没有太大的压力,还能够去县城买房。我一路看到,路边的房子都已经砖瓦结构化,屋外墙都粉刷和装修了。老式的泥砖瓦房和木质结构的吊脚楼全部被替代,现在只能零星地看到吊脚楼。

四

麻阳的致富模式除了政府通过政策要求农民种植某种经济作物外,它还有一项重要的工作就是开拓市场。没有政府沟通市场,无论再多、再好的产品也只是供给本地市场,销量不会太大,致富辐射到的农民不会太多。对市场的最初开拓以及对品种的改造,是政府可以做的,也只有政府才能承担得起相应的成本。在全国平均利润下,不要指望农民能够通过种植经济作物来获得超额利润,在他们的风险承担能力下,能够获得中等收入水平就足够了。中等收入水平也能使农民过得较为体面和从容。

麻阳农民是通过冰糖橙获得中等收入水平,而全国大部分非经济作物地区,大部分农民主要是通过"半工半耕"来获得中等收入。只要大部分农民都能够获得中等水平的家庭收入,在有劳动力充分市场化的情况下,或在不出现突发性巨额开支的情况下,就不需要国家的精准扶贫。(2018.2.17)

代际分工与农民家庭收入

一

农村家庭中存在明显的成年劳动力之间的代际分工,父代从事劳动强度较低、收入较少的事务,子代从事劳动强度、技术和收入相对较高的工作,这两笔收入加起来可以使一个农民家庭的收入相对可观。它的基础是农村正在形成的新"三代家庭",它的目标是要使农村家庭获得中等水平的收入。

新"三代家庭"顾名思义就是与传统不同的三代家庭。传统"三代家庭"通过分家形成的父代与子代、未成年孙辈组成的家庭,无论有无成婚的儿子,父代只与其中一个子代家庭构成三代家庭。三代家庭是一个权利义务关系较为完整的家庭形态,父辈的劳动力属于这个三代家庭,而不属于其他子代家庭。三代家庭中的子代对父辈的赡养义务较其他子代要重。

新"三代家庭"是因为人口流动,年轻子代夫妇都外出务工,父辈留守农村而形成的父代与每个子代家庭组成的三代家庭。有多少个子代家庭就有多少个对应的新"三代家庭"。在新"三代家庭"中,子代家庭之间在财务和利益上是相互独立的,父代家庭被"共享"给各个子代家庭,父代与各子代构成权利义务对等关系。每个子代家庭都对父代有赡养的义务,父代则对每个子代家庭有扶持和资源输入的责任。在每个新"三代家庭"中都有代际分工,而父代的劳动力和资源分享给所有的子代家庭,他们参与所有子代家庭的代际分工。

没有新"三代家庭"就不可能有农村普遍出现的代际分工。假如年轻的子代家庭没有参与父代的分工,子代家庭就只能进行性别分工,即男主外和女主内的分工,年轻男子外出工作,年轻妇女在家务农和带小孩。这样,一个家庭就只有年轻男子一个主要劳动力,会降低家庭的收入水平。在新"三代家庭"中,家庭分工多是以代际分工为基础,一个家庭至少有两个壮劳动力有务工或经商的收入,而老年人则有其他形式的收入,使得一个家庭的收入达到农村中等收入水平。

获取中等收入是代际分工的目标。只有达到了当地农村的中等收入水平线,一个农民家庭才能在当地过上体面的生活,完成基本的家庭和劳动力的再生产,推动家庭及其成员的发展。中等收入水平是一个参照系,农民家庭按照这个参照系来调动和配置家庭劳动力。一个家庭在家庭的不同生命周期有不同的任务,导致家庭支出的压力有所不同,那么在不同时期农民需要参照中等收入水平来进行家庭分工。在小孩尚小的时候,家庭支出不是很大,就可以让年轻男子外出务工,年轻妇女在家照看家庭和带小孩,父代负责农业劳动。在小孩上小学初中以后,家庭支出增加,就需要两个壮劳动力皆外出务工,由父代在家庭务工和照看孙辈。如果一家庭在代际分工上不合理,其家庭收入就难以达到当地的中等收入水平,就可能影响家庭的再生产。中等收入水平的参照不仅影响一个家庭的分工与协作,还影响不同农村地区的农作物种植状况。近年普遍出现了土地向中等规模耕种集中,一个很重要的原因就是一对青壮年夫妇只有耕种了中等规模的土地,才能获得中等水平的收入,否则他们就不会在家务农。所谓"小农户"一般都是老年人在耕作,原因就在于年轻人外出工作获得非农收入,加上小农户的农业收入才能达到中等水平的收入。

农村家庭的代际分工意味着家庭有两笔收入,但不意味着这两笔收入一定要合在一起。它还包含了家庭成员按照劳动力的状况与家庭生命周期所处的阶段不同,对劳动力进行不同的配置。比如,父代因为年龄的缘故一般被配置在那些劳动强度低、工作较为灵活机动的领域,子代因为尚身强体壮在城市属于有效劳动力,会被配置到工作强度相对较大、工资收入较高的行业。还有的分工模式是以家庭内外来分,父代主内,务农、看家和带孙辈,子代主外,外出务工或经商。

二

在中西部农村,代际分工的形式是"半工半耕"。父辈无论在城市是否是有效劳动力,一旦子女成婚,他们一般会退守农村耕作农作物,父亲可在周边打零工,母亲在家做家务、带孙辈。子代一般是年轻夫妇皆外出务工或经商,有的年轻夫妇农忙时会返乡帮忙,其余时间只有过年时回家。这种父代留守农村首先是能够获得留守经济收入,包括务农、打零工、散养禽畜等;其次还能够自己养活自己,不用向子女要吃要喝,减轻子女的负担;最重要的是解放了子代的劳动力,让他们安心外出务工。父代抚养孙辈,自己照顾自己,不让子代操心,延长了子代的务工时间,增加了工资性收入。

"半工半耕"是中西部农村较为合理的代际分工,它充分调动了家庭劳动力,将家庭不同的劳动力配置到了不同的领域,充分实现了家庭劳动力价值的最大化。在一个家庭,这种半工半耕式代际分工可以持续一代人的时间,从父代五十多岁到六七十岁,直到他们在农业上也成为无效劳动力为止。此时子代也到了五十多岁便可退回农村务工,孙辈再外出务工,使得半工半耕的分工模式得以延续。

中西部农村的"半工半耕"还有变种,那就是子代已成年、父亲还是壮劳动力时,便可以两代人皆外出务工。在务工地可留母亲出来照顾孙辈,及料理家庭成员的生活起居。这样父代也可以腾出一个壮劳力出来务工,其务工收入要高于在农村的务农收入,还能够保持完整的家庭生活。但在城市的生活成本也增加,如孙辈在城市就读和消费的成本高。所以,一般只有在父辈尚年轻、孙辈尚小的情况下,才会出现两代人都外出务工的情况。

三

在珠三角地区,农民家庭的代际分工是"半工半租"模式,即子代就地或在周边市县务工,父代在家通过出租房屋获得收入。珠三角工业化程度高,农民就地城镇化。农村的大部分土地已经转变为工业用地,或被村里建了集体物业,还有少量土地也由村集体集中起来转包。当地农民到了60岁就不再到工厂务工而过着退休的生活。父代"退休"生活消费的来源有集体物业分红、养老保险及房屋出租。当地农村每家每户都有两到三幢自建楼房,在违建程度高的地方楼房达到数十层。他们自己住一套房子,其余的出租。年轻人还可能购买了商品房。年轻人在周边企业或工厂上班,工资收入水平跟外地农民工是一样的。由于有了父代房租的收入,年轻人只要有份工作便可,并不寻求有多高的收入和多好的上升空间的工作。

我们在中山沙溪镇龙瑞村调查了解到,该村村民每年每人的分红在1万元左右,过了60岁的村民每月有养老保险1200元,家庭出租房屋的收入每户每月在1500元左右,多的有两三千元。沙溪镇的出租收入在珠三角属于较低的。即便如此,一个家庭算两个老人、两个子女可以分红,一年老年人拿到手里的钱差不多有六七万元。而子女的工资每人每月也有三五千左右。这样,老年人不需要向年轻人要钱生活,年轻人也因为本地就业而没有多大的压力。老年人"退休"后还能够给子代带小孩,给他们输入资源。子代下班之后回到家就有饭吃,不需要去接送小孩,不需要下厨房做饭。这些都极大地减轻了子女的负担。

四

在长三角地区,农民虽然不像珠三角那样有分红和出租的收入,但是由于区域工业化水平较高,城乡基本实现了一体化,农民的市场机会和市场化程度较高。不仅子代的劳动力高度市场化,父代的劳动力也高度市场化了。当地市场的务工机会不仅能够容纳大量的外来务工人员,而且还能充分消化当地农村劳动力。当地的代际分工不是"半工半耕",而是"半正规半非正规",就是子代在正规经济领域充分就业,父代在非正规经济领域就业。

正规经济对劳动力的要求与年轻人的期待及其劳动力素质相匹配,而非正规经济对劳动力的要求则与中老年人对工作的期待及其劳动力素质相匹配。正规经济的规范化程度较高,在年龄、学历、技术以及工作流程、时空条件等方面都有严格要求,并与劳动力签订正式的合同。而年轻人有提高技能和晋升期待,有对稳定和有保障的收入来源的需求,他们受过良好的教育,有较高的学历或技术技能,正好符合正规经济对劳动力的要求。中老年人自由散漫惯了,不太受得了拘束,他们想干活的时候就干活,想抽烟的时候就抽烟,家里有事就要回家。非正规经济正好是有活干时需要有临时人员,没有相应的技术要求,也没有保障措施,他们要的就是随叫随到的工作人员。因此中老年人与非正规经济相契合。

东部地区市场机会多,无论是正规经济还是非正规经济都有大量的就业岗位。年轻人在正规经济领域充分就业,获得较为稳定的工资性收入。非正规经济领域分工很细,有适合于中老年人各个年龄段、不同劳动力状况的人的工作。即便八十多岁的老人,也仍可以给人帮忙洗菜刷碗,或者给人看工地、材料等,能获得相应的工资性收入。一般来说,从事非正规经济的父母,男性在外务工,女性在家带孙辈。如果尚未有孙辈,或孙辈已入初高中,则父母双方都从事非正规经济。这样,两代人都在工业领域实现充分就业,获得工业领域的剩余。工业剩余较农业剩余性价比高。

* * *

在农村代际分工中,无论是中西部地区的"半工半耕",还是珠三角地区的"半工半租",抑或是长三角地区的"半正规半非正规",其基础都是新"三代家庭",参照目标是农村中等收入水平,以家庭生命周期的任务和负担为调整策略。(2018.3.17)

农村的"收入断裂带"

一

调查中统计农民家庭收入时,发现两个问题:一是农民很难计算自己家及其他家庭具体的收入明细;二是农民却能够大致估算自己家的收入,还能够大概估算其他农户的收入情况。由于农民的收入来源多元化,各项收入相对模糊和变动不居,因此无法给出精确收入明细。支出明细亦如此。但是,一个农民家庭有多少劳动力、主要在哪几个领域从业是相对明确的,而劳动力价格和各个领域的收入水平也相对平衡,因此在熟人社会里农民对农户的收入情况能够估摸出个大概。

我们在湖北省孝昌花园镇某湾子调查时,该湾子的小组长很肯定地对我们说,他们小组除了两三户吃低保和需要大病救助的外,没有一户够得上"精准扶贫户"的标准,他们组评的七八户"贫困户"严格来说都是未必符合标准。村组干部将有几个学生和得重病的家庭划入贫困户,以此让他们享受相关的精准扶贫政策福利。孝昌农村精准扶贫户的标准前两年是2800元左右,这两年提高到了3100元。该小组长声称,只要一个家庭有一个正常的劳动力外出务工,随便找一个工作,一个月的工资就不止3000元,何来贫困?而没有正常劳动力的家庭,低保也已经全部覆盖了,根本不需要额外的精准扶贫政策帮助。

对于生活在村庄里的农民来说,他们对农户之间的收入水平和收入差距有较为明确的感知,他们认为只有没有劳动力的家庭才真正属于低收入家庭,才需要国家的救助。有没有劳动力是农民家庭收入高低的判定标准。有劳动力的家庭与没有劳动力的家庭在收入差距上会呈现出一道显著的鸿沟,其中一侧是没有劳动力的低收入家庭,另一侧是有劳动力的中等收入家庭。贺雪峰教授将这道鸿沟称之为农村"收入断裂带"。

二

在中西部农村,劳动力是最主要的家庭资源,家庭收入主要通过劳动力投入来获得。改革开放四十年来,已经形成了全国统一的农村劳动力市场,农民无论是回到土地劳动,还是进入务工市场,所获得的收入皆是全国平均收入。唯一不同的是,在中西部农村的务工机会较少,而城市和东部地区的务工机会较多。但是,在劳动力自由流动的背景下,全国农村劳动力所获得的机会及劳动力的预期收入都相对均等。

在务农和务工的两种选择上,农民家庭会对不同劳动力进行调动和配置。从劳动力有效投入来讲,务工收入要高于务农收入。从劳动力的有效性来讲,中老年人的劳动力对于务农来说是有效的,对于务工则是无效的,而青壮年劳动力在务工上是更有效的。因此,农民家庭在劳动力配置上依从的是代际分工原则,将青壮年劳动力配置到有效性强、收入高的务工上,而将中老年人的劳动力分配到收入相对较低、对劳动力素质要求不太高的务农上。

代际分工是当前农村最主要的家庭分工模式,它使得一个家庭既有年轻夫妇的务工收入,这笔收入要占到家庭总收入的八九成,也有中老年人在家务农、打零工的收入。两笔收入合在一起使得一个农民家庭的收入可以达到当地的中等收入水平。两笔收入缺少了任何一笔都不行,如果缺少了务工的收入,纯务农的收入只够得上温饱,而无法应付家庭的其他基本开支,如小孩上学、人情往来等。务农这笔收入虽然占比小,但它可以解决家庭的一些基本开支,从而为年轻一代减轻了较大负担,使他们能够从容外出务工并有较高的积蓄。这些积蓄足以应对当地标准的生活消费、交往消费和劳动力再生产所需的费用,使一个家庭在当地过上较为体面的中产生活。

三

以上是对农村劳动力参与全国劳动力市场竞争及其收入水平所做的总体判断。具体来说,农村劳动力在全国市场上获得收入的情况,还受以下几个因素的影响:

一是劳动力的质量情况。劳动力的质量包括身体素质、技能素质和文化素质两个方面。前者主要是指劳动力年轻还是年老、健康还是患病,如果一个家庭的青壮年、健康的劳动力多,那么该家庭介入劳动力市场的人就多,获得的市场收入也就多。劳动力越是青壮健康,所能劳动的时间长、承受的劳动力强度大,那么赚的钱就多。家庭若多"老弱病残妇幼学"等成员,而缺乏青壮健康劳动力,这样的家庭在劳动力市场上获得的收入就少。劳动力的技能包括技术与经验。一般来说技术工种的工资要较普通工种的工资高,经验越丰富的工人的工资越高,反之则低。从文化素质来看,劳动力的文化程度越高,在劳动力市场中就越有竞争力,也就越能占据较好的岗位、获得较好的发展前景,那么其收入水平也就相对较高。反之所获得的收入就较低。劳动力的收入与劳动力的身体素质和文化素质成正比。

二是劳动力的调动情况。对家庭劳动力的调动包括两个方面,一是对青壮年劳动力的调动,如果年轻夫妇都外出务工或做生意,家庭的收入和积蓄就会相对较多。青壮年劳动力调动较弱的情况也有,主要包括年轻男子懒惰、酗酒、赌博等情况,以及年轻妇女沉溺于打麻将、购物逛街等,而对家庭创收增收不上心。二是对中老年劳动力的调动,他们能够在家务农和照看小孩,年轻夫妇才能无后顾之忧地外出务工。如果中老年人无法照顾小孩,就得留下年轻女性在家,那么一个家庭就缺少一个壮劳动力务工,而使家庭收入大幅降低,或者给另一个壮劳动力带来压力,他要付出双倍努力才能弥补年轻女性在家看小孩带来的机会成本。在中西部农村,从家庭增收角度讲,劳动力的代际分工要优于性别分工。

三是劳动力的市场化程度。务工是农村家庭主要的收入来源,劳动力的市场化程度是指家庭劳动力参与全国劳动力市场竞争的意愿和程度。市场化程度高,意味着家庭壮年劳动力都介入到了务工之中,获取了工资性收入。市场化程度低则意味着家庭壮年劳动力未能参与全国劳动力市场竞争,或者介入程度不深。市场化程度较低表现在这几个方面:一是青壮年劳动力不愿意或害怕外出务工,宁可守着几亩土地只能满足基本生活也不外出务工;二是在外务工放不下农村的人和事,经常往返于家乡与务工地,从而大大缩短了务工的时间;三是务工时经常换厂换工地,在工厂工地得不到积累和成长,使得职位、经验和工资上不去;四是不重视子女教育,不对子女在未来劳动力市场上的竞争进行投资。总的来说,劳动力的市场化程度越高,务工的时间就越长,对劳动力素质的积累和提升更重视,发展和提升的空间大,获得的收入也较高。

四是劳动力的市场机会。虽然已经形成了全国劳动力市场,但是就劳动力的市场机会来说,城市的市场机会要较农村多,东部地区的市场机会要较中西部地区多。在劳动力市场机会较多的地方,除了青壮年能够找到务工机会以外,中老年人也能够获得较多的非正规经济就业,这就使得一个家庭两代人都可以在工业领域就业,获得工资性收入。这较在中西部农村地区依照半工半耕式的代际分工所获得的收入更高。

基于以上分析,那些壮劳动力多(如两代人都是壮劳动力)、劳动力质量高且全部被动员参与家庭分工与市场竞争的家庭,可以获得达到和超过中等收入线的收入水平。也有一些家庭因为壮劳动力素质高、通过做生意、搞建筑包工等而获得远超出中等收入线的收入,他们家庭的其他劳动力则无需过深地介入劳动力市场竞争。这些家庭在农村属于中上收入水平。而那些能够进行代际分工、劳动力素质一般的家庭则可以在劳动力市场上获得平均收入,该收入可以接近或达到当地中等收入水平。这些是农村的中等收入群体,占农村的较大部分。还有一些缺少劳动力,或者劳动力有残缺(如懒惰、素质不高等),或者无法实现代际分工的家庭,其家庭收入要较当地的中等收入水平低,属于中下水平,但是这样的家庭仍能完成家庭和劳动力的再生产。

最后一种情况是,家庭没有壮劳动力或壮劳动力患病或残疾,而多老人、学生和小孩等。这样的家庭既无法外出务工获得工资性收入,亦无法进行高强度的农业生产,他们只能够做些轻便零工和简单农活,他们能够获得维持生计的口粮,但是无法进行家庭和劳动力的再生产。这样的家庭属于农村的低收入户或无收入户。这样的家庭在农村属于极少数,一个小组一般只有一两户、两三户的样子。这样的家庭要么是无收入缺乏生计来源,要么是低收入但支出较大。具体有这么几种情况:一是五保户;二是未到六十岁的单身男子但智力或身体有残疾;三是家庭青壮劳动力常年卧床、子女小(多)、配偶无固定收入;四是青壮男子去世、年轻妇女改嫁、子女由祖代抚养。它们都属于农村中的特殊家庭,在农村中较为显眼,收入来源有限,也容易被计算出来,它们被评为低保户基本上没有异议。

四

从农村中下收入水平到低收入水平之间存在一个巨大的收入空档,就是我们所说的农村"收入断裂带",它有这么几个特点:

一是断裂带两侧的收入水平辨识度很高。因为二者相差悬殊,就很容易形成对低收入水平及其群体的辨识度。

二是断裂带的两侧边缘分别是最高收入侧和最低收入侧。一个家庭只要有一个壮劳动力,其收入水平就会高于断裂带的最高收入水平,而无壮劳动力家庭的收入水平就要低于断裂带的最低收入水平。

三是农村收入中低于断裂带最低收入侧的农户较少,而其收入接近断裂带最高收入侧的农户较多,也就是中低收入者,他们的收入相差无几,且无法计算明细,因此对该群体无法进行收入的高低排列。
(2018.9.19)

农村的"中等收入线"

一

湖北孝昌花园镇沙湾村是一个只有一千来口人的行政村,按规定村干部职数是三个。2015年换届选举时因村书记与会计有矛盾,相互检举,都被乡镇党委劝退,新选举两个人上来。其中一个人是会计人选,是村里少数在村的青壮年,三十七八岁。他买了一辆大车在本地搞运输,老婆在家照顾小孩。父母都过了六十岁,分家单过,在家务农。他搞运输一年的收入在十几万到二十万元之间,如果跑得勤快可以达到二十万元。因为他年轻,又在村,老村干部向乡镇建议把他选上来作为后备干部培养。选前做他的工作,他没有答应。村里没有其他更好的人选,就将他硬选上来了,但他没有到村里工作过一天。按照他的意思,如果他到村里来做干部,就会耽搁跑运输,他就赚不到那么多钱,无法养活一家老小。访谈人有疑问,认为即便村里的事情耽搁他一半的时间,他一年也能够收入个六七万元。这也算是一个不高不低的收入。受访的村干部称,这个收入在当地只能算是中下水平,还没有达到10万元的普遍水平。

沙湾这个未到任的村干部家里只有一个劳动力赚钱,却有两个小孩读中小学。父母虽然尚能够自食其力,但是若生病也要他负担。因此他们家正是负担较重的时候。虽然六七万元的收入能够应付基本的生活,但既无法应对后面的生活风险,也无法积蓄以备买房,以及进行高质量的社会交往。所以他要一门心思地搞运输,而不愿一边搞运输一边做村干部。

我们访谈的孝昌县王店镇磨山村的齐支书,却可以二者兼顾。齐书记年轻的时候在西安建筑工地做了十几年的项目经理,积累了一定的财富。2015年换届选举的时候,镇村邀请他回来担任村支书,以带动村里的发展。他到村里之后,对村里的发展和建设很上心,白天谋村里的发展,晚上开着大车给工地运送沙子。由于白天还要工作,晚上的运输工作就不能太辛苦,有时晚上并不一定有运输可跑,所以他跑运输的时间并不长。他说如果白天晚上都跑的话,一年可以赚个二十几万元,但是只跑晚上,一年满打满算也就六七万元的样子。这个收入水平,跟边做村干部边跑运输的收入差不多。但齐书记之所以能干下去,很重要的原因是他已四十多岁,独子已成婚,在外边闯荡,收入还不菲。有一个孙子,齐书记的老婆在带。齐书记家的生活负担已不重,家庭主要的担子已不在他们夫妇身上,因此,他才可以在村干部工资较低、耽搁跑运输赚钱的情况下担任村支书一职。

孝昌农村的村干部和农民心中在算一本账,那就是他们要达到一个什么样的收入水平才能在当地过得体面。10万元是他们这边的中等收入线,只有在这个线上下,他们的家庭生活才是体面的。齐书记跑运输的收入,加上他儿子媳妇在外地闯荡的收入,年均要超过20万元,是当地10万元中等收入线的两倍多,属于当地中上水平。沙湾未到任会计的父母务农,货币化收入有限,他老婆没有收入来源,那么一年至少10万元的收入就只能从他跑运输中赚来。如果他就任村干部,其家庭收入就远达不到中等收入线,生活就会较为拮据。

孝昌农村的中等收入线是10万元左右,那么,在当地农村做村干部的人,就必然是那些"负担不重的人",而不可能是青壮年劳动力。

二

"中等收入线"是农民家庭收入的基本参考标准。中等收入线在不同农村地区有差异,在一般中西部农村是3万—5万元的样子,在浙江上虞农村是12万—15万元,湖北孝昌农村是10万元左右。农村中等收入线的高低与不同地区农民家庭基本的生活消费水平、社会交往开支和完成劳动力再生产所需费用紧密相关。

农民家庭基本的生活消费包括"衣食住行医"等货币化开支。在广大中西部农村,农民在穿着打扮上的花销不大,务工和务农的衣着都较为朴实。但在孝昌农村,无论男子还是妇女都普遍讲究体面,农村青壮年男子的衣着花销较大,理发、按摩、洗脚等也属于比较正常的消费。从年轻妇女到六七十岁的老年妇女,只要出门就必须梳妆打扮一番,五六十岁的妇女到年底还要子女买貂皮大衣,花销不菲。

在吃的方面,我们调查的几个村子农民都较为讲究,即便是出现特殊情况、生活较为困难的家庭,每天每餐都要有鱼有肉,两个人在家吃饭也至少四五个菜,早餐一般都不在家里自己做着吃,要花不到十块到早餐店去吃,有的人还专门去露水集上吃早餐。在吃的方面,孝昌农村的花销还真不小。

但现在普遍开销比较大的,还是在"住""行""医"三个方面。从花园镇的调查来看,农民现在一般都在县城买房子,离县城近点的地方则在公路口建房子。孝昌县城的商品房已达到了三四千一平方米,一套100平方米的房子买下来加装修至少要六七十万元。即便是在农村建房,三层楼房加装修也要四五十万元。这是一笔很大的开支,需要一个家庭若干年甚至上十年的积蓄。出行看车。前几年农村较多的出行工具是摩托车和面包车,现在流行轿车和SUV。孝昌农村的面子竞争很激烈,青壮年农民在车子的竞争上尤为激烈,因为车子的显示度很高。三五成群的年轻人聚会,今年你开四五十万元的豪车回家,明年我就要开五六十万元的车回来,即便是按揭也要将车买回来。有的年轻人借人家的宝马开回家吃酒席。还有的人还没拿到驾照就将二三十万元的车买回了家。孝昌农村一到清明节和春节期间就要堵车。在"医"的一方面,孝昌农民都购买了新农合,还有不少农民购买了商业医保,但农民对疾病医疗的防范对策主要还是存钱。

农民的社会交往开支,包括仪式交往开支和日常交往开支。前者主要是指农村的人情往来。在孝昌,主要办酒席的项目有婚嫁、周岁、十岁、考学、建房(买房)、八十大寿、丧事等,名目虽然不多,但是农民在人情方面的负担却很重。有两个方面的原因,一是人情礼金比较重。花园镇邻里的人情达到了500元,亲戚的人情在600元以上,至亲如兄弟姐妹、叔侄等则在1000元以上。二是孝昌农民的朋友较多。孝昌青壮年农民多在外做生意和搞建筑,这些工作对市场信息的要求比较高,当地人对交朋友较为重视。朋友多人情就多。重视朋友就不仅是人情礼金到,人也还要到。吃酒席除了要消耗礼金之外,还有消耗路费、机会成本以及吃酒席后打牌的费用。当地酒席一般是三顿,每顿饭后主家都要安排打麻将,有打大的,也有打小的,但输赢都在几千元的水平,大的则上万元。这是一笔较大的支出。一般家庭的人情开支在两万元左右,高的有三四万元。

日常交往也是需要花费的,主要包括抽烟喝酒、请客吃饭、商场购物和外出游玩等。花园镇香花村五六十岁的妇女,每个星期都要跟朋友们到外边K歌和聚餐,有时还相约到外地旅游看风景。对于青壮年农民来说,请客吃饭是一笔较大的开支,孝昌年轻农民朋友多聚会多,开销也就大。特别是返乡吃酒席和过年返乡的时候,青壮年的聚会多如牛毛,聚会就要喝酒吃饭、K歌、洗脚或打牌等,这些对于年轻人来说是一笔巨大的消费。有的年轻农民在过年期间打麻将竟然可以将一年积蓄给输掉。

农民的劳动力再生产消耗主要集中在子女教育上。孝昌农民对教育也越来越重视。孝昌成年农民中普遍的学历是初中小学毕业,但是现在80后、90后一代人较他们父代更重视小孩教育,很多年轻农民在县城买房子就是为了小孩读书。劳动力再生产的消耗不仅是小孩在县城上学、培训、玩耍等方面的开销,还包括较大的机会成本,即要抽出一个劳动力来照看小孩。不少年轻家庭待到小孩读书,就留一个壮劳动力在家专门照顾小孩读书,另一劳动力赚钱的压力加大。小孩在城镇接受基础教育,是家庭开销中较大的一个部分。

以上三个方面的家庭开销,既有零散的较小支出,也有对储蓄的较大支出,需要一个家庭的收入既能满足即时的零散消费,也要有一定的积蓄能力。如果每月每年的收入只能满足即时、较小的开支,就无法支撑较大的支出,诸如买房、买车及突发事件。要既能满足即时性的开支,又能够支撑储蓄性的开支,一个家庭的收入水平就得达到当地的中等水平线。在孝昌农村,由于以上三个方面的开支都较大,农民预期的中等收入水平在10万元左右。如果一个家庭只有五六万元的收入,这样的家庭就只能应付即时性的开支,而没有储蓄性开支。如果达到了10万元的年收入,则除去即时性的开支,还能积蓄四五万元,这个储蓄水平有了几年的工夫就可以买车,或者按揭买房。上文的沙湾村未到任村干部,他如果兼任村干部,收入就只能应付基本生活开支,而无法广交朋友,亦无法在县城买房子。而磨山村的齐书记,他的个人收入虽然只能用于即时性消费,但他儿子媳妇的收入可以作为储蓄积累下来用于较大的开支。

在孝昌农村,只有在即时性消费和储蓄性消费两个方面都达到了当地的标准,其家庭生活在当地才算得上体面和有尊严。否则,缺少了任何一个层面,如生活很拮据、打不起牌、朋友少等,即使在村里面建了新楼房,村里人也会说这样的人比较抠门、不够朋友。他们在村里也得不到好评价。如果一个家庭买不起车、购不起房子,即便他们经常出入麻将室,每餐有酒有肉,村里人也只能说他们是"穷潇洒",评价比抠门的人要好一些。这两类人在村子里地位都不高。当然,如果一个节衣缩食的家庭培养出了优秀大学生,其风评也会得到改善。

三

为了在村庄里获得体面和有尊严的生活,每个农民家庭都要努力达到甚至超过当地的中等收入线。中等收入线成为当地农民计算自己开支与收入的基本标准。农村之所以存在"中等收入线"这一参照,与村庄熟人社会有关系。

与城市陌生人空间不同,村庄具有这么几个特点:一是村庄乃熟人社会,农民的收入、消费都不可隐匿;二是村庄的标准具有一致性,农民在生活、消费及交往的标准上都有趋同效应,他们不会标新立异创造新的价值标准;三是农民在村庄内部展开比较和竞争,比较的对象就是消费的对象;四是只有大多数人通过努力能够达到的标准才会成为村庄的标准,个别富人不会成为他们效仿的对象。因此,农民在村庄里比较和竞争的参照是中等收入水平,他们的预期目标是要接近、达到和超越这条线。接近或达到这条线,表明农民家庭达到了农村普遍的水平,与大多数人相比差不多,过上了较为体面的生活,自我满足感较强。而超出了这条线的家庭可调动的资源较多,他们的生活条件较为充裕,经济上较为自主,他们在村庄里受到更多人的尊重,成为他人追赶的目标。

磨山村齐书记的家庭年收入就远超当地的中等水平线,家庭没有经济问题,代际合力发展使他自身的劳动力安排较为机动。而沙湾村未到任会计的家庭年收入则超出这条线不多,生活压力就相对较大,那么他自身的劳动力安排就较有刚性。

四

调查发现,孝昌农村青壮年外出务工几乎没有进厂在流水线上工作的,大部分人是做生意和搞建筑。这与当地10万元的中等收入线也有关系。如果青壮年在流水线上工作收入是固定的,赚的是"死钱",也难以达到或超过中等收入线,而做生意如搞建筑只要"舍得吃亏",赚到的是活钱,收入与努力程度成正比,容易达到中等收入水平。这说明,一个地方的中等收入线作为普遍的标准,影响当地农民家庭

的劳动力和劳动领域的安排。就孝昌及其他某些地方的情况来说,有以下四种情况:

一是劳动力的安排。家庭劳动力有两种分类,一种是按性别进行分类,在分工上就是性别分工,一种是按年龄进行分类,在分工上就是代际分工。孝昌的普遍情况是,家庭内部代际分工的情况较普遍,性别分工越来越不明显。这与广大中西部农村是一致的。代际分工主要是父代在农村务农,获得务农的收入,年轻夫妇外出务工或做生意,获得工资性收入或生意利润。两笔收入比是二比八的样子。无论是外出务工,还是开夫妻店,夫妻分工都不明显。夫妻分工明显的家庭是,妻子留在家里看小孩读书,丈夫在外务工做生意。这样的分工会使得家庭劳动力被挪用,存在较大的机会成本,需要另一个劳动力去弥补,方能使家庭收入达到中等收入线。这会加大该劳动力配置的刚性,以及他对自身劳动力的过度压榨。

二是务农与进入劳动力市场的安排。农民的劳动力有两种安排形式,一种是务农,一种是进入劳动力市场,务工或做生意都是对劳动力市场的介入。一般来说,若一个家庭耕种达到一定亩数的田地,收入可以达到当地中等收入水平的话,他们会留在农村种地。因为在农村种地可以使家庭较为完整,还有大量休闲时间。比如在荆门农村,耕种四五十亩土地,兼在周边打零工,每年获得 5 万元的收入,就可以达到当地中等收入线,农民就愿意通过流转土地留在农村。但是在孝昌农村,由于中等收入线较高,需要耕种上百亩土地方能获得 10 万元的收入,对当地农民来说,耕种这么多土地劳动强度较大,而且很难流转到这么多土地。当地大部分青壮年劳动力都离开了土地,几乎没有耕种中等规模土地的农户。一些负担不重的中老年人耕种 10 亩土地就算多的。所以,当地农民的市场化程度较高,而耕种土地的积极性不高。随着农村中等收入线的抬高,在农村务农越来越达不到这个标准,那就会有更多的人丢掉土地外出,农村土地会有一个进一步集中的趋势。

三是进入本地市场还是外地市场的安排。在中西部地区,随着县乡村经济的发展,在本地形成了一定的务工市场,包括零工、建筑工、包工、运输等市场机会。从孝昌的调查情况来看,这方面市场机会相对较少,且被少部分青壮年占据了,留给中老年人的务工机会就相对较少。并且因为这些青壮年只要留在本地,那么他们的妻子也将留在本地,本地工作机会少,工资低(一两千一个月),所以赚钱的压力就集中在了青壮年人身上,他们要在本地务工市场赚到上10万元,就得相对垄断当地务工市场,这样就将其他人挤到了外地市场。所以留在本地的年轻人就较少。沙湾村未到任会计一个人要获得十几万元的市场机会才能达到中等收入水平,他就必然挤占其他人的机会。相反,如果当地的中等收入线是六七万元,那么他开货车就不用那么拼命,这样也可以留一半的市场机会给其他人。在广大中西部农村地区,随着中等收入线的抬高,农村竞争更加激烈,会迫使更多的人到外地市场就业。

四是务工还是做生意的安排。务工和做生意两相比较,后者较前者更容易达到和超过农村中等收入线。但是务工的门槛较低,凡有效的壮劳动力都能够进入务工市场,而做生意需要本金、机会、人脉、头脑、冒险精神等。在广大中西部农村,中等收入线与一对夫妇外出务工的收入差不多,所以一般家庭通过双劳动力务工就能达到中等收入水平。在孝昌农村,由于中等收入线较高,双务工收入难以达到该标准,那么当地青壮年多数选择做生意,尤其是与建筑相关的生意。搞建筑除了包工之外,主要是在工地上卖力气,只要吃苦耐劳,劳动时间长,一个男劳动力能年入10万元钱,如果年轻妇女也在工地上工作,两人的年收入就可以达到15万左右。如果在本地一个男子的劳动力能获得上10万的收入,妇女的劳动力配置就较为机动,她们或在老家带小孩,或者做一份较为轻松但工资较低的工作。做生意除了当老板之外,一般是开夫妻店,如租门面开服装店、小饰品店、手机店、五金店等。一年下来一对夫妇能够赚一二十万元。门面较多、做得好的人收入则更高。

五

农民要参照当地中等收入线对劳动力、土地与市场三者关系进行安排,就会形塑村庄经济与政治社会现象。诸如:

1. 代际分工状况。不同地方的中等收入线不同,代际分工的状况也有差异。在广大中西部地区,中等收入线相对较低,通过"半工半耕"的代际分工就可以达到这个标准。在孝昌农村,中等收入线相对较高,代际分工中半工就变成了做生意搞建筑。在江浙农村,中等收入线较高,农民无法通过"半工半耕"来达到该收入水平,但是当地务工机会较多,所以当地的年轻人都进入正规经济领域就业,就留下了大量非正规的就业岗位给中老年人,非正规就业岗位之多使得中老年人竟然可以做几份工。这就形成了"半正规半非正规"的代际分工模式。在珠三角农村,中等收入水平也相对较高,但是当地农民不再耕作农田。当地年轻人在本地企业就业,中老年人有养老保险和地租收入。当地代际分工模式是"半工半租"。

2. 农业生产状况。中等收入线对农业生产的形塑源于家庭劳动力进入土地还是市场的安排。在广大中西部农村,代际分工是半工半耕,那么农业形态就主要是老人农业,以及耕种中等规模土地的家庭农场。孝昌农村由于中等收入线较高,小规模家庭农场的收入无法达到这个标准,因此少有家庭农场,主要是老人农业。在浙江农村,少数耕种农民要想获得十几万元的收入,就得在土地上做文章,一是外出包地,使土地规模达到近二百亩,那么种植大宗农产品也可以获得较高的收入。二是在少量土地上做精做细,也就是种植非常精致的水果或苗木。

3. 村庄治理状况。村庄治理与在村的治理主体有关。在广大中西部农村,为了达到中等收入线,半工半耕式的代际分工必然会使大量青壮年劳动力流出村庄。但是,由于中等收入线能够通过耕种中等规模土地加打零工,或在本地做生意如搞建筑等而获得,那么农村依然会留下一部分青壮年劳动力,他们中一些人被推选为村组干部,他们是"中坚农民"。在孝昌农村,因为中等收入线较高,留在本地做生意搞建筑的较少,他们还得一门心思地赚自己的钱,无法分心做村干部。因此当地农村做村干部的人都是一些"负担不重的人",且主要是中老年人。当地小组长普遍都七八十岁了,主要村干部也大多在六十岁左右。

4. 农民分化状况。农民盯着中等收入线安排家庭的劳动力和劳动领域,每个家庭通过代际分工获得两部分收入,一般都能够达到当地中等收入水平。只有那些缺乏劳动力,或劳动力有缺憾,或劳动力配置不合理的家庭,其收入才会较大程度地低于中等收入线。这在农村属于少数。同时,也有少数农户在市场中获得了较高的收入,成为农村中的富人。无论是低收入群体还是高收入群体,在农村都属于少数,大部分农户属于中等收入群体,这样就使得农村的经济分化相对较低。

5. 农民城镇化模式。大部分农民家庭的收入在中等收入线上下,他们的进城模式就是渐进式的,也就是分成员、分群体、分阶段地进城。农民家庭的城镇化首先是居住与消费的城镇化,接着是孙辈的城镇化,最后才是年轻人的城镇化。中老年人一般不在城镇化的范畴。从农民群体来讲,收入超出中等线的家庭城镇化最早,次之则是接近中等线的家庭,远低于中等线的家庭城镇化难度最大。由于农民家庭收入普遍在中等线上下波动,农民家庭的城镇化就只能是子代城镇化与父代留守化的结合。(2018.9.18)

农民收入的"天花板效应"

一

农民家庭收入高低与家庭资源多寡有关系。农民家庭所能掌握的资源有三类,一是劳动力资源,二是市场资源,三是自然资源。其中自然资源包括土地、河流、山林、矿产等,大部分农民家庭普遍拥有且能变现的是耕地。河流、山林和矿产只有少部分地区有,能够将这些资源变现的又只有少数人。矿产的所有权在国家,开采需要国家严格的手续,农村中只有少数人拥有开采资质从而成为富人。市场资源包括资本、信息、技术、管理、人脉等,拥有并利用这些要素可以在市场中获得高收入。但是这些资源在城市都是稀缺资源,在广大中西部农村就更显得稀缺。

能够拥有上述资源的农民主要有三种情况,其一是拥有较高的学历,他们通过读书跳出了"农门",成为拥有技术、信息和管理能力等资源的人;其二是他们较早进入城市打拼,获得了较多的社会资本,能够进行扩大再生产;其三是有些农民通过与拥有丰厚市场资源的农民的关系而获得了较多的资本和人脉关系。在中西部农村能够通过这三种情况而成为百万、甚至亿万富翁的人属于极少数,在东部农村相对较多，会占一成左右。

农村大部分农民只拥有土地资源和劳动力两种资源。土地资源如果是作为纯耕地，其产生的价值并不能像市场资源那样使一个家庭成为富裕家庭。中国的耕地分布是人均一亩三分地、户均不过十亩，每亩大宗作物年收入在一千元左右，十亩不过一万元。在大中型城市周边的耕地及宅基地因为发展需要而转变成城市建设用地，土地增值巨大，拥有增值收益分配权的农户可以获得较多的增值收益。但这部分农户在农村占比不高。

大部分农民不能通过市场资源、自然资源和土地增值来致富，他们的收入来自对家庭劳动力的充分调动与合理配置。充分调动劳动力就是要将家庭的有效劳动力都调动起来创造价值。配置劳动力的渠道主要有两条，一种是将劳动力配置在土地上，通过耕种土地获得收入，第二种是将劳动力配置到务工上，通过外出务工获得工资性收入。务工和务农对劳动力的要求不同。从务农来说，由于农药、化肥和机械的大量投入，农业劳动时间缩短，劳动强度降低，而产量提高，这使得农村大量只有半劳动力的中老年人也能够通过务农获得较高的农业收入。从务工来说，工厂流水线需要头脑和手脚都灵便的工人，建筑工地需要的是能够适应高强度劳动的壮劳动力，即便是服务领域的工人，如保安、保洁等，过了六十五岁就要逐渐退休。所以，务工对年龄、身体条件的要求较高，中老年农民更多地属于城市务工领域的无效劳动力，但他们却是务农的有效劳动力。

这样，在劳动力的配置上，农民家庭内部会有一个分工，他们会将中老年人配置在耕种土地上，而将年轻人配置到务工上。这样就使得一个家庭有两笔收入,一笔是较高的务工的收入,一笔是较低的务农的收入。这种配置方式使得家庭劳动力得到了充分且合理的配置,最大限度地增加了农民的家庭收入。将老年人配置在土地上,他们就可以将他们在城市无效的劳动力用在务农上,不仅获得务农的收入,还能照看孙辈、维系人情往来以及自我养老等,年轻夫妇可以无后顾之忧地外出务工,获得远高于务农收入的工资性收入。这样家庭收入就能够最大化。相反,如果将年轻人配置在土地上,中老年人的劳动力被闲置,一个家庭就只有务农一笔收入。一个家庭若只有在承包地上务农的收入,该家庭就会陷入贫困状态。或者,一个家庭将青壮劳动力配置在务工上,而老年人的劳动力则脱离务农到城市带小孩,这样会使一个家庭缺少务农这一笔收入,而城市高消费会极大地消耗掉年轻人务工的收入,使得家庭收入大幅减少。

只有将年轻夫妇的劳动力配置在务工上,将中老年夫妇的劳动力(半劳动力)配置到务农上,才会使得一个家庭既有较高的收入,又能够减少消耗而提高家庭积蓄。年轻夫妇在城市务工,在城市的家庭生活并不完整,无人情往来,无社会关系(不需要请客吃饭),无面子竞争,也较少需要家庭生活所具备的物质条件(锅碗瓢盆、桌椅板凳),因此花销非常低。中老年人在农村务工,自产自销,货币化消费低,所得收入能够应付家庭的基本开支(衣食住行医等)、人情往来、孙辈消费(学杂费、吃零食)等。这样,务农收入可以用于基本生活、人情交往、劳动力再生产等开支,而年轻人务工的收入则作为积蓄存下来。年轻人的务工收入越高,消耗越低,农民家庭的积蓄就越多。

二

农民家庭主要依靠一对年轻夫妇和一对中老年夫妇的劳动力获得收入,那么其收入就仰赖于这些劳动力的素质,包括年轻劳动力的身体健康程度和文化技能水平,身体越健康,越能够承受高强度和长时间劳动,能够获得较高的基本工资和加班工资。工资越高,加班时间越长,收入就越高。从文化技能上讲,文化程度越高,所获得的岗位平台就越高,工资也就高,发展前景也好。越是技术工种,越是熟练的技术工人,获得的工资也越高。

对于中老年人来说,若他们还是壮劳动力(四五十岁),还能参与务工市场的竞争,那么他们也能与子代一样获得务工收入,该家庭就有三个或四个人务工,其收入水平比两个人务工和两个人务农要高。就中老年人务农来说,年龄越往上走,所能耕种的土地就越少,务农的收入也就越低。从调查来看,六十岁左右的农民尚能耕种十亩左右的土地,过了六十五岁就要逐渐减少。

通过劳动力来获得收入,收入水平与劳动力年龄、健康及技能水平成正比。但是,务工务农本身的收入不可能无限攀升。劳动强度再高的工种也有最高的基本工资限度;一个工人再能加班,一天也就工作十六个小时(一般加班四到八个小时);农民工的文化程度一般是小学初中,比较好的是高中、中专,最好的不过大专,工资水平也是有限的;从技术来说,除非某些重要领域的熟练工人,一般的技术工种只是相对于普工要高,如纺织行业的普通工人三四千元每月挡车工可能拿到七八千元每月。务农收入要增加就要增加耕种亩数,一个中老年农民耕种数量最多也就在一二十亩水平。

所以说,无论是务工还是务农,只要一个家庭两个青壮劳动力和两个中老年劳动力都被调动了起来,那么尽管不同家庭的收入会有差别,但是波动不是太大。农民家庭的收入除与劳动力的素质有关外,还与被调动来的劳动力的数量有关系。农民家庭收入随家庭劳动力的素质与数量在一条线上波动。这条线就是农村的"中等收入线"。一个家庭劳动力数量较多(四个及以上)、质量又较高时,该家庭的收入就处在线上面,反之一个家庭劳动力数量缺少(一个到三个)、质量又普通时,其家庭收入就会处在中等收入线以下。越往线下走,说明农民家庭的劳动力数量和质量就越有问题。

从全国来讲,我国已经形成了全国统一的劳动力市场,农民工在劳动力市场中所获得的是平均价格,劳动力再优质所获得的价格也就在平均价格以上,不会获得所谓"超额价格"。全国也形成了统一的农产品价格,务农所获得的收入也是平均价格,不会是"超额价格"。所以,只要是依照劳动力价格来获得收入,那么该收入就只能是在全国平均价格上下波动,往上波动得再高也脱离不了全国平均价格这条线。所以,只要家庭中有劳动力,并且参与了劳动力的市场竞争,那么其家庭收入往高走就会遭遇"收入天花板",往低走则会碰到"收入断裂带"。

三

农民家庭的收入有一个"天花板效应",就是农民收入的高限。接近这个高限的是农民中劳动力多、素质高的家庭,比如一个家庭四个人务工,平均年收入六七万元。农村中虽然市场资源较少,但是有部分人能够获得这部分资源。他们的家庭分工是中老年人在家种地,青壮年外出做生意或搞包工。后者较务工的收入要高。但是这些资源有限,仍不能支撑这些家庭突破"天花板"。在中西部农村,只有少部分在外闯荡的农民通过做生意,获得了超过平均价格的"超额利润",而突破这个天花板,成为农村中的富裕人群。但是大部分获得务工和务农平均价格的农民家庭都要遭遇农村收入的"天花板效应"。

在中西部地区,突破农村收入"天花板效应"的家庭可以实现全家同步城市化,他们一般搬出村庄在城市定居,不再参与村庄的人情往来,但仍关心家乡发展。在有的地方这些人被称作"新乡贤"和乡村治理的"第三种力量"。在东部地区,由于当地工业化、市场化发展较早,程度较高,市场资源相对较多,因此有一部分农民通过创业突破了收入天花板,成为当地的富裕阶层。他们未脱离原来的村庄,仍参与村庄人情往来和价值生产,有的凭借经济上的优势垄断当地的市场机会、社会关系等资源。

四

总结起来,农民收入的"天花板效应",与以下几个方面有关系:

一是大部分农民家庭的收入源于劳动力的投入,而缺少市场资源。

二是我国形成了全国统一的劳动力市场,农民工在市场中获得的是全国平均的劳动力价格,农民工的收入与其劳动力素质有关系,并在全国平均价格上下波动。

三是我国形成了全国统一的农产品市场,农民获得的农产品价格是全国的平均价格,农民务农的收入与耕种土地亩数有关系,并在全国亩均收入上下波动。

四是农民家庭依照劳动力的数量与素质进行代际分工,青壮年被配置在务工领域,中老年人被分配在务农领域,在全国平均务工和务农价格的基础上,务工和务农的劳动力数量越多,获得的收入就越多。普遍的是,两个青壮劳动力务工和两个中老年劳动力务农,这样就会在全国劳动力和农产品平均价格的基础上形成一个农民家庭收入的"中等收入线",农民家庭的收入根据劳动力数量和质量围绕这条收入线上下波动。

五是由于劳动力的平均价格相对固定,农民家庭劳动力数量也有限,那么农民家庭收入就会在随"中等收入线"往上波动时有个上限,这就是农民收入的"天花板"。往下波动有个下限,那就是"收入断裂带"的上方。只要是纯粹根据劳动力进入全国市场竞争来获得收入的家庭,就无法突破这个"收入天花板"。只有那些按照市场资源(市场机会、资本、技术、信息、管理等)来获得收入的家庭,才有能力破除"天花板"。

* * *

农民家庭依照"半工半耕"进行代际分工,通过劳动力的调动和投入获取收入,在农村,形成了一个由"收入天花板""中等收入线"和"收入断裂带"构成的收入分层结构。(2018.9.21)

东中西差异

一

在中西部农村和东部农村做调研,我们发现一个现象,大部分东部地区和中西部地区的青壮年农民都是通过务工获取收入,但东部地区农民家庭的收入明显高于中西部地区。按理来说,在全国统一的劳动力市场下,全国农民家庭的主要收入来源于务工的收入,即便有工种、工龄等方面的差距,工资也不会相差太大。而事实上,普遍的情况是东部地区高于中部地区,中部地区又高于西部地区。

从调研来看,出现东中西部地区的收入差异,与三个方面的原因有关,一是区域工业化水平的高低,东部地区高,中西部地区低;二是市场机会的多少,东部地区多,中西部地区少;三是劳动力市场化程度的高低,东部地区高,西部地区低。三者相互关联,相互递进和促进,共同决定了东部和中西部农村家庭收入水平的差异。

二

无论是珠三角,还是长三角,都始于20世纪七八十年代兴起区域工业化的进程,农民加入到了这一工业化的浪潮中来,农村快速城镇化。在当地,一产占比下降迅速,二产引领三产,占据了当地产值的主要比重。实现区域工业化,不仅使得当地农民能够脱离农业在工业及与之相关的服务业领域就业,还吸纳了大量中西部农民工就业。与外来务工者相比,区域工业化给当地农民务工人员带来了诸多便利,主要包括:

1. 务工时间长。当地农民就地务工,在镇上或县城,最远也是到地级市和省城。在家门口务工的好处是,一年之中出去务工的时间早,在年后几天拜完年就可以去上班,年底可以晚些时间放假。中间各种节日如清明节有一两天的往返时间,其他如父母生日、病痛以及村里人情往来、小孩上学等事情,都可以用较短的时间解决,耽搁的时间短。这样的结果是一年之中工作日非常长。一般来说在正规企业务工的时间最高可以接近 300 余天,即便是在工地务工也可以达到 250 天到 300 天。以每天 300 元的工资算也有八九万元的年收入。

相对来说,中西部农村的农民工远离务工地,他们一般在年后较晚出去,有的人甚至拖到清明节后,或者等到秧苗插种后才出去。到年底因为车票难买、人情多或其他原因,又提前一个多月就返回老家了。中间出现事情又可能返回老家,包括农忙季节、重要的人情等,一待至少十天半个月,有的甚至时间更长。在贵州镇远农村,当地侗族、苗族村民一般要过了农历三月初三之后才外出务工,中间如果自己身体不舒服,或想小孩了,或者小孩想父母了就返回老家,一待就是三五个月,乃至这一年不再出去。这就使得中西部农民工整年的务工时间较短,一般在 150 天到 250 天之间,远低于东部农村务工者。

2. 务工成本低。务工成本包括交通食宿费用等物质成本,还包括外出的心理成本。首先从交通费用来讲,因为当地已经实现了公共设施城乡一体化,公共交通四通八达,还很便宜。农民可以每天坐公交车在乡镇或县城上下班,一趟的费用是2元。中西部地区往返一趟要数千元,再加上每回老家一趟都要购置其他礼品,成本较高。其次是住宿的费用,本地务工可以在家庭住宿,省去了住宿费用。即便在县市务工,食宿费用也相对便宜,老家父母每天或每星期都可以乘公交去送米送菜。有的农民工在县城买了房子,便可在县城上下班。

就务工的心理成本而言,一是外出的心理成本。对于没有知识或见过世面的农民工来说,远离家乡到陌生地方需要付出较大的心理成本。中西部有些年轻女性因为不识字、无法跟人正常交流,因而畏惧外出务工,即便出来了,也要跟丈夫在同一个地方。她们很容易因为自己或家里的一些小事而返回老家。就地务工、在熟悉的地方务工,东部地区的农民就没有这个心理成本。二是造成留守的心理成本。外出务工者要将小孩、老人留在家里,不能照顾他们而带来的挂念和担忧。在东部地区即便小孩和老人留在家里,务工人员也可以每周或每月回去看望他们,看望成本较低。小孩学习或老人身体有什么问题,可以在第一时间解决。东部地区不存在留守问题,年轻人可以从容地、无后顾之忧地到周边县市务工。

3. 关系结交深。对于东部地区的农民而言,区域工业化带来的本地务工对农民工的社会关系结交有两大影响,一是区域内是具备熟人社会交往性质的社会,各种血缘、地缘、业缘、趣缘等关系交织在一起,使得农民工能够通过这些关系较为容易地获得务工的机会。在区域工业化下,当地企业、工厂、工地等的老板都以本地人居多,他们在安排中下层管理者时基于熟人社会的信任,会更多地将本地人安排在管理、技术岗位上,这些岗位工资相对较高,上升机会较多。所以,当地农民不仅工作机会多,而且技术工、管理工多于普通工。外来务工者则多是普通工,工资相对较低,晋升机会较少。

另一个是本地务工稳定性强而流动性弱,使得务工人员在社会关系上就具有积累性,可以使弱关系转变为强关系。这样他们就更可能通过朋友及朋友的朋友介绍获得较好的工作机会,或者得到承包工程的机会,他们也就更可能自己出来当老板。调查中,许多农民包工头一开始都是普通农民工,在工地上结交了朋友之后,经过朋友介绍获得了更好的发展机会和空间。对于中西部农民工来说,他们来到东部打工地,属于外地人,不仅往返于务工地和老家,而且在务工地也在不同的工厂、工地流动,因此他们的社会关系积累性较弱,无法在务工地构建强关系,这使他们获得发展的机会少。

4. **农业消费多**。区域工业化使得全国各地务工人员汇聚于此,造就了一大批有消费能力的群体。有人气就有市场,大众消费品走的是人流。这就使得当地农业生产离市场距离近,能够对市场做出灵敏的反应。有了广阔的本地消费市场,当地农业可以种植高附加值、不易储藏的经济作物,包括草莓、蓝莓、猕猴桃、葡萄等。如蓝莓种植,一户种植一两亩就能够赚几万块钱,加上务工收入,就可以达到当地的中等收入水平。

三

区域工业化水平高,在工业领域的就业机会就多,并因为人口的聚集而带动了当地第二产业和第三产业的发展,从而出现了大量的就业岗位。二产和三产的发展,为农村不同层次、年龄、性别、学历、技术等劳动力提供不同的就业选择。当地的就业岗位可以分为两种,一种是只为本地人提供的,就是在村镇上的许多非正规就业岗位,如建设工地、规模农产、小区服务等工作岗位一般由本地人占据。在工业园区、大工地及市县城区的就业岗位则向全国劳动力市场开放。本地农民较中西部农民可以更充分地利用市场机会,以获取更多的收入。

1. 半正规与半非正规就业的代际分工。当地市场务工机会丰富多元,形成正规经济与非正规经济并存的经济形态,在就业方面既有大量的正规就业机会,也有较多的非正规就业机会。从就业与劳动力的匹配程度来看,年轻人更青睐于工资相对稳定、程序相对规范、工作相对有保障、晋升机会较大的正规就业岗位,而中老年农民的偏好则与非正规就业的特性相匹配。在代际分工上,东部农村就主要是在工业领域进行分工,子代从事正规经济,父代在非正规经济领域就业,两代人都获得工业领域的剩余。相比较,在中西部农村,代际分工主要是"半工半耕",年轻人外出务工,中老年人在家务农。工业领域的收入较农业领域的收入要高出不少,因此东部地区的代际分工给家庭带来的收入,要高于中西部地区代际分工所带来的收入。即便东部农村有些家庭的代际分工也是中老年人在家种地,年轻人务工,但是东部地区的农业已经工业化,即规模化和经济作物化,其收入与在工业领域务工相当。

2. 多元化的性别分工。在中西部农村,家庭分工的形式主要是代际分工,性别分工不明显,年轻妇女与年轻男子一道外出务工,在家务农或做群体事务的较少。在东部农村,家庭除了代际分工之外,还有多元化的性别分工。譬如,年轻夫妇可以都外出务工,获取务工的收入；也可以是男子外出务工，妇女在家务农、看孩子，男子下班之后下地帮忙；可以是男子外出务工经商，妇女在家做家务、看孩子，而将土地转出；可以是男子外出务工经商，妇女在镇县经营门面、小商店，或者妇女在村落做村干部；还可以是，夫妇共同在家承包土地，种植经济作物或规模种植，乃至外出包地，或者在家开小作坊，等等。多元化的分工获得多元化的收入。在中西部地区，年轻夫妇只有共同外出务工获取工资性收入，才能使家庭收入达到当地的中等水平。如果年轻妇女在家带小孩，就会使家庭收入大减。

3. 老年人充分就业。在中西部农村，由于国家资源输入搞建设，农民有钱之后也兴起了建房热潮，使得村镇周边也存在一些非正规就业机会。由于这些就业机会较少，很容易被留在村里的中青年农民所占据，留给中老年人的机会就少了。中老年农民在城市工商服务业领域属于无效劳动力，他们到了六十岁以后就只能回到农业领域就业，并很快就会被更年轻的老年人所取代。因此农民通过劳动获取收入的时间较短。而在东部农村，由于市场机会多，正规就业和非正规就业机会都多，年轻人在正规经济领域充分就业，留下大量非正规就业的岗位给中老年人，中老年人不仅可以实现充分就业，还可以尽可能延长自己的劳动时间，甚至有的中老年人可以打数份工。东部地区工业发达，产业链齐全，分工极为细化，工作岗位也细分得厉害，这就使得不同年龄段的劳动力都有适合的工作机会。五十多岁的农民工可以在工地上做泥瓦工，六十多岁可以在工地上做些零星轻便的活，七十多岁可以给工地工厂看门，八十多岁还能在工地上洗菜刷碗，只要身体允许就可以在村镇周边找到事情做。

4. 零工工种可选择性大，务工时间充足。在中西部农村，村镇周边的零工无非是务农和建筑两种,这两种都只能在天气较好的情况下才有工做,在雨雪或太阳暴晒的天气就没法干活。但是在东部地区却不同。东部农村的零工工种多,不仅工业领域的工种多,农业领域的工种也多,有的受天气影响,有的不受天气影响,农民的可选择性大。农民大可以在天气好的时候在建筑工地、农田里干活,一旦遇到下雨天便可到其他不受天气影响的工种务工,如到大棚务工、到工厂里打零工、做室内装修小工等。或者说,这个工地的活干完了,很快就可以到其他工地上干活,中间间隔期短或没有间隔。这样即便是打零工,他们也可以保证足够多的务工时间。

四

相较于中西部农村,东部农村劳动力的市场化程度非常高。劳动力的市场化程度是指劳动力在市场上就业获取收益的水平,包含两个方面,一个是劳动力在市场上就业的程度,一个是市场化就业所得收入占家庭收入的比重。如果一个家庭正常的劳动力都能够在市场上就业,其收入又占家庭收入的较大比重,那么就可以说这个家庭的劳动力市场化程度较高。与之相反的是劳动力市场化程度低,表现为劳动力在自给自足经济中就业,获取非货币化收入。在东部农村,农村劳动力基本上都投入到了市场之中,家庭收入的主要来源是货币化收入,随着农业领域的市场化,即便务农也是为了分享农业市场的利润。

东部农村劳动力市场化程度之所以较高,与工商业发达、农业及农民生活的各个领域都高度市场化有关。劳动力若不市场化就无法获取足够的货币化收入,收入水平难以达到当地中等收入水平,也就无法在当地获得体面的生活。东部农村劳动力市场化程度高表现在以下几个方面：

1. 劳动力充分参与市场就业。无论是全劳动力还是半劳动力，都充分参与当地市场就业。青壮年全劳动力参与正规或半正规就业，中老年人或身患病残的半劳动力参与非正规就业，获得相应的工资收入。只要在市场中参与劳动，他就能获得货币化收益，不参与市场就业的人被人瞧不起，形成了正向激励的劳动伦理，故而在当地几乎没有不参与市场就业的懒汉。

2. 劳动时间充分市场化。因为市场机会多，劳动力充分市场化，那么劳动力的时间就是金钱，就是机会成本。只要在劳动时间不劳动，就意味着损失，因而在当地少有在劳动时间无聊、打麻将的劳动力。只有退休的老年人才会在老年人协会看电视、打麻将。贵州农民在解释为什么浙江农民更富裕时说，浙江农民将打麻将的时间都用在了赚钱上，在他们捉青蛙、玩鸟的时候，浙江农民在忙着赚钱。

3. 重视劳动力素质提升。在全国统一的劳动力市场上，谁更有竞争力，谁就能够获得市场青睐，得到更多的市场机会和市场份额。要想在全国劳动力市场上有竞争力，就必须提高劳动力素质。劳动力素质包括两个方面，一是文化素质，它既是进入不同劳动力市场层级的门槛，又是劳动力得以晋升的资本。因而东部农民非常重视教育，千方百计地将子女送进好的中小学，期待他们能够考上好的大学。不能稀里糊涂地读个职校，再不济也要读个大专。二是劳动技术技能的提升。这需要在工作中不断提升自己的技能、知识、视野、管理经验等，扩展优质社会关系网络，要有意识提升自己，不断学习进步。同时在企业工厂里要待得下去，不能功利地随意变换工作，否则不利于技术技能的提升和经验的积累。我们在贵州一些地方调查发现,当地外出务工劳动力在市场上缺乏竞争力,一个很重要的原因是他们不能坚持,不停地换工厂,难以实现从普工到技工、管理者的转变。

4. 生产上的互助减少。东部农村在生产生活上的许多方面都已经实现了市场化供给,包括建房、农业生产等都不再有互助帮忙的情况。原因既包括市场有供给的能力,也包括劳动力完全市场化,请人家帮忙就会出现较高的机会成本,要欠人家人情,被请的人也不愿意。(2018.3.19)

图书在版编目(CIP)数据

乡争/杨华著. —北京:北京大学出版社,2022.7
ISBN 978-7-301-33069-2

Ⅰ.①乡… Ⅱ.①杨… Ⅲ.①乡村—社会变迁—研究—中国 Ⅳ.①C912.82

中国版本图书馆 CIP 数据核字(2022)第 096152 号

书　　　名	乡争 XIANGZHENG
著作责任者	杨　华　著
责 任 编 辑	王立刚　杨　春
标 准 书 号	ISBN 978-7-301-33069-2
出 版 发 行	北京大学出版社
地　　　址	北京市海淀区成府路 205 号　100871
网　　　址	http://www.pup.cn　　新浪微博:@北京大学出版社
电 子 信 箱	sofabook@163.com
电　　　话	邮购部 010-62752015　发行部 010-62750672 编辑部 010-62752728
印 刷 者	三河市博文印刷有限公司
经 销 者	新华书店
	880 毫米×1230 毫米　A5　10.5 印张　244 千字 2022 年 7 月第 1 版　2022 年 7 月第 1 次印刷
定　　　价	68.00 元

未经许可,不得以任何方式复制或抄袭本书之部分或全部内容。
版权所有,侵权必究
举报电话:010-62752024　电子信箱:fd@pup.pku.edu.cn
图书如有印装质量问题,请与出版部联系,电话:010-62756370